Egon Gramer · Gezeichnet: Franz Klett

D1720354

Egon Gramer

Gezeichnet: Franz Klett

Roman

Mit einem Vorwort
von Martin Walser

EDITION ISELE

EDITION ISELE

Alle Rechte vorbehalten
© Eggingen, 2023

ISBN 978-3-86142-643-1

Umschlagmotiv: Klaus Isele

www.klausisele.de

Herstellung: BoD – Books on Demand, Norderstedt

Neue Wörter im Einflugloch

Über Egon Gramers »Gezeichnet: Franz Klett«

Von Martin Walser

Auf dem Friedhof fängt es an. Helmut kommt nur an Allerheiligen auf diesen Friedhof, aber er kennt von früher jeden Namen, jedes Grab. Als ihm ein unbekannter Name begegnet, denkt er: »Schon also gab es fremde Tote.« Und wie immer geht er in die Wirtschaft, trifft er die von früher, die im Ort geblieben sind.

Auch der junge Klett, den Helmut auf dem Friedhof getroffen hat, ist nicht im Dorf geblieben, sondern aus Berlin hergekommen. Und so wird jetzt über den alten Klett gesprochen, den toten Vater, der hier gelebt hat und hier begraben ist. »Er hat dazugehört, aber er hat nicht dazugehören wollen.« Helmut will in der Wirtschaft keine Anekdoten beisteuern, keinen Schwank aus der Jugendzeit zum Besten geben. Wenn er etwas über Franz Klett erzählen soll, muss er die Geschichte »sich selber neu erzählen«.

Jetzt fangen die Geschichten an, aus denen die Geschichte wird, der Roman: »Gezeichnet: Franz Klett« von Egon Gramer. Helmut erinnert sich und trägt alles zusammen, er ist kein Ich-Erzähler, doch das Alter Ego des Autors. In der zweiten Geschichte kommen Sperlinge vor, die sich in einem Starenkasten eingerichtet haben. Einer der Buben stupft den morschen Starenkasten herunter, mit der Spatzenbrut treiben sie ihr Spiel. Helmut aber nimmt den Starenkasten mit sich heim, legt ihn »oben auf die Holzbeige im oberen Holzschopf«.

»Beige« (Stapel) und »Schopf« (Schuppen): Da weiß man, ohne Ortsangabe, wo man ist. Von jetzt an wird Helmut Wörter, die ihm auffallen, durch das Einflugloch ins Innere des Starenkastens befördern. So wird daraus im Lauf des Romans ein »Briefkasten nur für sich selber, fast täglich kam ein neues Wort durchs Einflugloch«.

Helmut war schon als Kind und als heranwachsender Bub für Wörter ansprechbar. Damit sind wir im Energiezentrum dieses Romans. »Früher« und »heute« sind die Pole, zwischen denen sich die Wörtlichkeiten entladen. Helmuts Rundgang durch das Dorf heißt »Fleckenrunde«. Dabei weckt er die Wörter von früher. »Helmut liebte derartige kleine Wort-Anstrengungen. Selbstgespräche über für immer Verschwundenes.«

Wer überhaupt an Wörterschicksalen, am Sprachgeschick interessiert ist, den muss dieser Roman bewegen. Wer gar halbwegs aus Süddeutschland ist und dazu auch noch älter als, sagen wir, 40, den muss, glaube ich, dieser Roman begeistern.

Wer noch weiß, was »absatzreißende Schlittschuhe« sind beziehungsweise waren, wem »ver-kommen« das erste Wort für begegnen war, wer, wenn die Frauen »über die gelbgefrorenen Rinnsale von Samstagnacht« gehen und »die Sauhund« sagen, wer das nicht für einen Druckfehler hält, wer weiß, um was es geht, wenn's »ums Sach« geht, in dem wird dieser Roman viele Echos wecken, und er wird für jedes Echo diesem echospendenden Autor dankbar sein.

»Duad ma Holz spalta«, sagte man früher zu dem, der vor seinem Haus Holz spaltete. »Duat ma gruba«, zu dem, der vor dem Haus saß und ausruhte. Man sagt nur, was ist, aber dadurch, dass man nur sagt, was ist, feiert man es. Sozusagen.

Früher und heute in einem Flecken, der in einer Mulde in der Nähe von Ofterdingen, also auch in der Nähe von Tübingen liegt, ein Flecken mit Oberdorf und Unterdorf:

Helmut begegnet auf der nächtlichen Fleckenrunde, was inzwischen fehlt.

Da gab es einen Wendelin, der war der »Bockhalter« des Fleckens, ein Besonderer, »aber kein Ausgeschlossener«, der ist im Flecken erinnerungswürdig geworden durch einen einzigen Satz: »Wenn nur mein ganzes Sach ein Prestling wäre, ich würde ihn auf einmal fressen.« Der Satz wird nicht ziviler, wenn man weiß, dass Prestling Erdbeere heißt. Der Satz verrät, welche Radikalitäten im Flecken zu Hause sind. Er weist aber auch darauf hin, dass dieser Erzähler ein Forscher ist.

Diese Fleckenrunde ist eine Expedition. »Helmut sah, was fehlte: die alte Backküche, die Kastanienbäume, der Brunnen mit dem langen Brunnentrog, die Milchsammelstelle, die Männerrunde nach der Sonntagsmesse.« Wo die zwei Kastanienbäume standen, gibt es jetzt eine Bushaltestelle, »eine offene Wartehalle«. Die Wände der Halle sind »vollgesprayt«. Daraus schließt Helmut, dass die »jungen Leute von hier« die »Zeichen und Wörter von der Stadt kannten«. Und: »Vom Land ist heutzutage wohl keiner mehr.«

Solche Sätze sind nicht kritisch gestimmt, sondern eher traurig.

»Namen und Dinge und Menschen« heißt ein Kapitel, in dem der konkrete Lobgesang angestimmt wird auf das, was der Flecken einmal war: »Auf die Namen war Verlass, fast immer.«

Wer in jedem zweiten Satz immer dieselbe Redensart brauchte, der hieß dann eben so: »Lassmeaumit« (lass mich auch mit). Es kommen ellenlange Namenwörter zustande, die von nichts als übermütiger Benennungsfreude zeugen: Es gibt beziehungsweise gab nicht nur Namen, sondern auch Unnamen, und auf die war noch mehr Verlass als auf die Namen: »Der Unname war der Name, der traf.« Aber eben: »Die Zeiten des Unnamenschreiens sind vorbei.«

Was dem Helmut auf seiner Fleckenrunde und Geisterstunde begegnet, ist überall geschehen. So wenigstens kommt es mir vor. Diese Mutproben und Grausamkeitsspiele, diese wertvolle Beschränktheit, diese Gleichheit in aller scharfen Vielfalt.

Vor der Soziologie bewahrt den Erzähler die Trauer. Und vor Larmoyanz bewahrt ihn die Freude am Erwecken. Wiedererwecken, Aufsagen des Damaligen, das seine konkurrenzlose Richtigkeit bewahrt hat. Die erste Sprache, die ausschlaggebende. »Wer it will, hot ghett« (wer nicht will, hat gehabt) – das lesend, durfte ich mich doch wundern. Wie viel hundert Kilometer weit weg davon bin ich aufgewachsen mit genau diesen Erzformeln. Offenbar ist das Dorf auch ein Universum.

Und diesem einmal im Jahr auftauchenden Helmut wird dann von einer »Jahrgängerin« ein Plastiksack mitgegeben, aus dem es modrig riecht. Die Jahrgängerin meint, Helmut könne das brauchen, er habe ja »schon öfters im Blatt etwas über den Flecken geschrieben«. Unser im Starenkasten Wörter hortender Helmut ist also eine Art Schriftsteller geworden. Im Plastiksack findet sich, was Franz Klett, der Schulkamerad, hinterlassen hat.

Franz Klett ist tot. In dem Erinnerungsgang der Fleckenrunde ist er uns schon begegnet. Und aufgefallen als einer, der auffiel, aber aus dem man nicht klug wurde. Auf dem Holzkreuz zwei Zahlen: 1934 und 1979. Mit 45 Jahren ist er also gestorben beziehungsweise »verreckt«. Er war einmal der beste Schüler in Helmuts Klasse. Helmut war ihm nur im Aufsatzschreiben überlegen. Obwohl Lehrer und Pfarrer rieten, obwohl auch sein Vater dafür war, diesen Begabten in die Oberschule zu schicken, gelang das nicht.

Am Samstag vor dem ersten Schultag in der Oberschule veranstaltet Franz Klett eine große Szene mit dem Fahrrad, das sein Vater für den täglichen Weg zur Arbeit braucht.

Vor den zuschauenden Gleichaltrigen fährt er in vollem Schwung auf den eisernen Brunnen zu, springt im letzten Moment ab, das Fahrrad ist demoliert, er ruft: Ist doch mir egal. Das wird sein Wappenspruch. Helmut hortet: »Istdochmiregal«.

Jetzt schreibt Helmut mit der Maschine ab, was Franz vom Mai 1975 bis September 1979, 17 Kalender und Hefte füllend, in rücksichtsloser Schreibweise, nur für sich selbst bestimmt, hingeschrieben hat. Fleckenrunde ist ein Wort aus diesem Tagebuch.

Franz hatte einen alten Hanomag-Schlepper, zugelassen für sechs Kilometer Geschwindigkeit, mit dem drehte er eine Zeitlang nächtliche Fleckenrunden. Er arbeitet ein paar Wochen, dann wieder nicht: »Rauche und saufe wie ein Idiot«, steht dann da. Helmut notiert: »Er wollte nicht in die Oberschule. Hier bei den anderen war sein Platz.« Aber dann heißt es bei Franz: »Mag nicht mehr unter die Leute hier.« Dann gehört er also auch »hier« nicht mehr dazu.

Das Tagebuch wird eine Folge »des Immergleichen«. Helmut entwickelt Methoden, »um nicht in den Sog der klar beobachteten Selbstvernichtung zu geraten«. Er spürt die Gefahr, selbst ein Klett zu werden. Einmal hat Klett sogar der eigenen Mutter eine »geputzt«. Am liebsten hätte Helmut sich geweigert, das alles abzutippen. Für eine Weigerung ist es zu spät. Helmut ist von Klett erobert. Klett imponiert ihm. Dass Klett wirklich nur für sich selbst schreibt, also wirklich ganz allein ist mit sich, das nimmt Helmut für Klett ein: »Klett schreibt sich selber«.

Bald sind das nur noch Hauptwörter, ohne Punkt und Komma: »Mofa Stadt Schnaps Zug Stuttgart Nulltarif Taxi«. Und Abkürzungen, die auch für Helmut nicht mehr zu enträtseln sind. Zuweilen übernimmt Helmut die Erzählung für Klett und zitiert dann weitreichende Klett-

Sätze: »Glaube immer, ich sei nicht allein.« Oder: »... bin körperlich total groggi.« Und kommentiert: »Der Gescheiteste ist der Dümmste im Flecken.«

Allmählich erkennt Helmut, dass »die Klett-Perspektive« zu seiner eigenen Perspektive geworden ist. Immerhin kann er noch formulieren: »Die Geschlagenen sind meist sehenswerter« (als die Sieger nämlich).

Dann fehlen aber dem Abtippenden die letzten zwei Hefte. Sie finden sich nicht mehr. Den Schluss muss Helmut selbst schreiben, erfinden. Er lässt Franz Klett in die Kirche gehen. »Weihwasser Milch Bratwürste«: So hat Klett einmal notiert, was eine Verwandte ihm brachte. Zuerst also Weihwasser.

Helmut hat von allen Stimmungen im Flecken die religiöse am eindringlichsten und farbigsten erzählt. Als ich das Buch gelesen hatte, glaubte ich, nie ein religiöseres Buch gelesen zu haben. Ich könnte auch sagen: nie ein katholischeres. Aber keine Spur von Theologie. Alles, was überhaupt vorkommt, ist durch und durch katholisch. Die Zeit, der Ort, die Luft, die Tage, die Nächte, die Wörter und die Unwörter.

Ganz unerlässlich ist es aber, dazu zu sagen, dass das Wort »katholisch« wiederum nicht ausreicht, das Katholische dieses Flecken-Romans auch nur halbwegs auszudrücken. Der Roman entsteht aus einer Fülle von Stimmungen, die das Volk aus den Angeboten einer Religion geschaffen hat. Ganz von selbst. Und im Lauf einer langen, langen Zeit. Die Leute haben die Religion brauchen können für ihren Selbstausdruck. Das hat beiden geholfen, der Religion und den Leuten.

Der Roman, könnte man sagen, schwelgt im Religiösen (wiederum ein unzureichendes Wort für diese Schönheitsleistungen). Was allein der Marienverehrung für Sprach- und Stimmungsdenkmale geschaffen werden! Vom einfachschönen Maiandachtslied (»Maria zu lieben ist allzeit mein

Sinn« oder »Dich lieb ich auf ewig, dich lieb ich allzeit«) bis zur sozusagen Prosa-Symphonie über das Thema »Kyrie eleison« beziehungsweise »Domine miserere mei«.

Auf dem Schreibtisch des Pfarrers steht eine Figur, ein Kunstwerk, der »Erbärmdechristus«. Er ist aus Holz, sitzt auf einem Stein, die Dornenkrone neben sich, das Kreuz auf den zerschundenen Knien. »Dem Schmerzensmann ist eine Pause verschafft auf dem Kreuzweg mit den vielen Stationen.« Gegenseitiges Erbarmen ist angesagt.

Das Miserere-Lied war in der Passionszeit immer Helmuts liebstes Lied. »Er hat es, hier passte ein Wort aus einem anderen Lied, das Helmut nur singend kannte, ›voller Inbrunst‹ gesungen.« Und: »Schön zu singen und schwer zu verstehen und, den Reuedruck erhöhend, die Voraussetzung für das im hohen Kirchenraum sich grenzenlos weitende Gefühl nach Beichte und Absolution.« Und dann tat der junge Helmut etwas, was über die Routinegesten des frommen Beichtkindes hinausging, er breitete, weil er glaubte, allein zu sein in der Kirche, seine Arme zur Seite aus und nach oben »und schaute zur Decke empor«.

Dieser Helmut also lässt seinen Seelengenossen Franz kurz vor dem Ende in die Kirche gehen, nachmittags, lässt ihn zum Altar gehen und dort das Gnadenbild finden: die Mutter mit dem toten Sohn auf den Knien. Dann betet Klett den schmerzhaften Rosenkranz. Halblaut, »er muss die Lippen bewegen, er muss sich hören«. Der für uns ist gegeißelt worden.

Helmut hat schon vorher geschildert, wie es zugeht beim Rosenkranzbeten: »Die Perlen des Rosenkranzes, des Paternosters, des Nusters wurden vom Daumen über das untere Glied des Zeigefingers geführt, hinab in die Handfläche, eine nach der anderen im gleichen Abstand, sie kamen über die äußere Handfläche zum zählenden Daumen wieder herauf.«

11

Diese religiöse Praxis durchläuft jetzt am Schluss auch Franz. Dann die vorletzte Tagebucheintragung:
»Fr 6.10.
21 Uhr sitze hier und sinniere oh ich Arschloch.«
Diese letzte Eintragung schließt so: »... Essen ok Fernsehen ist ½ 12 Uhr lese noch Tagebücher Ofen aus, gehe bald Nest. Gez. FK«
Und so lautet eben jetzt auch der Titel dieses so schönheitssüchtigen wie mitleidlosen Romans »Gezeichnet: Franz Klett«.

Wenn ich während des Lesens einmal eine Sekunde aus dem Buch hinausdachte, spürte ich, dass ich sofort ärgerlich und traurig werden musste, weil es außer der Welt in diesem Buch noch etwas gab, eine ganz andere Welt, die so viel gelungener daherkam als alles, was in diesem Buch passierte. So viel gelungener und so viel unvollkommener. Also las ich schnell wieder weiter im misslungenen Leben, das so anziehend ist.

Und dass es so anziehend ist, verdankt es allein seiner Geschriebenheit. Seiner Nichts-als-Geschriebenheit. Es wird nur geschrieben, was ist, und weil das gelingt, kommt Poesie zustande, ich könnte, den Klett-Ton nachmachend, auch sagen: eine Poesie der Saumäßigkeit. Feinere Leute beziehungsweise Geister haben sich mit Thomas Manns »Wonnen der Gewöhnlichkeit« einen Kitzel verschafft, jetzt hat Egon Gramer die Würde des Gewöhnlichen entdeckt und beschrieben.

Das Schwäbische darf sich freuen. Es ist als Mundart literarisch nicht verwöhnt worden. Dem Bairischen, Berlinischen, Sächsischen, Niederdeutschen und dem Ruhrpott-Deutsch sind sichtbarere Sprachdenkmäler gewidmet. Und jetzt, kurz vor dem Erlöschen, dieses Prachtdenkmal. Und das liegt nicht nur an den Wörtern und Lauten, sondern an allen Inhalten, an der ganzen Vielfalt dieser Flecken-Mentalität.

Mich freut besonders, dass ein Roman dieses Denkmal baut. Ich weiß, wie viel wunderbare Forscherarbeit aufgewendet wird, um einer untergehenden Denk- und Sageweise eine wissenschaftlich fundierte Bleibe zu verschaffen. Aber dieser Roman ist eben ein atmendes, sprechendes, fühlendes, ein jubelndes und weinendes Zeugnis. Dieser Roman lebt.

Ich habe lesend immer wieder erlebt, dass Literatur einen weißen Schatten wirft. Den gibt es sonst nirgends. Franz Klett, als wirklicher Vorgang – trostlos. Im Roman eine Figur, eine unerklärt bleibende Größe, eine Attraktion. Man wird in Zukunft versucht sein, jedem Franz Klett, dem man ver-kommt, Entschuldigung, begegnet, die Hand zu geben. Na ja, mal sehen, nicht wahr.

(2005)

13

Teil I

Was war das?

Ein kurzes und hohes Lachen. Das Lachen eines Einzelnen. Knapp und rhythmisch ausgestoßen, ein meckerndes Lachen, als lachte da einer nicht über einen Witz, sondern über den Witzerzähler.

Ein hochmütiges Lachen an Allerheiligen auf dem Friedhof.

Das fremde Lachen hatte Helmut kurz und heftig geschüttelt. Er ruckte, um das Zucken zu überspielen und in einen Zusammenhang zu bringen, noch einmal in seinem weiten schwarzen Mantel mit den Schultern, holte aus der rechten Tasche das braune Arzneifläschchen, das er einmal im Jahr bei Verwandten mit Weihwasser auffüllen ließ, schraubte den schwarzen Drehverschluss ab und spritzte drei Spritzer auf das Grab der Mutter, dann einen auf das Grab links, dann auf das rechte Grab ebenfalls einen Spritzer. Im linken Grab lag ein ehemaliger Schulkamerad, rechts eine Nachbarin von früher. Helmut wiederholte das Weihwassergeben, zuerst in die Mitte, dann links, dann rechts. Drei Spritzer auf das eigene, je einen Spritzer auf die zwei fremden Gräber.

Helmut konnte nicht weg, er wollte dem Lacher nicht begegnen. Mit Sicherheit stand er am Eingangstor. Helmut drehte langsam und wie beiläufig, als müsse er am hochgestellten Mantelkragen den beißenden Hals reiben, den Kopf nach links Richtung Friedhofseingang. Dort stand ein großer Mann mit dem Rücken zum Friedhof. Ihm gegenüber Helmuts Freund Ludwig, der an einer frisch angezündeten Zigarette zog und hustend den Rauch ausstieß. Ludwig hörte dem Fremden zu.

Und wieder das Lachen, kurz, so lacht man mit zurückgeworfenem Kopf. Das Lachen – da gab es keinen Zweifel – war das Lachen von Franz Klett.

Franz Klett lag links neben dem Grab der Mutter. Auf dem kleinen Holzkreuz standen unter dem Namen zwei Zahlen, 1934 und 1979. Das einzige Grab mit einem Holzkreuz. Die hellbraune Farbe war gedunkelt und hatte Risse entlang der Holzmaserung, der Lack war aufgesprungen und zum Teil in kleinen Fetzen abgefallen. Ob er auch da sei, hörte Helmut eine Frauenstimme rechts von sich. Ja, sagte Helmut, und wies gehe. Es ginge so, sagte die ältere Frau, deren Vorname ihm jetzt einfiel, dann sei es recht. Theresia hatte, Helmut zog verwundert die Luft ein, eine grüne Plastikflasche in der rechten Hand und spritzte einen langen Strahl in flachem Bogen auf das Grab der Mutter, einen knappen auf das rechte Grab, schraubte die grüne Kappe ab, ging hinter Helmut herum zum linken Grab und ließ den Rest des Weihwassers auf das Grab des früheren Schulkameraden auslaufen. Die Frau zeigte Helmut die tiefgrüne Spülmittelflasche, von der das Papier mit dem Firmenzeichen noch nicht ganz abgeschabt worden war, sagte, das sei praktisch, das Weihwasser gelte auch so, und den Toten tue es nicht weh. Wer weiß, vielleicht, sie kniff ein Auge zu, reinige es sogar die armen Seelen.

Jedes Jahr gibt es auf dem Friedhof etwas zu lachen.

Ein Mädchen, schon aus der Schule, ging vorbei, lächelte leicht. Die Tochter von Maria, Helmut wusste es gleich. Er ging in die obere linke Ecke des Friedhofs zu den Gräbern der in den letzten Jahren Gestorbenen, die am ausgiebigsten mit Blumen, Stöcken und Tannenreisig überschmückt waren. Ein paar Teelichter brannten noch in den roten Glaszylindern. Er las auf den Grabsteinen und den neuen Grabkreuzen den Vor- und Zunamen, das Datum der Geburt und das Todesdatum, errechnete das Alter, verglich den Geburtsjahrgang mit dem eigenen und rechnete die ihm jeweils noch verbleibenden Jahre aus. Nur wenige aus seinem Jahrgang waren ihm bisher zuvorgekommen. Helmut kannte alle Toten dem Namen nach, ordnete sie ihren Häusern zu, ihren elterlichen Häusern; die Häuser in den Siedlungen, in welche die meisten später mit Kindern und Enkelkindern umgezogen waren, kannte er nicht. Ein einziger Name auf einem Grabkreuz war ihm unbekannt, wohl der Name eines Zugezogenen. Schon also gab es fremde Tote.

Das dritte Lachen überraschte Helmut nicht mehr. Der Fremde im schwarzen Mantel und mit einem Hut, der für hiesige Verhältnisse einen viel zu ausladenden Rand hatte, war, da gab es keinen Zweifel, der Sohn von Franz Klett. Nach über zwanzig Jahren war er zum ersten Mal in das Dorf seines Vaters gekommen.

Helmut wollte den Klettsohn nicht treffen; aber ohne aufzufallen, konnte er nicht länger auf dem Friedhof bleiben, gleichsam ohne feste Aufgabe; hatte er doch alle in Frage kommenden Gräber besucht, das Grab der Mutter, des Pfarrers, des Lehrers, des ehemaligen Vorstands des Sportvereins, eines früheren Nachbarn, um dann wieder zum Grab der Mutter zurückzukommen. Einer sollte als Repräsentant der Familie immer dastehen und den Vorbeikommenden und Weihwassergebenden kurz zunicken. Ein Mädchen kam vorbei, lächelte. Das ist die Tochter von Franziska.

Ludwig wartete auf ihn. Seit vielen Jahren ging er mit ihm vom Friedhof in die Wirtschaft, die letztes Jahr noch ein Italiener betrieben hatte.

Das sei der Junge vom Klett, sagte Ludwig. Er habe es gehört, sagte Helmut. Ob er keine Augen im Kopf habe? Die dunkelbraunen Augen, das steil zurückgekämmte Haar. Helmut sagte noch einmal, er habe den Sohn vom Klett gehört. Der schaute Helmut mit hohen Augenbrauen und leicht geöffnetem Mund an, als wolle er ihn prüfen, einem Test unterziehen. Bei dem müsse er aufpassen, sagte Ludwig zum Klettsohn. Pass auf bei dem, Franz! Helmut sei der einzige Studierte vom Jahrgang, der überlege sich jedes Wort, im Wirtshaus werde es Franz gleich merken. Helmut sei fast so gescheit gewesen wie sein Vater.

Der Klettsohn sagte, Helmut könne im Auto mitfahren, Ludwig fahre auch mit. Ganz neue Sitten, sagte Helmut. Ludwig hob die Schultern und machte mit vorgestreckten Händen abwiegelnde Bewegungen.

Bis später, sagte Helmut, er müsse noch am elterlichen Haus vorbeigehen, am eigenen Haus könne man doch nicht vorbeifahren, seiner Mutter wäre das nicht recht gewesen. Der junge Klett lachte kurz auf. Bis später. Bis gleich.

Da war was

Es muss, schon gegen Morgen, das Lachen gewesen sein, das Lachen eines Einzelnen, in regelmäßigen Abständen, kurz und rhythmisch ausgestoßen, ein meckerndes, gepresstes Lachen. Seit Jahren reagieren seine Ohren nicht mehr auf das Singen und Grölen aus der Wirtschaft gegenüber. Das Lachen muss ihn geweckt haben.

Oder schrie da nicht einer um Hilfe?

Helmut stand auf und sah, was er vermutet hatte. Hannes sitzt auf ihm, bequem, er sitzt ihm im Kreuz. Den linken Arm hat er ihm auf den Rücken gedreht. Das Gesicht liegt mit der rechten Seite im Dreck. Hannes lässt sich von Edy eine Zigarette geben, die linke Hand hat er frei. Mit der rechten hat er das Handgelenk gefasst, zieht ruckend den nach hinten gedrehten Arm kurz nach oben. Franz zuckt tiefer in den Dreck, in die Mistlache am Wasserschacht. Um die Zwei steht ein Dutzend junger Leute. Da ist wieder einer an der Reihe. »Zieh an! Noch einen Zentimeter.« Die Kommentare sind sachlich, so etwas haben sie schon oft mitgemacht. Emma, eine ältere, nach dem Tod ihrer Schwester allein lebende Frau, schreit aus dem Fenster: »Ihr Sauhund! Macht dass ihr heimkommt! Morgen kommt ihr nicht aus dem Nest.« Die Alte im grauen Nachthemd und mit gelöstem grauschwarzen Zopf verträgt ein paar Schimpfwörter. Sie solle den Zopf runterlassen, dann käme einer hinauf.

Helmut macht vorsichtig das Fenster auf und schaut bei geschlossenem Vorhang hinaus. Vor dem Haus schlägt einer das Wasser ab. Ein Fenster im Nebenhaus wird geschlossen.

Franz wehrt sich, windet sich. Das wird verlangt. Er hat keine Chance, aber er macht mit. Hannes sitzt ihm im Rücken, den linken Arm hoch ins Kreuz gedreht. Ein leichtes Rucken und, dem Reflex gehorchend, rutscht Franz weiter in den Dreck. »Schmeckt's? Jetzt schaut euch diese Wildsau an, die mag den Dreck. Die will mit der Schnauze hinein in die Brühe. Schmeckt's, alte Wildsau?« Hannes ruckt in knappen Abständen, jedoch nicht regelmäßig, am Gelenk des auf den Rücken gedrehten Arms. Er lacht, wenn er Franz überrascht.

»Wildschweine in der Suhle«, sagt Edy. Wir kennen das Bild. Gelächter. »Auf welcher Seite im Buch steht's? Los! Wo? Der Hellste vom Flecken weiß es doch. Seite wie viel?« Hannes lässt zwischen seinen Fragen lange Pausen. Klett sagt, auch nach einer langen Pause: »Seite 81.« – »Klettklett, so ein Pech«, sagt Hannes. Dann schlägt er ihm, die Zigarette im Mund, mit der freien Hand auf den Hinterkopf. Und ganz sanft verbessert Edy. »Seite 82.«

Hannes fragt in die Runde: »Wie sagt der Lehrer Jäger?« Und alle antworten in näselndem Ton, jede Silbe extra betonend: »Strafe muss sein.« Und Hannes schlägt den zweiten Schlag an die gleiche Stelle. Der Tschäss, er ist ein paar Jahre älter als die jungen Männer um die Zwanzig, streckt seine Bierflasche weit von sich, schwenkt sie langsam nach links, »was wahr ist«, dann die Flasche nach rechts, »muss wahr bleiben. Fertigamenbastaschluss. Was wahr ist, muss wahr bleiben.« Die Bierflasche pendelt nach links, nach rechts. Der Tschäss stellt die Bierflasche auf den Eisenrost des Schachts und zieht langsam einen gelb-schwarz gesprenkelten Kamm aus der rechten hinteren Hosentasche und zieht ihn ein paarmal durch die weizen-blonden Haare. Die Schläfen entlang folgt die linke Hand der Spur des Kamms, glättend, wie beim Friseur. Der Tschäss hat seinen eigenen Kopf in Arbeit. Einer rülpst mit weit geöffnetem Mund. »Du Sau.« Hannes lässt vor seinem letz-ten Zug Franz an der Zigarette riechen. »Sollst auch nicht leben wie ein Hund. Kommkomm! Und noch ein bisschen tiefer.«

Aus den übervollen Güllegruben fließt im Frühjahr die Brühe in die Mulde vor dem Abflussschacht. Es muss also im Frühjahr gewesen sein, ganz früh am Sonntagmorgen.

Franz bäumt sich eine Handbreit auf und schüttelt den nassen Kopf. Wildschweine in der Suhle. Dann steht Han-nes auf. »Muss mal schiffen. Hätt' ich fast vergessen.« Franz steht schnell auf, wischt das Gesicht mit dem Hand-rücken und dem Hemdsärmel rasch ab, fährt mit der rech-ten Hand über Hose und Hemd, die linke schüttelt er. Man schaut ihm zu. »Da hinten hängt noch was.« Franz läuft nicht weg, er gehört dazu und will dazugehören. Er schreit Hannes den Familienspitznamen zu. »Langt's noch nicht?« Hannes klopft eine Zigarette aus der Schachtel, zündet sie an und sagt, den Rauch abwechselnd durch Nase und Mund ausstoßend: »Mach keinen Fehler, Klett. Bis morgen.« »Morgen früh ist die Nacht rum«, sagt Edy. Dann stellt er sich auf den Eisenrost über dem Schacht und singt.

Wenn bei Capri die rote Sonne im Meer versinkt
Wenn Edy singt, darf keiner mitsingen
Und vom Himmel die bleiche Sichel des Mondes blinkt

Edy schaut andächtig zu den nahen Strommasten hinauf
Ziehn die Fischer mit ihren Booten aufs Meer hinaus
Edy geleitet mit dem rechten Arm die Caprifischer hinaus aufs nächtliche Meer
Und sie legen in weitem Bogen die Netze aus
Edy unterstützt sie dabei mit den Händen
Hör von fern
Edy legt die Hand ans Ohr
Wie es singt
Edy legt seine Hand ans Ohr und hört seinem eigenen Echo zu
Wie es singt wie es singt wie es singt

Hannes geht Richtung Oberdorf über die Brücke, gefolgt von Edy. Ein paar gehen links am Bach entlang, ein paar rechts in ihre Häuser. Der Tschäss drückt Klett seine Flasche in die Hand. »Mach sie leer.« Edy klopft eine Overstolz aus der Packung, eine für Klett, lässt sie auf dem Daumennagel hüpfen, klickt das Feuerzeug an. Klett legt seine Hand um die Flamme und um Edys Hand. Edy raucht wie kein anderer. Nicht gierig. Nicht die Zigarette zwischen Daumen und Zeigefinger gequetscht, dann mit den Lippen kurz daran saugend – nein, Edy streckt den rechten Arm weit zur Seite, die Zigarette zwischen Daumen und Mittelfinger, beide goldbraun an den Spitzen, und klopft mit dem Zeigefinger pausenlos auf die Zigarette. Weit draußen lässt er sein Nikotinvögelchen zwitschern. Dann holt er die Hand von weit draußen wieder herein, wirbelt kleine Kreise und zieht den Rauch ein und holt von tief unten feine Wölkchen herauf und stößt sie, mit gespitzten Lippen und kehlige Laute produzierend, schräg nach oben aus. So fahren in Comics Autos mit Auspuffwölkchen durchs Bild. Aber Edys Wölkchen folgen nicht waagrecht knapp hintereinander, Edy schaut seinen blauweißen Wolkenkringeln nach, wie sehnsüchtig. Zurück kann er sie nicht holen.

Der Tschäss und Edy und Klett rauchen. Die Kippe lässt zuerst Klett durch das Eisengitter des Schachts senkrecht hinunterfallen. Der Tschäss boxt Klett sachte in die Rippen. Edy geht rückwärts über die Brücke und winkt. Klett geht als Letzter, langsamer als sonst.

Helmut schaut ihm nach, wie er über die Brücke geht, am Nepomuk vorbei, dann die Steigung zur Kirche hinauf, bis er hinter der Kurve verschwindet.

Helmuts Fenster bleibt offen.

Im Schmeil

Wildschweine in der Suhle, ein farbiges Bild im »Schmeil«, dem »Leitfaden der Tierkunde«. Suhle klingt fremd und vornehm. Die Umrisse des Bildes hat Franz mit Blaupapier ins Schulheft gepaust. Ein Rieseneber wühlt kleine Steine aus dem Waldboden, zwei weiße Hauer stecken sichelförmig im Unterkiefer. Fünf kleine, schwarzbraun gestreifte Frischlinge stehen im knöcheltiefen Wasser, die zarten Schnauzen im Schlamm. Eins schaut zum großen Tier, eins trottet weg, an einer Bache vorbei, die, den Schweif hochgereckt, die Vorderbeine ausstreckt, die Hinterbeine anspannt, den Zitzenbauch langsam in die Brühe senkt. Im Hintergrund sichern ältere Tiere die Gruppe zwischen den Eichen. Die Sonne erhellt ein friedlich grünbraunes Bild. Es könnte Sonntagmorgen sein.

Nach einer Kneipentour steigt Franz in den Bus, der die Arbeiter um halb sechs von der Stadt in die Dörfer der Umgebung fährt. Er setzt sich rasch auf den ersten Sitz rechts vom Fahrer, starrt geradeaus, grüßt keinen, der noch zusteigt. Bei der ersten Haltestation fliegt er, der Fahrer bremst gewohnt schlagartig, die drei Stufen kopfüber in den Einstiegsschacht und kotzt. Die Unterhaltung im Bus wird lauter. Für die Arbeiter aus dem Nachbardorf löst der Fahrer die Automatik der hinteren Tür. Nach drei weiteren Kilometern hält der Bus auf dem großen Platz des Fleckens. Die Arbeiter nehmen wieder den hinteren Ausgang, ein paar, die Jüngeren, warten draußen, die meisten gehen rasch weg. Am Jackenkragen zieht der Fahrer Franz aus der Tür und lässt ihn im Schotter liegen. Zum Wenden reicht's. Mit zwei Eimern Wasser aus dem Bach spritzt er den Eingang sauber. »Sau, verreckte.« Zwei von den Jüngeren legen Franz auf die Bank in dem Warteunterstand. Eine Stunde später kommt der Vater mit dem hölzernen Schaltkarren, lädt den Sohn auf und fährt ihn langsam über die Brücke, die ein paar Schlaglöcher im Teerbelag hat, dann das Steigle hoch, die letzten Meter sind die steilsten, auf die Oberdorfstraße und biegt rechts in den Hof ein und kippt ihn sachte ins Gras.

Der Schaltkarren, dessen hölzernes Rad von einem Eisenring eingefasst wird, ist inzwischen ersetzt durch handlichere Blechschubkarren mit einer Wanne und leichtlaufendem Gummirad. Schaltkarren benutzte man zum Futterholen, zum Transport von Getreide-, Obst- und Kartoffelsäcken. Auch bei der Hausschlachtung wurde das mit der Axt, später mit dem Bolzenschussapparat getötete Tier, das man zuvor mit einem Weidenkorb vor dem Kopf, der zum Futterholen diente, rückwärts aus dem Stall geschoben hatte, mit dem Schaltkarren zum Schrägen und zum weiteren Ausschlachten gefahren, vor dem Haus, auch auf dem großem Platz, dem jetzigen Halte- und Wendeplatz für die Busse.

Wie er an einem vorbeigeht. Schnell und mit kurzen Schritten. »Euch brauch' ich grad.« Er schiebt die Hüften leicht vor, legt das Gewicht auf Fußspitzen und Ballen, die

25

Sohle dreht er beim Auftreten leicht nach innen. Er tänzelt geradezu. »Euch zeig' ich's noch.« Und dann sein Kopfrucken. Kurz fixiert er dich, ruckt dann den Kopf zur rechten Seite und nach oben, immer wieder, wenn er mit dir spricht. »Was willst du denn?« Manchmal lacht er knapp, wenn er den Kopf nach oben wirft. Die Lippen presst er zusammen und starrt, was zu den tiefbraunen Augen nicht passen will, dir ins Gesicht, als hielte er nur mit Gewalt etwas zurück. »Mich macht ihr nicht so schnell fertig.«

Das Bild an der Wand

Sollte er überhaupt hinein? In der Wirtschaft schrien ein paar einander an: Das sei ja ganz was Neues, und jetzt sei Fußball dran, und das habe es noch nie gegeben, und jetzt sei gestorben genug. Helmut suchte den Autoschlüssel, fasste aber das braune Weihwasserfläschchen und wusste mit leichter Sicherheit, was er gleich tun werde: die Tür zum Gastraum leicht aufschieben, wie früher beim Theaterspielen an Weihnachten, die ewig klemmende Kulissentür, ein Holzrahmen mit flatterndem Leinenstoff bespannt, dann langsam mit zurückgelegtem Oberkörper hinein und sich breit hingestellt – das gab berechneten Beifall. Also langsam hinein zu den Schreiern, das braune Weihwasserfläschchen halbhoch in der rechten Hand, ein paar symbolische Spritzer, drei langsame nach links für die Binokelspieler am hinteren Tisch und drei schnelle harte Spritzer für die Fußballfanatiker. *Pax vobiscum! – Et cum spiritu tuo!* respondierten die älteren Binokelspieler am hinteren Tisch. Das halbe Dutzend junger Männer, von denen er den einen oder anderen dem Geschlecht, also der Verwandtschaft nach, kannte, setzte sich wieder vor den gut quadratmetergroßen Fernsehschirm. Der Wirt, es war noch der Italiener vom letzten Jahr, zappte den Ton herunter.

26

Helmut ging ein, zwei Schritte auf den Tisch der Binokelspieler zu, alle in seinem Alter: »Nur keinen Streit ver-
meiden.« Man lachte. So sei es, da habe Helmut wüst recht.
Wehren müsse man sich in ihrem Alter.

Einmal im Jahr, an Allerheiligen, kam Helmut in den
Flecken, auf den Friedhof und in die Wirtschaft. Einlei-
tungen, Floskeln, gespielte Überraschungen brauchte es
nicht. In der Sekunde war er wieder drin im Flecken. Helmut tat das gut. Entweder gehörst du dazu, oder du gehörst
nicht dazu. Das genügt für eine grobe Fleckenkunde. Nicht
groß auffallen, und gegen einen, der einen Witz zur Begrüßung macht, kann man nichts haben. Einer unter den
andern sein. Helmut tat keinem weh.

Im Nebenraum, der mit einer versenkbaren Zwischen-
wand mit Fenstern vom Hauptraum getrennt und damit
auch verbunden war, saßen Ludwig und der junge Klett
unter dem Turnerbild. Früher, vor dem Sportheimbau, war
die Wirtschaft das Vereinslokal gewesen. Hier trafen sich
Spieler und Anhänger nach dem Spiel am frühen Sonntag-
abend. Hatte man gewonnen, wurde gesungen, nach einer
Niederlage lief der Fernseher, der hoch oben in der Zim-
merecke auf einem Brett stand, dem früheren Herrgottswinkel.

Helmut legte den Mantel auf eine Stuhllehne, den Hut
mit einem kleineren Rand als der vom jungen Klettsohn
auf den Mantel. Der Wirt brachte ein großes Bier, Ludwig
hatte vorgesorgt. Der junge Klett mit den großen, dunklen
Augen seines Vaters ließ den Blick langsam kreisen, als machte er Aufnahmen mit einer Filmkamera. Ludwig klopfte
eine filterlose Zigarette aus dem gelben Päckchen und zündete sie an der weit herunter gerauchten Vorgängerin an.
Ludwig mit seinen goldgelben Fingern. Die oberen Glie-
der vom Zeige- und Mittelfinger glänzten mattgolden. Die
wurden immer schöner, und er immer grauer.

Helmut liebte es nicht, ausgefragt, ja nicht einmal gefragt zu werden, er musste reden, möglichst lange reden an einem Stück. Auf keinen Fall wollte er nach Franz Klett ausgeforscht werden. Da sei der Ehne, der Großvater, drauf, als junger Kerle in der unteren Reihe, ganz links. Der junge Klett drehte den Kopf zurück. Ludwig kannte das Bild auswendig. Auf der dunkel gerahmten Großphotographie stehen neun junge Turner in der ersten Reihe, dahinter vier weitere; einer auf dem vorderen Holm des Barren sitzend; einer, als Spitze der Turnerpyramide, steht als Kleinster auf dem vorderen Holm und hat sichernd die Hände auf die rechte und linke Schulter seiner Nachbarn gelegt. Der Riegenführer steht bolzengerade links und etwas abgesetzt von seiner Riege, ein zusammengerolltes Papier in der Linken, wohl eine Siegerurkunde. Wer von den Turnern steht, steht stramm, wer sitzt, sitzt gerade, nur einer lehnt sich leicht an den Barren. Dafür hält er die Stange mit dem Vereinswimpel vorbildlich aufgerichtet. Der Turnverein und seine erste Turnerriege in langen weißen Hosen mit schwarzem Gürtel, schwarzen Turnschuhen, weißen Turnerleibchen. Der ganz Linke sei der Ehne, der Großvater vom Franz. Der junge Klett ging zur Photographie und nahm sie in Augenschein. Er stellte keine Fragen.

Der junge Klett sei gestern Abend aus Berlin gekommen, habe bei ihm übernachtet, zum ersten Mal seit über zwanzig Jahren sei er wieder im Flecken, seit damals, seit er weggehen musste ins Bayrische, zu den Barmherzigen Schwestern. Helmut wisse das ja. Nach dem Abitur, einem, kein Wunder bei dem Vater, sehr guten Abitur, sei er zum Studieren nach Berlin, von einem Stipendium könne er gut leben. Und jetzt sei er da, der Junge vom Alten. »Ich hab's gehört«, sagte Helmut, »so hat nur der Klett gelacht, stimmt's Ludwig?« Ludwig lachte, jetzt habe er's kapiert. Nur kein Wort zu viel geredet. – In der Wirtschaft schon.

Sonst könne man ja gleich daheimbleiben. Aber vom Klett wolle er jetzt nicht reden, dem Jungen wolle er keinen Vater vorerzählen, mit keinen Geschichten ihm etwas vormachen. Sein eigener Vater sei auch schon lange tot. »Weißt du noch?« begann Ludwig, und Helmut fiel ihm sofort ins Wort. Sein Freund hatte ihn wohl in sein Vatererinnerungsprogramm eingeplant. Den ganzen Abend habe man Bilder im Fotoalbum angeschaut. Eines habe der junge Klett gekannt und das Gleiche aus der Brieftasche geholt, das Foto von der Unterklasse, das Foto mit dem Lehrer Krämer und dem Fräulein Graf und auch mit Kletts Vater. Ludwig erzählte so, dass in jedem Satz eine, wenn's sein musste, nachprüfbare Information enthalten war. Woher er das Foto habe, wisse der junge Klett selber nicht.

Alle wussten über Klett Bescheid. Alle wussten alles. Und doch war nichts erzählbar, weil jedes Detail nur die Vorgeschichte abgab für das Ende der Geschichte, ein Beweisstück für das, was dann gekommen war oder, und das war seltener, eine Möglichkeit, die, hätte er sie ergriffen, alles hätte anders kommen lassen. Von Klett konnte man eigentlich nicht erzählen, weil sein Leben so zu Ende gegangen war. Es lohnte sich nicht, über die Klettgeschichte von Anfang an nachzudenken. Das Ergebnis war bekannt, Klett seines eigenen Unglücks Schmied, seine Geschichte eindeutig. Er hat dazugehört, aber er hat nicht dazugehören wollen. Drinnen war er einmal, jetzt war er draußen. Für immer.

Helmut nahm einen langen Schluck aus dem noch fast vollen Glas. Er wollte sich nicht von Ludwig in eine Richtung dirigieren lassen, die ihm nicht behagte, Richtung »lustige Geschichte aus der Jugendzeit«, etwas zum Lachen, eine verlogene Geschichte.

Der junge Klett kam vom Turnerfoto an den Tisch zurück. »Ein schönes Foto«, sagte er. Ludwig, der das Schweigen Helmuts als vorbereitende Konzentration auf eine gleich folgende Geschichte missdeutete, lächelte dem jungen Klett, die Augen leicht zusammenkneifend, zu. »Pass auf, jetzt geht's los. Die Geschichte mit dem Pudding.« Eine Spinne pendelte eine Handbreit über Ludwigs Kopf.

»Ja, Pudding schmeißen …« Helmut fing an und hörte wieder auf. Die Geschichte musste er in seinem Kopf neu erzählen. Sich selber neu erzählen.

Pudding schmeißen

Pudding schmeißen. Ja! Pudding schmeißen. Wir schmeißen Pudding. Rein mit dem Kaffeelöffel in die Tasse, rumgedreht und dann, den Löffel mit Daumen, Zeige- und Mittelfinger in der Mitte angefasst, den kleinen Finger auf das Ende des Löffelstiels, und dann schlägt der kleine Finger auf das Stielende. Das Katapult klatscht das gelbe Geschwabbel an das Küchenfenster. Und nochmals, und, schon routiniert, noch einmal, bis die grün gepunktete Kaffeepuddingtasse leer ist. Weißt du noch? Klett hatte uns mitgenommen in die Küche. Die Mutter war in der Stadt, der Vater bei der Arbeit. Wir wollten keinen Pudding, wir wollten eine Sauerei. Der Nachtisch für morgen musste heute ans Fenster, an die über dem Spültisch gelackte gelblich weiße Küchenwand, an der ein kleines Kruzifix hing. Franz machte es vor. Die Sau darf raus. Wir sind nicht beim Sonntagmittagessen, kein Tischtuch, kein Schweinebraten mit Kartoffelsalat in Soße schwimmend. Auch das »schöne« Besteck fehlt. Und immer wieder schlägt das wie geölt funktionierende Puddingkatapult zu. Die Saft-und-Schmotz-Wurfmaschine. Wir lachen, mit schlechtem Gewissen, überlaut.

Der Pudding am Sonntag um halb eins nach Grießklößchensuppe, Schweinebraten mit Nudeln, von der Mutter selber tags zuvor gemacht, viel Soße und Kartoffelsalat, im Sommer vermischt mit großkernigen Gurkenschnitten, dieser Pudding am Sonntag macht den Sonntag erst zum Sonntag. Wie das Hochamt in der Kirche um neun Uhr gibt er dem einzigen freien Tag in der Woche Geschmack und Geruch aus Weihrauch und Vanille. Die Kinder essen auf den Nachtisch zu. Ist das Essen vorbei, kommt er dran. Ein Sonntag riecht anders, nicht nach modrigem Rosenkohl, Urinieren, süßlich verkochtem Sauerkraut, essigscharfen Kutteln und nach einem zum Erbrechen gelben Brei aus getrockneten Erbsen.

Heute, an einem verwechselbaren Werktag, gibt es den Sonntagspudding für uns. Von Franz. Am hellen Nachmittag, außerhalb jeder Essenszeit. Und der muss an die Wand. Geschleudert von einem halben Dutzend Zwölfjähriger. Unsere fröhliche Sauerei. Unser Hochamt mit Löffelgeläut. Wildschweine in der Suhle. Franz ist die wildeste Sau in den vier elterlichen Küchenstallwänden, der Leiteber, den Löffelzahn gereckt. Er zeigt uns, und wir zeigen es den Alten, wie man es denen zeigen sollte. Aber wir dürfen das nicht. Und das Fenster muss auf und raus mit dem anständigen Sonntagspudding. Mit dem letzten Schuss trifft Franz das über der Spüle an einem Nagel aufgehängte Kruzifix. Der Vanillepudding läuft am silbrig matten Kreuzeskörper herunter. In die lange Pause schreit Franz hinein sein »Istdochmiregal«. Helmut griff nach dem Spüllappen, traute sich aber nicht vor den andern.

Ist es so gewesen? War Franz so? Ist Helmut so gewesen?

Ludwig klopfte auf den Wirtshaustisch.
»He! Helmut, wo bist du? Komm, lass hören!« – »Ist noch zu nah.« Helmut konnte nicht erzählen. Nicht vom Klett. Er konnte dem jungen Klett nicht sagen, dass er jetzt nicht von seinem Vater erzählen konnte. Helmut musste weg.

»Oder die Geschichte mit dem Fahrrad, komm Helmut!«

Helmut war unablenkbar. Er ließ sich, ohne höfliche Rücksicht, einfach weiterreden, über etwas anderes.

Schnatzegallen

»Weißt du, Franz, was Schnatzegallen ist?«

»Woher soll er's auch wissen!« ärgerte sich Helmut. Sowieso wäre das keine Geschichte von Franz' Vater, das wäre eine Geschichte von allen Buben, die damals jung waren. Helmut sagte, die Sache mit dem Schnatzegallen sei so gut wie die Puddinggeschichte – nur mit lebendem Personal.

»Ohne Vögel wären wir nicht jung gewesen. Aber nur wir Buben. Vögel und mehr als das halbe Jahr barfuß.« Helmut fing an zu erzählen, als ob er's sich selber erzählte. Ludwig bestellte noch drei Biere, zwei große und ein kleines.

Aus gut fünfzehn Metern schießt Helmut vom Garten aus mit einem glatt in der Hand liegenden Stein einen Sperling vom Scheunendach des Nachbarn. Der Sperling saß auf dem Dachfirst, etwa in der Mitte, auf einer der gerundeten Hohlkehlen, die erdigrot glänzten. Weiter unten deckte Moos die Färbung mit grünen Inseln zu. Der Sperling kippte wie selbstverständlich um und blieb trotz des steilen Dachwinkels auf der zweitobersten Ziegelreihe mühelos liegen. Der muss weg von da oben. Das Federbündel mit dem weggekippten Kopf muss in die Hand. Helmut versucht mit weiteren Steinschüssen, den Vogel nach unten zu holen. Der Sperling kam nicht.

Mit den jungen Sperlingen in den Nestern werden wir besser fertig. Erst recht mit denen, die einen Starenkasten im Alten Haus, das schon lange nicht mehr bewohnt war,

in ihren Besitz genommen hatten. Mit einer langen Boh-
nenstange stupft Edy den morschen Kasten herunter.

»Halt mal fest! Weiter zur Mitte! Das lernst du auch noch.
Gut so.« Der Tschäss balanciert das schmale, knapp einen
Meter lange und eine Handspanne breite Brett, das er aus
dem Holzschuppen geholt hatte, auf dem großen Eckstein
an der Scheune aus, probiert, die beiden Enden fassend,
wie weit es im Gleichgewicht ist. Der Stecken soll nicht zu
kurz sein, gut einen Meter lang, so dick wie ein Kinder-
arm, herausgezogen aus einem hochgetürmten Holzstoß
aus Tannenästen. Mit beiden Händen umfasst der Tschäss
den Stock und schlägt leicht auf das äußere Ende des Bretts,
zweimal, dreimal. Probier mal. Franz darf als Erster, dann
Edy und die andern. Achtgeben soll man vor allem auf das
Stoppen der Bewegung knapp vor dem Aufschlag. Franz
muss eine Runde aussetzen. Er schlägt zu heftig zu. Edy
macht's vor. Tschäss lobt ihn. Dann kommt ein Stein auf
das linke Brettende. Ein knapper, harter Schlag mit dem
Stock auf das rechte Brettende schleudert den Stein hoch.
Nun kommt ein Junges aus dem Starenkasten aufs linke
Brettende. Tschäss schaut zu, zündet eine Zigarette an,
dreht sie in die hohle Hand und bewegt die Hand in kleinen Rucken, so entsteht kein Rauch, schnell hin und her.
In hohem Bogen fliegt dann das nackte, verklebte Junge
durch die Luft und fällt in den Staub der Straße. Franz
rennt zu ihm hin, es sei tot, und kickt es weg. Eine Katze
schnappt es sich. Ein Stein fliegt hinter ihr her. Der erste
Schädling ist beseitigt.

Es warten fünf, sechs weitere Jungen mit ihren Vögeln.
Ernst und ruhig üben sie mit Steinen, geben sich gegensei-
tig Ratschläge, dann kommt ihr Vogel aufs Brettende. Bei
Spatzen kann man ein Junges nach dem andern aus dem
Nest holen, die Alten merken's nicht, nicht einmal die
Mutter verteidigt ihre Jungen.

Wir wissen, was gute Vögel sind und was schlechte. Der Sperling zählt zu den schlechten. Er kommt zu häufig und in Scharen vor, sieht grau in grau nach nichts aus, hat keine einzige farbige Feder, pfeifen oder schön singen wie ein Distelfink kann er nicht. Der Sperling darf aufs linke Brettende. Meist sperren fünf bis sechs Junge im schlampig und lieblos zusammengestoppelten Nest den Rachen auf. Spatzen lieben den Dreck. Kein Vergleich zum Nest eines Distelfinken oder gar einer Schwalbe, die Klümpchen für Klümpchen an die Mauer hoch unter das Dach klebt. Wo Schwalben hausen, kehrt Glück ins Haus ein. An manchen Häusern sind bis zu zwanzig Schwalbennester neben- und übereinander. Die jungen Spatzen mit greisenhaft dürren und faltigen Hälsen, mit einem Kopf, der nur aus einem gefräßigen Schnabelaufreißen besteht, die Spatzen also sind zugelassen fürs Brett, dann noch die Rotwedel, mit dem roten Schwanz schon eine Klasse besser, im Naturkundeunterricht muss man Rotschwänzchen sagen. Der Name könnte von Mädchen erfunden sein. Wir aber wissen, dass Rotwedel Bienen und die Eier anderer Vögel fressen. Wenn aber einer, und sei es, weil er die Vögel nicht auseinanderhalten kann, eine junge Emeritze, einen jungen Distelfinken oder gar einen der selteneren aufs Pfeifen spezialisierten Buchfinken erwischt, der gehört eigentlich selber aufs Brett. Sperlinge hängen viel lieber rum, sitzen mitten auf der Straße, am liebsten in einer Drecklache. Man stelle sich einen blauschwarz glänzenden Star in einer Drecklache vor! Den Sperlingen macht ihr Baden im Staub noch Vergnügen. Es fehlte nur noch, dass sie, die Beine von sich streckend, sich faul auf den Rücken werfen.

Stare sind schnell, fliegen zielstrebig geradeaus, ohne luftpumpend im Flug immer wieder abzusacken, immer unterwegs mit Futter für die aufgerissenen Riesenmäuler ihrer Jungen; ohne Verschnaufpause starten sie wieder und wieder, wie gute Väter und Mütter, zur Raupen- und Würmervernichtung, währenddessen die Spatzen faul rumhängen, auf der Straße sitzen, statt sich, wie es sich für gute Vögel gehört, in Feld und Wald aufzuhalten. Daher müssen regelmäßig ein paar aufs Brett.

Helmut nahm den morschen Starenkasten mit. Er wird ihn brauchen können, zu was, weiß er noch nicht. Er säuberte ihn mit einer Spachtel vom Spatzendreck und legte ihn oben auf die Holzbeige im oberen Holzschopf. Ihn mit dem Beil zerschlagen und zum Brennholz werfen, konnte er nicht.

Helmut hatte langsam und mit vielen Pausen erzählt, sachlich, aus der Distanz, als berichtete er von einem wissenschaftlichen Experiment, von einer Expedition zu einem verschwundenen Stamm. Ludwig hatte ein paarmal zustimmend gelacht, aber mehr um Helmuts ganz neuer Version einer alltäglichen Geschichte aus der Jugendzeit den insgeheim verspürten Stachel zu nehmen. Der junge Klett sagte: »War interessant. Bei den Schwestern hätten wir das beichten müssen.«

Ludwig stimmte zu: »Wir doch auch, aber nur bei Singvögeln.«

»Schnatzegallen«, sagte Helmut, »keine Ahnung, was das bedeutet.«

Ganz ruhig sagte der junge Klett: »Aber das Wort trifft's exakt. Der Schlag zu Beginn, der Flug und das Ende auch. Schnatzegallen – perfekt.«

Helmut fand aus dem Staunen nicht heraus. »Vergiss deinen Hut nicht!« Helmut schaute zur Stuhllehne, der Mantel lag da. Der Hut war weg. Er hatte ihn auf dem Kopf. »Vergiss deinen Hut nicht!« Reingefallen war er auf den alten Trick. Die Binokelspieler lachten. Die Studierten aus der Stadt könnten hier auch noch was lernen. Helmut lüftete den Hut.

»Eins zu Null. Und jetzt muss ich mal.«

»Mit Hut?«

»Und an die frische Luft.«

Helmut gehörte dazu. Klett war draußen.

Helmut ging zur Toilette. Er wollte weg. Abhauen wollte er.

Auf französisch sich verabschieden, das kann sich nur ein Einheimischer erlauben. Wer einmal im Jahr in die Wirtschaft kommt, muss lange bleiben. Und zahlen muss er auch noch, sein Quantum und die Biere derer, dies von ihm erwarten. Auf ihn ist Verlass, er weiß, was sich gehört. Vor Jahren hat er für den ganzen Tisch bezahlt. Es war das erste und das letzte Mal. Man bezahlt, wenn man schon bezahlte, ein Bier für jeden und nicht mehr. Man sitzt ja nicht mit armen Leuten am Tisch, die ohne Helmut sich kein Bier leisten können. Bei aller Freundschaft, aber die einfache Wirtshausregel sollte auch einer aus der Stadt noch intus haben. Helmut hatte sich seinen Zahlübermut noch lange übelgenommen. Dass er etwas Besseres sein wolle, hat keiner laut gesagt.

Helmut geht ins Freie. Er muss sich bewegen, ohne Mantel. Sein Auto steht da, vom Fenster aus zu sehen. Sie werden wissen, dass er wiederkommt.

Fleckenrunde

Helmut warf, wie gewohnt, den Hut über die Rückenlehne, aus dem Handgelenk heraus, wie man beim Binokel eine Karte, die keinen Stich brachte, auf den Tisch fliegen ließ. Der leichte Schwung der Routine. Der Hut streifte die Kopfstütze und fiel hinter sie in den Fußraum. Die Tür warf er zu laut zu, ein zu kräftiger Tritt gegen den hinteren Reifen, der bei den dünnen schwarzen Schuhen weh tat. Die Wollmütze aus der Jackentasche setzte er im Gehen auf, bei der matten Straßenbeleuchtung und dem diesigen Wetter würde ihn keiner erkennen.

Schon tagsüber ging, hatte ihm Ludwig berichtet, kaum mehr jemand zu Fuß durch den Flecken. Man fuhr mit dem Auto; in die Kirche, zum Bäcker, zum Kaufmann, zum Briefkasten, die Kinder in den Kindergarten, die Alten zum Altennachmittag. So kam man rasch vorwärts und noch rascher aneinander vorbei.

Manche reckten knapp den Kopf hinter der Frontscheibe, von Auto zu Auto. Seit die Autoscheiben verspiegelt waren, wurde die Lage unübersichtlicher. Von weitem kannte man das Auto, von nahem die Autonummer, aber wer saß hinter der Scheibe? Wahrscheinlich der Mann. Aber die Tochter hatte seit neuestem auch den Führerschein.

Hätte Helmut, in Kenntnis aller Daten, nun so in Richtung der dunklen Autoscheibe gegrüßt, hätte er womöglich den Falschen erwischt, vielleicht jemand von den Jungen gegrüßt, die er gar nicht kannte. Dann wäre ein Telefonanruf nötig gewesen, der klärte, wer wen und wann in welchem Auto gesehen hatte. So kam man sich wieder näher.

Fußgänger hatte Helmut also keine zu befürchten. Auch ohne Strickmütze würde er keinem auffallen. Lediglich ein paar alte Männer, hatte er erfahren, drehten ihre tägliche Runde im Flecken, nie zu zweit oder zu dritt und immer mit Tempo und etwas in der Hand oder etwas in Zeitungspapier Eingewickeltes unter dem Arm, als habe man ein Ziel vor sich oder etwas bei Verwandten abgeholt. Auf keinen Fall durfte eine Fleckenrunde nach Spazierengehen aussehen. Man wäre vor aller Leute Augen am hellen Tag ohne Sinn und Zweck gegangen, einfach gegangen, und so einem Verdacht konnte man sich nicht aussetzen. Wie leicht war es früher gewesen, unterwegs zu sein, mit einem Rechen, einem Bickel, einer Gabel auf der Schulter. Man ging aufs Feld und der Gruß »kommschd« kommst du – »gohschd« – gehst du – sagte, auch in der Frageform, direkt aus, was der Fall war. Sagte man zu dem, der vom Feld kam »komschd?« oder »gohschd?«, hieß es eigentlich »kommst du vom Feld« und »gehst du aufs Feld«. Wer wo hinging, konnte man ja sehen. Man wusste, wo jeder sein Haus hatte und wo seine Äcker und Wiesen, wusste man auch.

Helmut liebte derartige kleine Wort-Anstrengungen. Selbstgespräche über für immer Verschwundenes. Kommen und Gehen im ursprünglichen Sinn musste zur Zeit der allgemeinen Mobilisierung als Verkehrshindernis gelten. Vorbildlich dagegen die heutigen Kinderrennwägen, die vor allem Mütter auf Trab brachten.

Wer vor dem Haus Holz spaltete, hörte einumsanderemal »duad ma Holz spalta«, und wer zum Fenster herausschaute oder vor dem Haus stand, nahm ein »bisch dahomm, isch ma dahomm« für einen angemessenen Gruß. Wer vor dem Haus saß, stimmte einem »duad ma gruba«, also ausruhen, zu. Man kannte sich, man wusste, wer wen gut kannte und wer mit wem gut konnte, und man kannte die dafür passenden Redeformeln. Wies gehe, fragten einen die Leute, die man schon lange nicht mehr gesehen hatte. Bald war man aber bei denen, die beide kannten und auch schon lange nicht mehr gesehen hatten. Und die hatten meistens eine Krankheit. Einem selber gehe es ganz ordentlich. Dann sei's aber recht.

Heute schaut man im Flecken nicht mehr aus dem Fenster. Soll man einem vorbeifahrenden Auto etwas zurufen? Kann der Autofahrer einem Fenstergucker, der ihn zu spät an der Autonummer erkennt, ein Hupzeichen geben?

Für eine Fleckenrunde brauchte man eine starke Viertelstunde. Dann waren die alten Männer wieder daheim und glaubten, sie bräuchten wieder eine neue Arbeit, am besten jetzt gleich. Alte Frauen liefen keine Runden. Sie hatten, wie bisher auch, im Haus und ums Haus herum genug zu tun.

Ein großes Betonrund stoppte den Fleckenrundendreher. Sechs, sieben Meter im Durchmesser. Beton aus einem Stück, aus dem drei Eisenrohre mit Schildern ragten. Beton am Stück, zehn Zentimeter hoch, von einem Eisenring eingefasst.

Helmut umrundete das Riesending, das wie vom Himmel gefallen mitten auf dem größten Platz des Fleckens lag, ging um es herum, langsam im Uhrzeigersinn, Schritt für Schritt. Ein Schild wies Ortsunkundige hoch zum »Landgasthaus Löwen«. Helmut ging weiter. Das zweite Schild hinderte den Bus- und Autofahrer, der aus Richtung Ofterdingen kam, an der Einfahrt in das Rund. Rotes rundes Blech mit weißem Querstrich. Helmut folgte den Pfeilen, einmal und ein zweites Mal. Er konnte es nicht fassen. Mitten auf dem Latschare lag ein Stein- und Schildermonster, das einen aufforderte, die angegebene Richtung einzuschlagen oder zu unterlassen – eine umbrauste Verkehrsinsel. Erfinder samt Erbauer des Betonmonsters sollte man so lange hintereinander, immer den Pfeilen nach, jagen bis sie ... Oder an Fasnet könnte man sie hier auf- und ausstellen.

Das Schilderrund könnte eine Spätfolge der Eingemeindung sein. Das zuständige Amt in der Stadt wusste, was man in einem Dorf brauchte. Auch ohne dieses Betoneisenmordstrumm wäre jeder Autofahrer auf dem richtigen Fahrweg geblieben. Helmut umrundete nochmals mit zehn, zwölf Schritten, von den Pfeilen sicher geleitet, die Steininsel mitten auf dem Platz, mitten auf dem Latschare. Wie zum Hohn war auf dem Betonfeld noch ein geteerter Fußgängerstreifen vorgesehen. Der mögliche Fußgänger musste sich also vom rechten Straßenrand, wollte er den

Platz überqueren, auf das betonierte Rund zu bewegen, darauf den geteerten Fußgängerstreifen ein paar Meter benützen, ihn verlassen und die andere Straßenseite dann ungeleitet erreichen. Wer hat das, vom Städtischen Verkehrsamt geplante, Latschare-Gehprogramm je absolviert?

Hier standen sonntags nach der Kirche die jungen und älteren Männer vom Unterdorf, bis es Zeit war, vorbei an dem Dampf aus allen Küchenfenstern zum Mittagessen zu gehen, den Duft aus Schweinebraten, noch warmem Kartoffelsalat, geschmälzten breiten Nudeln einziehend, mit beschleunigtem Tempo zum eigenen Sonntagsessen daheim, das nur noch darauf wartete, mit der tiefbraunen und alles verbindenden Soße Löffel um Löffel übergossen zu werden. War in der Predigt vom himmlischen Hochzeitsmahl die Rede gewesen, machte sich mancher schon vor Messende in Gedanken auf den Heimweg.

Plötzlich war Edy da, im Flecken und mitten in der Runde der Großen auf dem Wagges. Buben von der Oberklasse, die darunter sowieso, hatten in der Erwachsenenrunde nichts verloren. Auf dem Wagges und im innersten, von Jüngeren nicht betretbaren Kreis stand Edy. Er habe, hörte man, keinen Vater und keine Mutter mehr und komme aus einer großen Stadt. Er wohne jetzt bei seinen Tanten, drei älteren Schwestern. Edy konnte, was die um ihn herum nicht konnten, Edy konnte »sprechen«, also reden, hochdeutsch reden, am Stück hochdeutsch reden, am Stück hochdeutsch reden und dazu noch fließend elegante Bewegungen machen. Edy schaute in die geöffneten Münder über ihm. Edy gab eine Nummer. Edy war eine Nummer. Man brauchte Edy nur anzustupfen, und der kleine Sprachautomat lief an. Wie beim Negerle der Weihnachtskrippe im Weggental. Edy legte den rechten Zeigefinger auf die Lippen, schaute ernst von einem zum andern und sagte die verlangte Nummer auf:

40

Ich bin der Herr aus Sachsen
Wo die schönen Mädchen
Auf den Bäumen wachsen.

Edy kassierte den Beifall, besonders für die zum Lachen komischen Laute einer trägen und dümmlichen Sprache.

»Drääsdn« wurde verlangt und von Edy geboten.

Isch bin dar Häär aus Drääsdn
Und draache faine Wääsdn

Edy schob die Daumen unter die Hosenträger und drehte sich wiegend. »Brixen« war dran.

Isch bin där Säpp aus Briggsen
Und due freelisch wiggsen

Ein noch lauteres Gelächter auf dem Wagges am heiligen Sonntagmorgen.

Gab man Edy einen andern Ort vor, produzierte er neue »Isch bin där Häär«-Verse.

Helmut durfte nach dem Amt am Sonntag nicht mehr auf den Wagges. Die Mutter hatte es verboten. Edy sei ein »verdorbenes Bürschle«. Aber Edy wohnte gleich ums Eck. Er konnte kommen und gehen, wann er wollte. Ging er nicht zum Essen heim, brachte das schwarze Tantengeschwader ein Gsälz- oder Schmalzbrot an den Bach oder auf den Wagges. Hatte Hannes Edys Arm auf den Rücken gedreht, kam die Dreifach-Tante im langen schwarzen Kleid und schwarzen Schnürstiefeln, ein schwarzes Kopftuch, unterm Kinn gebunden, eins um die Stirn, sommers wie winters, und drohte dem Täter. Die Drei schimpften und drohten mal gleichzeitig, mal nacheinander, so dass Schelten und Maulen kein Ende nehmen wollten, bis Edy alle heimschickte. Er hatte das Kommando übernommen und führte uns seine Tanten vor. Edy war wie unsere Väter ein Chef. Die drei Krähentanten wurden nicht fertig mit ihm. Sie bannten ihn nicht, ihren Edy Ulitzsch.

Später wird ein Mercedes vor dem »Rössle« vorfahren, und ein Mann mit Goldkettchen um Arm und Hals wird fragen nach »Edy von Ulitzsch«. Seither hieß unser Edy nur noch »Edy von«.

Helmut lief seine nächtliche Runde weiter, aber in der Gegenrichtung. Nicht vom Latschare über die mittlere Brücke und die Steigung zur Kirche hinauf, dann scharf nach links die lange und für einen Flecken zu breite Oberdorfstraße hinaus und wieder scharf links hinab zum Bach, über die obere Brücke, dann gleich in die Durchgangsstraße, die mit einer lang gezogenen Linkskurve zum Latschare zurückführte. Dieser Weg umrundete den Kern des Fleckens, eine unregelmäßige Ellipse. Mittendurch fließt der Bach. Er trennt das Oberdorf vom Unterdorf. Oberdorf und Unterdorf fühlten sich wechselseitig überlegen, die Oberen schauten auf die Unteren mit mildem Spott herab. Heute muss man in den Neubaugebieten gebaut haben und wohnen. Die Adresse im Lilien- oder Narzissenweg hat der alten »Hechingerstraße« schon lang den Rang abgelaufen. Die Mitte des Dorfs ist heute das Betonkunstwerk auf dem Latschare, umfahren von den Schulbussen. Im ehemaligen Herzen des Fleckens braust jetzt die rasende Leere. Im Monat Mai ragt aus der Mitte der Betoninsel der geschälte schlanke Stamm eines Maibaums, hoch oben mit einem Kranz und bunten Bändern geschmückt, die der von den Autos erzeugte Luftzug nicht erreichen kann.

Helmut gefiel das Wort nicht, es passte nicht hierher. Latschare. Aber das Tempo der drei Silben traf die Sache. La – tscha – re. Ein schneller Anfang, ein ruhiger Mittelteil und ein rasches Ende. Latschare – so wie die Männer sonntags auf den Platz kamen, da blieben und rasch weggingen. Man ging auf den Latschare und blieb dort bei den andern stehen. Ein Wort, das sich abbremst. Latschare. Latschare käme nicht in den Starenkasten.

Helmut ging näher zum Bach. War er überhaupt noch da? Oder vielleicht schon kanalisiert? Der Bach war mit hohem Gestrüpp zugewachsen, der Lauf des Wassers nur zu hören. Eine Wildnis mitten im Dorf oder korrekter: ein Biotop von Amts wegen den Leuten vom Land verschrieben, damit sie kapieren, was Natur ist. Das war unser Bach, sommers wie winters. Wir standen barfuß im Bach, fingen Rotzer und Frösche, stachen mit einem Nagelstecken nach in der Strömung stehenden Forellen, fuhren auf dem Eis mit absatzreißenden Schlittschuhen.

Helmut sah, was nicht mehr da war, zum Beispiel den kleinen rotweiß blühenden und den großen grünweiß blühenden Kastanienbaum. An ihrer Stelle hatte man jetzt, wie anderswo auch, eine offene Wartehalle mit einer von Schuhen verdreckten Bank. Die Rückenlehne der Bank war blank, wohl von der neuen Art zu sitzen: die Schuhe auf der Sitzfläche, den Hintern auf der Rückenlehne, nicht ganz so wie die Hennen auf der Stange, aber Dreck machte das junge Ziefer auch. Die Rück- und die zwei Seitenwände der Halle voll gesprayt, zum Teil gesplittert. Die jungen Leute von hier kannten also die Zeichen und Wörter von der Stadt. Vom Land ist heutzutage wohl keiner mehr.

Helmut registrierte, was fehlte. Der Brunnen und der Brunnentrog an der Stirnseite des Platzes war dem Asphalt gewichen. In den Brunnentrog hätten sich zwei Männer, hintereinander ausgestreckt, hineinlegen können. Hier hatte uns Franz eine Lektion erteilt mit seinem neuen Fahrrad und seinem »Istdochmiregal«. Der Latschare hatte genug Platz, um im Winter schlachtreife Schweine in einer großen Holzwanne zu brühen, mit Stroh zu brennen, auf dem Schrägen zu schaben, am aufgestellten Rechen aufzuhängen, auseinander zu nehmen, bevor drinnen im Haus die Würste gemacht wurden.

Über dem Bach drüben die alte Backküche. Außer am Montag brachten die Frauen ihre selbstgemachten Brotlaibe, samstags ihre Flammbeeten, Kränze und Kuchen. Der Kuchebeck kannte die Brotlaibe jedes einzelnen Haushalts an der Form, an der Art der Bemehlung und an den auf den Boden eingedrückten Zeichen – ein Stück Holz mit Namenszeichen, manche waren nur mit einem Zeitungsfetzen gezeichnet. Am Brotlaib und am Zeichen war ein Haushalt zu erkennen und zu beurteilen.

Jetzt ist die Backküche ein Vereinsheim, der alte Holzofen, der Zehntausende von Laiben in seinem Bauch hatte, von den Vereinsmitgliedern in Eigenarbeit entfernt. Jetzt treibt man in dem renovierten kleinen Haus Heimatpflege. Die alten Bänke sind noch da. Eine Flasche Bier kostet exakt den Preis vom Getränkemarkt.

Nur in einem Haus brannte noch Licht, bis durch einen guillotineartig herabschießenden und dicht schließenden Rollladen auch der letzte Schimmer verschwand. Helmut war mit der Straßenlaterne und dem Betontrumm allein auf dem Latschare. Jetzt konnte er den Bach deutlich hören.

Helmut kannte noch jedes Haus. Und zu jedem Haus fiel ihm mindestens eine Geschichte ein – ein Unglück, eine Lumperei, eine Dummheit, der Unnamen für die ganze Verwandtschaft, ein kluger Spruch, ein nie verziehener Fehler, und stammte er noch aus der Schulzeit derer, die zum Haus gehörten. Aus dem Lesebuch hat einer statt »Zigeuner« »Ziegeneier« vorgelesen. Der Falschleser war inzwischen fünfzig oder siebzig Jahre alt oder schon tot, und die Ziegeneier hatte er seinen Nachkommen vererbt. Helmut sagte die Unnamen, die ihm wie selbstverständlich einfielen, vor sich hin. Unnamen, abgeleitet von körperlichen Besonderheiten (Schlappohr), rückführbar auf die Vornamen der Vorfahren (Simon, Basilius, Appolonia, Balthasar, Leocadia, Balbina, Philomene, Creszentia, Lidwina, Anastasia, Tiberius, Polykarp, Gotthard, Augusta, Eusebius), und die – die Gründe kannte Helmut nicht – eine

Zeitlang von den Enkeln nicht gehört werden wollten. Inzwischen hörten schon wieder manche Urenkel auf die schönen Namen ihrer Urgroßeltern.

Manche Häuser kannte er an ihrem Geruch, dem Geruch im Innern des Hauses, der gleich im Hausgang mit einem Schlag einen gefangen hatte. Häuser mit Vieh und Landwirtschaft rochen ganz anders als reine Wohnhäuser, von denen es kaum ein paar gab; es roch immer nach Heu und Stroh und Stall, auch in der Stube über dem Stall im ersten Stock.

Am besten rochen die Häuser mit einer Werkstatt, also beim Wagner, beim Küfer, beim Schreiner, aber auch im Eisen- und Kolonialwarenladen.

Ein paar Häuser waren unbetretbar. Auch tagsüber war die Haustür abgeschlossen und im Hohllicht lag kein Schlüssel, so auch im Haus von Christina, einer alten Frau, einer Altledigen. Für junge Ledige gab es keinen eigenen Namen, sie würden bald heiraten. Altledig aber war ein Dauerzustand. Kein Rind, kein Kind. Altledig. Altmaterial. Zu Altledigen passten ein, zwei Ziegen. Das Haus von Christina. Ein Haufen alter Bretter vor dem Haus, kaputte Scheiben. Nicht einmal Türken wollen hier investieren.

Der Bomber

»Also Franz, das machst du so.« Der Tschäss weist den Jüngeren ein. Wir andern schauen zu. Der Stein darf nicht zu kantig sein und muss gut und schwer in der Hand liegen. Franz sucht einen Stein aus dem Bach aus. Ein glatter Stein lässt sich besser verschnüren und trifft besser auf das Holz. Quer und längs wird die Schnur um den Stein geführt, oben in der Mitte verknotet. »Da bindest du den Garbenbinder an und befestigst ihn am Haustürgriff, etwa einen Meter lang muss er sein, aber über Kreuz, sonst rutscht's raus. Mach drei bis vier feste Knoten. So hängt der Stein richtig runter. Nicht zu dicht über dem Boden.« Edy hält den Stein, Franz zieht die Schnurkonstruktion. Die zweite und lange Schnur, die von der Haustür über die Straße bis zum Bach reichen muss, wird dann heute Abend über die Verknotung knapp über dem Stein gebunden werden. »Dann brauchst du nur noch anziehen und loslassen. Anziehen und loslassen. Ganz gleichmäßig. Alle drei Sekunden.« Edy sagt: »Anziehen und einszweidrei *und* loslassen. Anziehen und einszweidrei *und* loslassen.« Wir üben für den Abend, für die Nacht zum ersten Mai. Uns ist klar, wie's kommen wird. Unsere Stein-Schnur-Konstruktion wird funktionieren. Sie heißt »Bomber«. Eine Schlag- und Krachmaschine. Nach ungefähr fünf Schlägen gegen die Tür wird die Alte das Kammerfenster aufreißen und raus schreien. Wir bleiben ganz ruhig. Sie wird das Fenster zu machen. Wir warten in Ruhe ab. Sie muss wieder ins Bett gehen. Wir lassen ihr Zeit. Dann sachte anziehen und einzweidrei *und* loslassen. Einszweidrei *und* loslassen. Anziehen Pause Loslassen. Nach ein paar Schlägen wird sie wieder das Fenster aufreißen, wieder die hohen Schreie und Drohungen ausstoßen, und wir sind, keinen wundert's, ganz ruhig. Sie schreit, die alte Hexe, wir schreien zurück mit verstellten Stimmen. Sie will's unsern Müttern sagen, wir werden lachen. Sie wird aufs Geratewohl ein paar Namen schreien. Das nächste Mal lassen wir sie länger im Bett. Sie wird die Erholung brauchen. Dann klopfen wir sie wieder raus. Anziehen *und* loslassen. Wir werden das Tempo steigern. Dann wird sie runter kommen. Das ist so sicher wie Schnee an Weihnachten. Wer wird mit geöffnetem Taschenmesser zur Tür rennen, den »Bomber« abschneiden, knapp unter der Türklinke, und, bevor sie den Haustürschlüssel ganz umgedreht hat, mit dem Gerät wieder bei uns sein? Ein paar melden sich. Man wird sehen.

Wir sitzen im Gebüsch und lassen die Alte toben. Ewig kann sie nicht stehen bleiben, fuchteln und schreien. Sie wird wieder ins Bett wollen. Für eine Weile. Die kürzer gewordene Schnur wird wieder an den Türgriff gebunden werden. Anziehen *und* loslassen. Mit Ruhe und Präzision. Jeder darf einmal. Hoffentlich leert sie noch den Nachthafen aus dem Fenster. Dann wird der Nachbar, der von Anfang an unserer Bombermusik zuschaute, den Vorhang wegziehen, den Fensterflügel öffnen und sagen, jetzt reiche es, alles sei nur eine Zeitlang schön. Sie hätten früher auch Blödsinn gemacht. Jetzt sei Schluss oder ob er runter kommen müsse. Uns wird's dann reichen.

Wir warten ein paar Minuten. Ein zweites Mal wird der Stein vom Türgriff geschnitten. Es gibt noch ein, zwei andere Häuser mit Altledigen.

Jeder machte mit. Mitmachen war selbstverständlich. Die erwachsenen Männer lachten über die Jungen. Früher habe man noch ganz andere Dinger gedreht. Nur die Mütter und Großmütter und Tanten schalten die Jungen aus. Man wusste, was sie am andern Morgen, wenn raus kam, was in der Nacht passiert war, einem sagen würden. Es nützte nichts. Beichten musste man das auch nicht. Ein viertes Gebot für Altledige gab es nicht.

Fleckenrunde

Einem altbekannten Geräusch, nicht plötzlich einsetzend, sondern insgeheim schon vorhanden, ging Helmut nach. Metall auf Holz. Ein Reiben, Rutschen, Klopfen. Da suchte einer das Schloss der Haustür mit einem alten großen Eisenschlüssel. Hinten im Hof stand ein Spätheimkehrer aus dem »Rössle« oder dem »Hirsch«, hatte schwer geladen und schwankte sacht mit dem Oberkörper zur Seite, nach vorne, nach rechts und links, nach hinten. Der hätte den guten Rat brauchen können, den der Vater, spät in der Nacht, seinem mit dem Schlüssel hantierenden Sohn Hannes gegeben hatte. Er solle, rief der Vater aus dem Fenster zum Sohn herab, den Schlüssel, in Hüfthöhe ausgestreckt, ruhig in Bereitschaft halten. Wenn das Haus dann vorbeikomme, solle er blitzartig zustoßen, das Schlüsselloch treffen, dann die Haustür aufschließen. Andernfalls müsse er warten, bis das Haus wieder vorbeikomme, diesmal aber von der anderen Seite.

Der Hund hinter der Tür bellte und kratzte am Holz. Der Schlüsselherr, durch seine erfolglosen Versuche milde gestimmt, lallte einumsanderemal: »Ich komm ja schon, bisch a guader Kerle.« Der Hund wimmerte nun in höchsten Tönen. »Bisch a guads Tierle.«

»Einumsanderemal« gefiel Helmut, ein paar Wörter in einem, ein ganzer Satz, genau und aussichtslos. Einumsanderemal. Früher wäre das Satzwort und der Wortsatz in seinen Starenkasten gekommen.

Ein Schild zog Helmut an. Ein rundes rotes Schild mit weißem Querstrich in der Mitte, ein reguläres Verkehrsschild, oben an dem im Novembernebel silbern glänzenden Eisenrohr. »Einfahrt verboten.« Und keine zehn Meter hinter dem Schild ein weiteres Schild. Die zwei Schilder waren mit Sicherheit aufeinander abgestimmt. Wenn das eine die Einfahrt verbot, musste das korrespondierende Schild sie anordnen, vorschreiben. »Einbahnstraße«, ein langes, in einen Pfeil auslaufendes, schmales Rechteck. Helmut passierte das für Fußgänger nicht geltende »Einfahrt verboten«. Er ließ sich Zeit für das Begehen der ersten »Fußgängerzone«. Die erste Fußgängerzone der Ortschaft, zehn auf fünf Meter. Zwischen einem Bauernhaus und der Bäckerei. Wer ging hier? Wer flanierte hier und wann? Nach der Messe am Sonntagmorgen die jungen und älteren Männer? Ein neuer Latschare? Ein Reservat für den letzten Fußgänger, der hier seine engsten Runden drehen konnte?

Vergnügt, ohne zu wissen warum, ging Helmut weiter. Er war gerüstet für die Begegnung mit der ersten Ampelanlage.

Wendelins kurze Predigt

Zwei Gerüche stritten miteinander, der Laugenbrezelduft und der Bocksgestank, der Duft aus der Bäckerei und der Bocksgestank von Wendelins Haus, das Helmut im Dunkeln ausmachen konnte. Den Bock hatte er nie geschen, dessen Gestank brachte sein Halter Wendelin dahin, wo er stand und ging, und er ging mehr, als dass er stand; mit leicht vorgeneigtem Körper stürzte er sich, vom Stallduft umgeben, vorwärts, hinein zum Metzger, Bäcker, in den Kolonialwarenladen, ins Rathaus; selbst im Freien konnte man sich mit der Nase auf Wendelins frische Geruchsspur setzen, gewürzt durch gekaute Zwiebeln und zerkleinerte Knoblauchzehen. War er da?

Wendelin versorgte im eigenen Stall den Bock der Gemeinde. Für die Kalbinnen und Kühe war der Bulle im Farrenstall, für die paar Ziegen Wendelins Bock zuständig. Ziegenmilch galt für die meisten als ungenießbar. Ein rechter Bauer hielt neben seinen zwei, drei Kühen keine Geißen. Ein Geißenbauer hatte ein, zwei Äckerle, ein, zwei Wiesle, wenn er nicht nur die Allmendstücke nützen musste. Im Rahmen blieb, wer die kleinen Zicklein aufzog, sie an Ostern schlachtete und für das Fleisch Abnehmer in der Stadt fand. Wer nicht einmal seine Geiß bocken lassen konnte, hatte praktisch nichts, keinen Besitz neben seiner Geiß.

Wendelin zog seine Spur durch den Flecken und durch die Felder, pausenlos unterwegs in seinem grünen Feldschützkittel, schlurfend in Stiefeln, die auch ohne Socken ihm keine Male drückten, sommers wie winters. In einer Wirtschaft sitzen hat ihn keiner gesehen, in der Kirche auch nicht, nicht einmal bei der Erstkommunion seiner zahlreichen Kinder.

Wendelin war ein Oazächter. So sperrig wie das Wort war Wendelin. Oazächt, einzecht, ein einzelner, einzigartig, einer ganz für sich, ein besonderer, bockseigensinnig, ein Spezialfall – aber kein Ausgeschlossener, keine Randfigur und kein von den Leuten Isolierter. Zu ihm kamen die Geißenhalter, auch von den Nachbarflecken, er bewachte die Felder und Obstbäume der ganzen Gemeinde, besonders in den Erntezeiten. Wendelin ging seine Wege für alle. Er wusste, was lief in den Häusern, auf dem Rathaus, in den Ställen. Wendelin gehörte dazu.

Der Schultes war der Schultes, der Pfarrer der Pfarrer, der Lehrer der Lehrer, der Kirchenpfleger der Kirchenpfleger, der Vereinsvorstand der Vereinsvorstand und Wendelin, der Bockhalter, war und blieb der Bockhalter sein Leben lang.

Der oazächte Wendelin tat einen Spruch, über den, je öfter man ihn erzählte, immer mehr gelacht wurde. Zum Witz verdrehte sich, was er sich herausgenommen hatte zu sagen. Eine Anmaßung, die man, um nicht selbst in Kalamitäten zu kommen, weglachen musste. Allein konnte man über den Spruch nicht lachen, zu vielen konnte man nichts als lachen über den Spruch. Dem Pfarrer hätte, falls er ihm zu Ohren gekommen wäre, und er war ihm mit Sicherheit zu Ohren gekommen, ihm hätte der Spruch des Bockhalters gewaltig gestunken, mit keinem Weihrauch der Welt zu vertreiben.

Der kostbarste Duft in der Kirche war der Weihrauch aus dem silbrig glänzenden Weihrauchfass, das der Oberministrant an den hohen Festtagen während der ganzen Messe hin und her schlang, das der Pfarrer segnend mit hoch erhobenen Armen gegen die silbrigen Ketten schlagen ließ und so den Altar und die Gemeinde einräucherte. Durch kräftiges Hin- und Herschlingen stieg der Weihrauch vom erhöhten Altarbezirk hinab zu den Kindern, die ihn gierig einsogen, über die Schüler und Erwachsenen hinweg, die mit geschlossenen Augen und witternder Nase auf eine Brise Weihrauch warteten, weiter und immer schwächer werdend bis zur letzten Kirchenbank und zum Weihwasserbecken am Ausgang, wo die von der Weihwasserkompanie ihren Stamm- und Standplatz hatten. Weihrauch hat noch keinen aus der Kirche vertrieben. Mit Weihwasser konnte man den Teufel in die Flucht schlagen. Weihrauch – der Anti-Bocksgestank.

Gab's in der Messe und der Predigt und Andacht für jeden viel zu hören und zu sehen, so war der Weihrauch der einzige Segen, den die Mutter Kirche in Gestalt des Pfarrers ihren Pfarr-Kindern, den Nasen ihrer Pfarr-Kinder spendete.

Dazu kam in der Sonntagsmesse knapp nach dem Evangelium noch ein weltlicher fleischlicher Duft, wenn ein paar Frauen in die Kirche kamen, direkt vom Herd weg und den Duft vom Schweinebraten ins Gotteshaus wehen ließen, nicht von vorn, wie der Oberministrant den Weihrauch, sondern von hinten nach vorn. Manche missbilligten den Bratenduft, vielleicht lenkte er ihre Andacht ab, hin zu fleischlichen Gedanken, manche dagegen schätzten den Vorboten auf das Mittagessen und versuchten, den Duft eines Schweinebratens von dem eines Hasenbratens zu unterscheiden. Die Kurzmesse praktizierten auch manche Männer, um sich die besten Plätz in der Wirtschaft zum Frühschoppen zu sichern. Die ungleiche Arbeitsverteilung zwischen trinkenden Männern und kochenden Frauen am Sonntagvormittag galt ohne Disput.

Hätten die versammelten Kinder Gottes, also alle in der Kirche, das, was sie an jedem Sonntag in ihrer Kirche sahen, auch gehört, die Ohren hätten ihnen gegellt vor lauten Schreien, vor Folterqual und Schmerzenslauten.

Auf dem Altar stand in Lebensgröße der Patron der Kirche, der heilige Dionysius Areopagita, ganz in Rot und Gold und mit feinen roten Handschuhen, in der linken Hand den goldenen Bischofsstab, auf der waagrecht gehaltenen rechten Hand ein Buch, darauf der abgeschlagene Kopf des Heiligen. Der Bart, das Haar, das Gesicht war bei beiden Köpfen gleich, lediglich die Augen waren beim Märtyrerkopf geschlossen, die Gesichtsfarbe blasser. Papst Fabian hatte unsern Patron gewarnt und beruhigt: »Fürchte dich nicht, weil manche der Heiden hartnäckig bleiben und wie wilde Bestien knirschend dir die Zähne zeigen.« Der Pfarrer predigte jedes Jahr am Dionysius-Patrozinium im Oktober diese Warnung und dass der Märtyrer noch zwei Stunden lang mit dem Kopf auf der Hand durch Paris gelaufen sei bis zu dem Platz, an dem seither die Dionysius-Kirche steht.

Ein Apostel, hoch oben auf einem Pfeiler, hielt senkrecht eine Säge, groß wie eine Waldsäge, die von zwei Waldarbeitern durch den Stamm gezogen wird, eine Säge, mit welcher der Heilige Stück für Stück zerlegt worden war. Ein weiterer, auch hoch oben auf dem Pfeiler, hatte eine mit Eisenstücken beschlagene Keule bei Fuß, ein anderer stützte sich auf ein X-förmiges Kreuz. Durch Mark und Bein wäre einem gegangen, hätte man das, was man sah, auch hören müssen. Eine Predigt mit einem Thema: Leidet, wie wir gelitten haben. Leiden bringt Gewinn. Nach der kurzen Leidenszeit hienieden winkt das immerwährende Paradies. Johannes der Täufer schließlich kam ohne Marterwerkzeuge aus, aber der trotz seines Fastens kräftige Mann im Fellkleid marterte sich selbst in der

Wüste, sich nur von Spinnen, Würmern und Heuschrecken ernährend.

Die Schmerzensmänner standen ungerührt und siegreich in ihren goldenen Gewändern auf ihren Podesten. Selige Heilige, heilige Selige. Kein Schmerz verzerrte ihr Gesicht. Sie hatten den guten Kampf gekämpft. Nur die Gottesmutter und die Frauen mit dem Leichnam des Herrn zeigten ihre Schmerzen. Noch schmerzlicher als auf dem linken Nebenaltar blickte die Schmerzhafte Muttergottes im Weggental, sieben Schwerter, eines für jeden großen Schmerz um ihren Sohn, steckten in dem blutenden Herzen.

Hätten die hölzernen Figuren den Mund auftun können, eine Schreckenspredigt hätte den Raum und die Herzen erfüllt.

Heute sind die mannshohen Heiligenfiguren aus Holz abgebeizt. Das Gold der Gewänder ist verschwunden, die kräftigen blauen und roten Farben sind weg. An höherer Stelle, bei der Kunstabteilung des Ordinariats, hat man mit der Ablaugaktion für mehr Kunst im Dorf gesorgt. Vielleicht verleiten die erblassten Heiligen zu farbigeren Fürbitten.

Die Geschichten und Legenden von den vielen Heiligen kannte man. Man sollte ihnen nachfolgen, sich wie die Ministranten mit dem Oberkörper auf die Altarstufen werfen und an die Brust schlagen:

Mea culpa mea culpa mea tnaxima culpa. Dann wurde gesungen: *In hac lacrimarum valle gementes et fientes in hac lacrimarum valle misere nobis. Ora pro nobis orate pro nobis in hac lacrimarum valle omnes sancti apostoli omnes sancti martyres omnes sanctae virgines et viduae orate pro nobis nunc et in hora mortis nostrae. Amen. Kreuz und Asche sagen dir was geboren ist auf Erden muss zu Staub und Asche werden. Ach ihr moderndes Gebein doch sieh in Missetat bin ich geboren in Sünd empfing schon meine Mutter mich.*

Wendelin hatte da eine andere Kurzpredigt parat.

Es ging ums »Sach«, um den Besitz, um das, was einem gehört, was man geerbt und durch Arbeit vermehrt hatte und weitervererben wollte, um das Sach, damit die Kinder und Kindeskinder es genauso halten wie man's selber und die vor einem auch schon gehalten hatten mit dem Sach. Nach und nach kam etwas zusammen. Dein Sach und mein Sach. Den Jungen musste man das Sachzusammenhalten nicht beibringen, sie wussten es bereits, belehrt durch tagtägliche Praxis vor ihren Augen. Abschreckende Beispiele waren die, die ihr Sach versoffen oder verklopften.

Wendelin, der Oazächte, sagte also, zu wem, weiß man nicht mehr, die rechte flache Hand leicht vorstreckend – fast wie der Kirchenpatron Dionysius Areopagita seinen eigenen Kopf – Wendelin sagte: »Wenn nur mein ganzes Sach ein Prestling wäre, ich würde ihn auf einmal fressen.«

Ist das nicht zum Lachen, ein Fall fürs gemeinsame Gelächter?

Wendelin nimmt also sein ganzes Sach, sein Haus mit Scheune, seine Äcker und Wiesen, die Bauplätze – nicht den Bock, der gehört der Gemeinde – auf die flache rechte Hand, verwandelt das Sach in einen roten, mit grüngoldenen Pünktchen glänzenden Prestling und holt ihn ins zahnlose Maul, den riesigen saftigen Prestling, zerdrückt ihn am Gaumen mit der Zunge, der Saft läuft, er öffnet den Mund, um sich Geschmack und Geruch tief und langsam einzuverleiben. Dann verschlingt er den Sach-Prestling auf einen Rutsch. Süß schmeckt es und klingt noch lange nach.

Wendelin hat wortwörtlich und für einen Augenblick praktiziert, was das ist – das Paradies auf Erden. Der Wendelin-Weg. Die knappe Wendelin-Predigt.

Aber wie wir wissen, sind wir nur Gast auf Erden, und das Paradies kommt erst viel später. Nach dem Jüngsten Tag. So hoffen wir. Der Dionysius-Weg.

Wendelin hatte sicher ein kirchliches Begräbnis. Wie viele bei der Beerdigung waren, konnte Helmut nur schätzen. Nicht allzu viele. Sicher aber war sich Helmut, was der Pfarrer gesagt hatte, was er sagen musste. Sicher hieß die Bilanz des Bockhalters, er sei ein schwarzes Schaf gewesen, sicher hörte die Trauergemeinde die Worte vom Guten Hirten, ich kenne die Meinen, und die Meinen kennen mich, und der Gute Hirte lässt die neunundneunzig guten Schafe in der Wüste und sucht und findet das verirrte Schaf Wendelin. Und auch im Himmel wird mehr Freude sein über einen Sünder, der Buße tut, als über neunundneunzig Gerechte.

Den Bockhalter hat der Pfarrer zum Schaf gemacht. Mit den neunundneunzig Schafen zusammen ist man jetzt wieder vollzählig im gemeinsamen Schafstall. Statt neunundneunzig zu eins heißt die Bilanz auf dem Friedhof hundert zu null.

Fleckenrunde

Helmut machte kehrt. Er musste zurück zu den Zwillingsschildern, zur ersten Fußgängerzone. Ob man sie offiziell eingeweiht hat? Mit Musik plus Essen und Getränken? Mit Tischen und Bänken, dass kein Fußgänger mehr dazwischen passte. Der Bürgermeister, nein, der Ortsvorsteher hatte gesprochen. Bisher war ein Bürgermeister mehr als ein Geselle, eben ein Meister, wie der Zimmer- und Maurer- und Glaser- und Schreinermeister auch. Nun hat's der Meister zum Vorsteher gebracht. Wenns offiziell aussehen soll, »spricht« man im Dorf, wo sonst im Flecken geschwätzt wird.

Das Hiesige ist, scheint es, nicht gut genug für die Einweihung einer Fußgängerzone. Der ganze Flecken ist doch eine Fußgängerzone, gehen kann man, wo man will. Helmut musste sich bremsen, dass er nicht darauf verfiel, selber Ansprachen zu halten, also zu »sprechen«. »Fleckengeschwätz« ist die im Umlauf befindliche Dorfzeitung mit Neuigkeiten, Geburts- und Todesfällen, mit dem, was jeder weiß, und mit dem, was auch jeder weiß, worüber aber öffentlich nicht geredet werden soll. Aber hälingen. Einen Häling mit jemandem haben – schöner kann man's nicht haben.

Die Kirchenuhr schlug die vollen Stunden. Vier Schläge für die vier Viertelstunden, dann dreimal, von der kleineren zu den größeren Glocken fortschreitend, die volle Stundenzahl.

Drei Autos kamen nacheinander. Sollte doch eine Ampel sie stoppen und dann wieder gemeinsam mit Grün in Gang setzen? Die kleinere Nachbargemeinde hatte bereits, auch nur für eine Kreisstraße, eine Ampel. Die Dorflinde musste weichen gegen den Widerstand von ein paar Zugezogenen, die in der Stadt auf einem Amt oder in der Klinik arbeiteten. Mit einem einzigen Satz hatte sich der Ortsvorsteher gegen sie durchgesetzt. Die Dorflinde sei das halbe Jahr grün, die Ampel sei das auch, aber ganzjährig.

Der letzte Schlag war verklungen. Helmut zählte nach alter Gewohnheit alle Schläge mit, nicht der Anzahl der Schläge wegen, nicht um sich dreifach zu vergewissern, wie spät es war, nein, für die Dauer der schlagenden Glocken spürte er, wie die Zeit still stand. Jetzt schlug es acht Uhr, jetzt Mittag, jetzt vier Uhr, jetzt acht Uhr. Eine schöne klingende Ruhe. Danach konnte es weitergehen. Auch in der Schule spürte er den vom nahen Glockenturm kommenden Stundenschlägen nach, die Augen an die Decke gerichtet. Fräulein Graf sagte dann immer, jetzt sei unser Helmut wieder woanders.

Der Hausaufsatz

Zu schreiben war ein Hausaufsatz, aufgegeben am Samstag, fertig zu schreiben bis zum Montag. Am Sonntag müsse keiner aufs Feld, am Sonntag habe man Zeit, um eine Seite Aufsatz zu schreiben. Die Mutter oder ältere Geschwister könnten einem helfen.

Helmut ließ sich um dreiviertel sieben wecken, zog sich an, warf in der Küche zwei Handvoll Wasser aus dem Hahnen über dem Spülstein ins Gesicht, fuhr mit gespreizten Fingern links und rechts durch die Haare, war in drei, vier Sprüngen die Treppe hinab, über die untere Brücke und die drei Treppen zum hinteren Eingang der Kirche hoch und war mit dem Glockenschlag in der Kirche. Beim Türschließen hörte er noch die Glocke des Ministranten. Der Pfarrer war pünktlich wie gewohnt. Helmut blieb, das durfte er nur in der Frühmesse, weiter hinten bei den Männerbänken. Die linke Frauenseite war gut besetzt von Frauen, die während des Amtes um neun Uhr das Sonntagessen richten wollten. Manche mit großer Familie machten es umgekehrt. Sie fingen mit dem Braten früh an, setzten die Kartoffeln für den Kartoffelsalat auf und kamen gerade recht zur Opferung, gleich nach der Predigt. Mit dieser Methode ließ sich eine halbe Kochzeit gewinnen. Sie blieben bis zum *Ite missa est* und eilten, häufig zu zweit und zu dritt, zu ihren verschiedenen Häusern, aber zu dem gleichen Essen. So war beiden geholfen, dem Herrgott mit der Pflicht zur Sonntagsmesse und der Familie mit einem fertigen Sonntagsessen, das häufig schon um halb zwölf, spätestens um zwölf Uhr begann. Die zwei Sonntagspflichten. Nur wer krank war, durfte daheimbleiben. Von der Messepflicht konnte einen auch der Pfarrer nicht lossprechen. Ein Sonntag ohne Messe war also eine schwere Sünde. Helmut war immer in der Sonntagsmesse, in der Frühmesse oder im Amt.

Helmut war fast allein auf der Männerseite in der Frühmesse. Nach dem Morgenessen war er für gut zwei Stunden allein im Haus. In dieser Zeit musste der Aufsatz geschrieben werden. Eine Seite reichte ihm nie.

Es war schwerer, einen Aufsatz zu schreiben, als Rechenaufgaben zu lösen. Bei dem einen war man schnell fertig, bei dem anderen brauchte man mehr als nur Fleiß. In einen Aufsatz muss man hineinkommen, eine Stimmung muss entstehen, die bleibt, ja sich steigert, die richtigen Wörter müssen an die richtigen Stellen, der ganze Aufsatz muss aus einem Guss sein. Zahlen standen halt neben Zahlen. Bei den Wörtern war das etwas anderes. Ein Aufsatz brauchte seine eigene Melodie, seine eigene Farbe. Eine Rechenaufgabe stimmte, oder sie stimmte nicht. Beim richtigen Rechnen kommt bei allen das Gleiche heraus, ein und dasselbe Resultat. Mein Aufsatz ist aber immer mein Aufsatz. Entweder stimmt er, oder er ist verkracht. Ein guter Aufsatz stimmt vom Anfang bis zum Ende, ein nur halb guter Aufsatz ist im Grunde ein misslungener, ein schlechter Aufsatz. Nach gut gelösten Rechenaufgaben ist man zufrieden, nach einem guten Aufsatz glücklich.

Eine Nacherzählung war viel leichter als ein Aufsatz. Der Lehrer liest die Geschichte zweimal vor, ohne Überschrift, dann konnte man anfangen. Der letzten Nacherzählung gab Helmut die Überschrift »Der letzte Schuss«.

Der alte Bauer liegt im Sterben. Es ist Erntezeit, und der letzte Wagen mit Garben muss noch in die Scheuer gefahren werden. Ein schweres Gewitter zieht herauf. Die Vorräte vom letzten Jahr sind knapp, das Korn darf nicht ein zweites Mal nass werden und dann zu faulen anfangen.

Die Großmutter, Vater und Mutter und sechs kleine Kinder stehen um das Bett des sterbenden Großvaters und beten den Schmerzhaften Rosenkranz. Der Großvater kommt vor dem Korn.

Der Großvater aber ist die Ruhe selber, er beruhigt die um sein Bett stehen, besonders die Weinenden. Ich kann allein sterben. Der Vater soll Großvaters Gewehr aus dem Schrank holen, mit einer Patrone laden, das geladene Gewehr ins offene Fenster legen, an den Abzug einen starken Bindfaden binden und das Ende des Fadens dem Großvater um die rechte Hand wickeln. Wenns so weit sei, werden sie es hören. Und jetzt sollen sie aufs Feld zu den Garben, in Gottes Namen. Einem nach dem andern gab der Großvater die Hand.

Helmut schrieb und schrieb. Er schrieb, wie der Großvater, nachdem alle, wie er angeordnet hatte, aufs Feld gegangen waren, allein im Bett lag und an die Ernte dachte, an seine Kinder und Kindeskinder, an sein eigenes Leben mit nichts als Arbeit, an die karge, aber glückliche Kindheit. Ruhig ließ Helmut den Großvater den letzten Schuss auslösen. Auf dem Feld knien alle nieder, ein Vaterunser lang und ein rascher gebetetes »Herr gib ihm die ewige Ruhe und das ewige Licht leuchte ihm Herr lass ihn ruhen in Frieden. Amen.« Dann fährt der letzte Wagen dieser Ernte durchs weit geöffnete Scheunentor. Ein Blitz, ein krachender Donner. Die Ernte ist unter Dach und Fach, und der Großvater ist auch daheim.

Helmut hatte die beste Note bekommen und durfte seinen Aufsatz vorlesen.

Franz hatte die Nacherzählung nicht mitschreiben können, er musste mit seiner Mutter in die Stadt. Franz, der als Einziger auf der Wandseite allein in der letzten Bank saß, stupfte Helmut ein paarmal beim Lesen, am Schluss des Aufsatzes lachte er laut, ein lautes Ha! kurz hervorgestoßen.

Das könne nicht sein, rief er nach vorne, so was gäbe es nie im Leben, auch nicht wenn die Geschichte in einem Geschichtenbuch stehe. Sterben und Schießen, das gäbe es nicht. Sterben und gleichzeitig schießen. Sein Ehne sei anders gestorben. Das wusste Helmut auch. Alle Kinder hatten Leute sterben sehen, in der Sterbekammer mit Vater und Mutter und den Verwandten bei einem Sterbenden gebetet, den Verstorbenen im offenen Sarg mit einem grünen, nach Friedhof duftenden Buchsbaumzweig Weihwasser gegeben. Aber die Geschichte mit dem letzten Schuss war etwas anderes. Sie stimmte. Sie stimmte, weil die Leute sich aufeinander verlassen konnten, weil erst am Schluss der Schuss einen erlöste und weil sie gut ausging. Den Schlusssatz mit dem »unter Dach und Fach, und der Großvater ist auch daheim« hatte er selber erfunden. Sein Aufsatz hat gestimmt. Franz war der beste Rechner, aber niemals, obwohl er gute Noten hatte, der beste Aufsatzschreiber.

Das Aufsatzthema für die nächsten zwei Stunden lautete »Mein bester Freund«. Helmut probierte verschiedene Anfänge. Gleich der Anfang musste stimmen. Er konnte nicht mittendrin anfangen oder sogar den Schluss vorneweg schreiben. Kein Anfang passte.

Der beste Freund war sein Hund »Mohrle«. Helmut wollte eine Geschichte schreiben, in dem sein bester Freund ihn aus einer Gefahr befreite, vielleicht sogar das Leben rettete. In den Aufsatz hineinkommen wie in einen gut sitzenden Halbschuh, gut schnüren und eine Schlaufe machen. Der Schuh sitzt, der Aufsatz sitzt. Franz lachte ihm in seinen Aufsatz hinein, in den Anfang seines Aufsatzes. Helmut konnte das Lachen von Franz nicht ertragen, nicht einmal wegdenken. Franz saß mit am Tisch in der Stube und lachte.

Zum ersten Mal war Helmut mit einem Aufsatz an einem Sonntagmorgen nicht fertig geworden. Das mit seinem Hund gäbe es nie im Leben, könnte Franz rufen.

Helmut brauchte zum ersten Mal eine Entschuldigung für den Lehrer. Er probierte Entschuldigungen aus, schrieb sie ins Aufsatzheft, auf die letzte Seite.

»Ich habe mein Heft vergessen.« Bei ihm fragt der Lehrer nicht weiter. Aber es war eine Lüge. Das Aufsatzheft absichtlich daheim lassen heißt nicht »vergessen«. Eine Notlüge, rasch im Beichtstuhl hergesagt. Ich habe gelogen. Wie oft? Ein paarmal.

»Ich habe mein Aufsatzheft daheim gelassen. Ich habe mein Aufsatzheft verloren.« Alles gelogen. Durchstreichen.

»Mein Heft ist daheim.« Soso, und was macht es da? Helmut hatte Angst, ausgelacht zu werden. Durchstreichen.

»Mein Aufsatzheft ist nicht im Ranzen.« Also daheim, und der Aufsatz steht fertig im Heft. Der Lehrer, jeder Schüler würde ihm das glauben. Das war die Lösung. Helmut schrieb die Entschuldigung ins Heft. Dann riss er das letzte Blatt vorsichtig heraus, dass das erste Blatt nicht mit herausging.

Die Entschuldigung stimmte. Sie stimmte, so wie ein guter Aufsatz stimmte. Mein Aufsatzheft ist nicht im Ranzen. Das stimmt von hinten bis vorne und ist keine Lüge, nicht einmal eine Notlüge. Ein Aufsatz aber, der stimmt, das ist etwas ganz anderes als dieser Entschuldigungssatz. Helmut wusste das. Das Aufsatzheft, das er schon in den Ranzen gesteckt hatte, holte er langsam wieder heraus.

Das beschriebene Blatt faltete er zusammen, riss es durch, faltete, riss es durch, faltete, riss es durch und ließ aus der geöffneten Hand die kleinen Blättchen nach unten auf die Straße rieseln. Ein leichter Wind nahm ein paar der Fetzen bis zur unteren Brücke mit.

Jetzt musste er etwas mit den Händen tun. Im oberen Holzschopf stieg er auf den Sägbock, schob die Scheite der Holzbeige links und rechts zur Seite. Der Platz für den Starenkasten. Das Einflugloch bugsierte er in den Spalt

zwischen zwei Fichtenbrettern. Helmut hoffte auf Distelfinken.

Der missglückte Aufsatz trieb ihn in die Stube zurück.
Wieder löste er eine Seite aus dem Heft, riss, so regelmä-
ßig wie möglich, kleine Streifen ab und schrieb die Namen
seiner Klasse darauf, zuerst die Bubennamen, dann die Mäd-
chennamen, geordnet nach den Sitzplätzen in der Schule.
Wolfgang und Eugen, Theo und Josef, Xaver und Kurt,
Karl und Hermann, Werner und Hans, Ludwig und
Damian. Helmut saß allein in der niederen letzten Bank.
Notburga und Theresia, Maria und Ursula, Liesel und
Anna, Gisela und Johanna. Dann legte er die Zettel mit
den Namen in Reihen so auf den Tisch, dass er den Sitz-
plan seiner Klasse vor sich hatte. Dann schrieb er die Namen der Eltern auf, zuerst die der Väter, dann die der Mütter. Konrad Karl Anton Emil Konstantin Hermann Theo
Felix Josef Adelbert Otto Albert Wilhelm Georg. Zwei
Väter waren im Krieg gefallen. Ihre Namen kannte er von
den schwarz umrandeten Andachtsbildchen im Gesangbuch. Nicht alle Vornamen der Mütter wusste er. Wie hieß
die Schusterin, wie die von der Gass? Außer Ida, Rosa, So-
fie und Berta wurde kein Name so benützt, wie er geschrieben war, meist verkürzt und manchmal kaum zu finden
hinter den täglich gebrauchten und gerufenen Namen. Lidwina, Veronika, Justina, Franziska, Helene, Pauline. Für
die knappe »Vittor« stand im Taufregister eine schön und
lang dauernde »Victoria«.

Dann streifte er die Namen vom Tisch in die linke Hand
und warf im Garten die Fetzen in die Luft und schnappte
sich einen. Maria. Der Zettel kam durchs Einflugloch in
den Starenkasten.

Fleckenrunde

Helmut war, trotz der Steigung, in ein leichtes Traben verfallen, hinauf zur Oberdorfstraße, die links zum Wald und zum alten Sportplatz hoch führt, rechts zur Schule, zum Rathaus und zur Kirche, die Schilder waren auch nachts gut zu erkennen. Auf ein Schild »Kirche« hatte man verzichtet; den Turm und das große Kirchenschiff konnte jeder von jedem Platz aus sehen.

Die Ampel, wo war die erwartete Ampel? Gab's keine, oder gab's eine, und er hatte sie übersehen? Hatten die Verkehrsschilder ihn schon stumpf gemacht? War das, was jetzt da war, für ihn schon selbstverständlich? Helmut wollte nicht zurück. Er hielt es aus, jetzt nichts über sich zu erfahren.

Mit Vollgas scheuchte ein Moped Helmut zur Seite, den einzigen Fußgänger. Kurze Zeit später kam das Moped wieder die große Steige herunter, um, wieder nach kurzer Zeit, mit einem zweiten Moped und verdoppeltem Krach steigaufwärts zu dröhnen, dann, Helmut suchte nach einem System, wieder zurück Richtung Kirche. Der Krach verlor sich, die zwei suchten mit Sicherheit weitere Mitfahrer, um ihre akustische Präsenz zu verdreifachen, zu multiplizieren, zu zeigen, was Gashebel und Auspuff hergaben. Die vergnügte Stimmung seit der Fußgängerzone war Helmut vergangen. Er erwartete das Mopedgeschwader mit Verbitterung.

Daheim

Der »Hirsch« war ohne Licht. Selbst an Allerheiligen war also kein Bedarf, mit andern zusammen zu sitzen, zu streiten, um am Schluss einträchtig die bekannten Lieder zu singen. Anfangs die schnellen, gegen später die langsamen, die schönen, die traurigen.

Es fehlt dir was, wenn du daheim bleibst. Gut, man isst, man trinkt etwas, räumt auf, spaltet Holz, putzt, repariert, gibt den Hasen zu fressen, morgens und abends. Aber nur daheim, das langt hinten und vorne nicht. Du stehst am Fenster und schaust, die Hände in den Taschen, nur die Augen bewegen sich, auf die Straße. Draußen gibt's Platz, da, wo die andern sind, die's daheim auch nicht aushalten. Draußen wird man ruhig, redet, ohne Thema, man hat nichts zu tun, und das ist gut so. Noch besser ist es, und das kannst du bereits mit vierzehn, wenn du aus der Schule bist, von der Straße in die Wirtschaft zu gehen. Da bist du daheim und gleichzeitig draußen in dieser öffentlichsten Stube. Und weil man daheim ist, singt man, als wäre man es nicht. WIE'S DAHEIM WAR, SO WIRD'S NIE HEIMAT und HEIMAT TEURE HEIMAT und, obwohl man an Ort und Stelle ist, KEHR ICH EINST ZUR HEIMAT WIEDER. So singen die ewig Daheimgebliebenen, die alten Jungen und die alten Alten. Wir loben das, wo wir sind, in den höchsten Tönen. Unsere Heimat. Aber nur, wenn wir singen. Beim Reden kommt Heimat eigentlich nicht vor. Jemand redet geschwollen daher. So einem sein Geschwätz hat »keine Heimat«. Wer vom Zahnarzt kam, war nicht mehr recht daheim in seinem Mund. Wer mit einem neuen Gebiss vom Zahnarzt kam, war überhaupt nicht mehr daheim in seinem Maul. Er biss hoch und fremd.

Die Fleckenheimat gleicht einem großen Maul. Im Maul drin sind alle, und alle werden durchgekaut. Wer ausgespuckt wird, bleibt draußen. Ein falscher Zahn kann anfangs glänzen, doch dann verliert er nach und nach seinen Schimmer. Ein paar halten die Position der scharfen Eckzähne besetzt. Immer vorne dran beißen ein paar die besten Teile ab, die meisten malmen hinten weiter, was vorne an- und abgebissen wurde, und manche müssen ein Leben lang nichts als runterschlucken. Der Flecken – das alleszermalmende Maul. Manche reißen das Maul weit auf, verreißen sich ihre Mäuler, die meisten hätten sich eher die Zunge abgebissen, als dass sie ein missverständliches Wort hätten passieren lassen. Das unheimliche Heimatmaul beißt und kaut und mahlt und malmt und mampft und schluckt und spuckt. Alles. Pausenlos.

Auch die Flüchtlinge aus dem Osten hatten, so behaupteten sie, eine Heimat. Bei uns müssen sie ohne Heimat auskommen, als Heimatvertriebene. Bei uns haben sie eine neue Heimat gefunden, sagt der Bürgermeister. Mit der Bausparkasse und dem Eigenheim kam auch die Heimat.

»Bist daheim?« sagt man, wenn jemand vor seinem Haus steht oder zum Fenster hinausschaut. »Bist daheim?« – »Ja.« – »So bist daheim?« – »Ist man daheim?« Auf diese Fragen gibt's nur eine Antwort, eine zustimmende Antwort. Man könnte statt dessen auch »Tag« sagen oder, den Kopf leicht zurückwerfend, den vor seinem Haus Stehenden oder aus dem Fenster Schauenden ansehen und leicht nicken. »Kommst?« – »Ja«, »Gehst?« – »Ja.« »Tut man Holz spalten?« – »Ja.« »Bist daheim?« – »Ja.« So wie's ist, soll's auch bleiben.

Im »Hirsch« aber liegen wir auch, samt Pest, vor Madagaskar, das Wasser fault, und das Bier wird nicht schal, schon Vieles haben wir gesehen Rio Schanghai natürlich Tahiti, am schönsten aber strahlt der weisse Strand von Surabaya, und mit zerschossener Brust liegen wir Buren auf hartem Felsengestein, die Nacht bricht herein, im Süden Afrikas, gegen Englands grosse Übermacht. Und ohne Pause hoch hinauf, wo der Eisack rauscht heraus und hinab zur Salurner Klaus'. Vorletzten Sonntag und auch heute ziehen Fussballspieler zum Wettstreit hinaus Hipphipphurra und zur Brautschau, aber keiner will des Kindes Vater und des schwarzbraunen Mäg-

DELEINS Bräutigam sein. Ja weine nicht RAMONA, und du schwarze Rose Rosemarie reimst dich auf nie, denn wir sind SEERÄUBER und MATROSEN OHEE und allesamt VAGABUNDEN und doch einsam und heimatlos, aber zweistimmig.

Wer nicht so selbstverständlich, wie er daheim aufs Klo geht, in die Wirtschaft geht, der bleibt am besten daheim. In der häuslichen Klozelle kannst du solo die Zeitung lesen, an der öffentlichen Urinrinne mit aufdrehbarem Wasserschlauch bist du nie allein. Zumindest ein Strahler und Schüttler steht, das Kreuz leicht bogenförmig zurückgespannt, neben dir. Zur geteerten Wand und zum grauen Rauhputz sprichst du, dein nachbarlicher Aufknöpfer und Verstauer desgleichen, zwei, drei, vier reden geradeaus. Manche singen, summen zumindest. Man hat es nicht eilig, an den Tisch zurückzukommen.

Weil er einen KB, einen Kasten Bier nicht bezahlen kann, holt Klett, knapp nach Mitternacht, im »Hirsch«, am Schiebefenster der hinteren Tür, fünf Flaschen, die Mutter zahle morgen. »Versoffenes Loch, da komm her, Klett, ich zahl dir eins.« Klett geht, ohne ein Wort zu sagen, weg mit der vollen Plastiktasche. Kaum ist er auf der Straße, wirft er an die nächste Hauswand eine Flasche, lacht, greift zur zweiten, fasst sie am Flaschenhals und wirft sie wie ein Jongleur in die Luft, um sie, nach einer ganzen Drehung um die Längsachse, am Flaschenbauch wieder zu fassen. Er kann's noch. Drinnen singen sie, als ob's für ihn wäre, lauter. Da LIEGET DER BUR MIT ZERSCHOSSENER BRUST UND KEINER STEHET IHM BEI. Franz summt die zweite Stimme mit. Er ist im Musikverein. KAMERADEN FANDEN ABENDS SPÄT DEN STERBENDEN BURENGENERAL. SIE HÖRTEN NUR SEIN LEISES FLEHN: ES LEBE ORANJE TRANSVAAL.

Fleckenrunde

Das Haus von Klett war frisch verputzt, neue Fenster, keine Fensterläden mehr, eine neue Haustür, das Scheunentor, das kleine Tor für den Graswagen frisch gestrichen, der Rasen knapp und frisch gemäht. Im Türrahmen sah er ein mattes Licht und ging näher. Ein beleuchtetes Türglockenschild. Man brauchte nicht mehr die Tür aufmachen und in den Gang und die Treppe hinauf rufen, ob jemand da sei. Auch nicht zum Fenster hinauf, das auf den Ruf hin rasch geöffnet wurde. Jetzt wohnen, wie er erfahren hatte, Asylanten aus dem Osten in Kletts ehemaligem Haus.

Helmut blieb stehen. Kletts Haus, die Puddingschlacht, das Gras, in den der Vater seinen Sohn sachte gekippt hatte.

Brot hast du nicht gegessen wie wir, sondern einen Fetzen nach dem andern aus dem Brotkanten herausgerissen und gefressen. Most hast du nicht ein Glas oder aus einem Glas getrunken wie wir, nein, einen Eimer voll bringst du mit in den Schulhof, nachmittags, und säufst wie eine Kuh daraus, hängst Kopf und Haare hinein, spuckst aus, wir sollen's machen wie du, und dann leerst du den halb gefüllten Eimer in schnellem Schwung, der auch ein paar von uns noch trifft, ans Kriegerdenkmal. »Istdochmiregal.«

Wir mussten sorgsam mit dem Brot umgehen. Auf jeden Laib, den die Mutter anschnitt, ritzte sie ein kleines Kreuz. Brot hat keiner von uns weggeworfen, keinen Bissen. Du hast das Rauchfleisch mit einem Biss aus dem Doppelbrot herausgerissen und das Brot in den Schulabort im Hof, dessen Tür immer offen stand, geworfen. Wer von uns andern von deinem Speck wollte, musste aus dem großen Stück seinen Teil mit den Zähnen herausreißen. Unser Vater hieß bei jedem von uns der »Chef«. »Mein Chef hat gesagt, mein Chef war in russischer Kriegsgefangenschaft, mein Chef hat eines von den zwei Autos im Dorf« – du hast deinem Vater nicht gehorcht. »Machs doch selber! Ist doch mir egal.« An Fasnet hast du nicht einen Rupfensack über den Kopf gezogen und so als Hexe die Mädchen gejagt, du hast mit der schönen alten Haube deiner Ahne und den fliegenden breiten Bändern eine besondere Hexe gespielt. Du warst uns weit voraus. Einer von uns warst du nie. Du konntest nicht auf einer Stelle stehenbleiben, laufend von einem Fuß auf den andern, ein Dauergezappel, ein Dauergehoppel. Wie ein junges Füllen, wie der Schwarze vom Jakobvetter aus dem Stall auf der anderen Straßenseite, wie die massenhaften Spatzen auf der Telefonleitung, hin und her, als hätten sie, wenn sie nicht dauernd den Platz wechselten, Angst, von einem Stein aus unseren Schleudern getroffen zu werden.

Helmut ging ein paar Meter weiter, hielt an, vor bis zur Schule wollte er nicht, auch nicht zur Kirche.

Singvögel und andere

»Der ›Schmeil‹ stimmt nicht!« Klett schreit den Satz von der letzten Bank vor zum Lehrer: »Der ›Schmeil‹ stimmt nicht!« Das Morgengebet war noch nicht zu Ende, ins »Amen« hinein schreit von der letzten Bank aus Klett seinen Satz.

»Setzen!« Sogar ein paar Mädchen, hinten in der Fensterreihe, bleiben stehen. Klett geht mit dem »Schmeil« nach vorne zum Lehrer, hinter seinem Pult. Dreimal mit dem Meerstockröhrchen, obwohl niemand schwätzte, schlägt er auf den Pultdeckel.

Er habe voraus gelesen. Das Kapitel »Raubvögel« stimme. Das Kapitel »Spechte« stimme. Das Kapitel »Kuckucksvögel« stimme. Klett blätterte die Seiten um. Auch das Kapitel »Papageien« stimme. Klett dreht sich vom Lehrer weg und der Klasse zu. Aber das Kapitel, das heute drankomme, stimme nicht. Das Kapitel »Singvögel« stimme hinten und vorne nicht. Der Lehrer geht samt Stock in die hinteren Reihen. Die Mädchen setzten sich, die Buben auch, je weiter hinten, desto langsamer. Der Lehrer geht rückwärts zum Pult, mal links, mal rechts auf die Schülerbänke schlagend. Klett äfft im Rücken des Lehrers diesen mit weit ausholenden Armen nach. Dann liest er vor:

»6. Ordnung. Singvögel.

1. Familie Finken. Der Buchfink. Andere Finken. In Dorf und Stadt treffen wir fast überall den Haussperling an. Dorthin kommt im Winter, vom Hunger getrieben, auch der schmuckere Feldsperling. Während beim Haussperling der Scheitel aschgrau aussieht und die Flügel eine gelblichweiße Querbinde aufweisen, ist der Sperling an der Oberseite des Kopfes und am Nacken rostbraun, in der Ohrengegend findet sich ein schwarzer Fleck, und über die Flügel erstrecken sich zwei weiße Querbinden. Die Jungen beider Vögel werden meist mit Insekten gefüttert, und auch die Alten vertilgen große Mengen davon. Aber durch das Abbeißen von Knospen sowie durch das Plündern der Felder, Kirschbäume und Weinberge richten sie oft großen Schaden an. Außerdem stören sie den Menschen vielfach durch ihr fortgesetztes dieb-dieb oder schilp-schilp«, der Lehrer wiederholte »dieb-dieb«, dann las Klett weiter: »oder schilp-schilp, vertreiben andere Vögel und eignen sich nicht selten die Nester der Hausschwalbe und die Nistkästen der Meisen an.«

Klett macht eine Pause. Was da nicht stimme, will der Lehrer wissen. Da sei er aber gespannt. Klett antwortet nicht. Haus- und Feldsperling stimme, die Farbe stimme, dass sie in Kirschbäume wie Räuber einfielen, das wisse jeder, auch der Dümmste. »Stimmt's, Josef?«

Josef sagt nichts. Er kannte alle Vögel, konnte auch ordentlich rechnen, nur Rechtschreiben und Lesen und einen Aufsatz schreiben war nicht sein Fach.

»Und jetzt, Franz, setz dich!« Franz hatte, jeder merkte es, verloren. Franz wich nicht von der Stelle.

»Ein Sperling ist kein Singvogel, und hier steht ›6. Ordnung. Singvögel, 1. Familie Finken. Der Buchfink. Andere Finken, und dann kommt an erster Stelle der Sperling. Nie im Leben ist der Sperling ein Singvogel.«

Mit einem Schlag war Franz der Sieger. Er ging an seinen Platz auf der Wandseite, in die letzte Bank.

Der Lehrer folgte ihm, links und rechts mit dem Stock auf die Köpfe und die schützend darüber gehaltenen Hände schlagend scheint es, als treibe der Lehrer Franz an seinen Platz. Franz bekommt keinen Schlag ab.

Josef streckte, der Lehrer schlug ihn auf die ausgestreckte linke Hand.

»Alles auf! Kopfrechnen!«

Der Lehrer fragt das kleine Einmaleins ab. Wer zuerst die richtige Antwort gab, durfte sich setzen. Mit dem Zweier fing er an, steigerte bis zum Neuner. Danach fragte er kreuz und quer. 6 mal 2, 7 mal 8, 4 mal 7. Nach dem ersten Durchgang saß über die Hälfte der Schüler, mehr Mädchen als Jungen.

Die zweite Stufe war schwieriger. Auf eine vom Lehrer gerufene Zahl mussten die Zahlen gerufen werden, die zu dem ausgerufenen Ergebnis führten. 56 verlangte ein 7 mal 8 oder ein 8 mal 7; 28 war richtig mit 4 mal 7 oder 7 mal 4 beantwortet. Blieben nach dieser Prozedur, und das war jedes Mal vorauszusehen, noch eine Handvoll Schüler übrig, dann stellte der Lehrer ganz leichte Aufgaben, bis auch der sogenannte Dümmste die richtige Antwort wusste. Jeder konnte beobachten, wie der Lehrer mit den Dümmsten sein Spiel trieb, eine richtige Antwort überhörte, eine falsche akzeptierte, bis der richtige Schüler, der sogenannte »Dümmste« abgewunken wurde. Man lernte neben dem Einmaleins auch andere Regeln.

Am Schluss stand nur noch Franz. Der schnellste Rechner. Der Lehrer stellte ihm keine Aufgabe, schrie kein »Setzen!« Franz blieb bis zur Pause stehen.

Fleckenrunde

Helmut ließ sich das Steigle hinabtreiben, die Abkürzung zur Backküche, zum Bach, zum Latschare. Die kleine Steige heißt, was sie ist: Steigle, unterscheidbar von der großen Steige, die vom Wald herab ins Oberdorf führt. Mit dem Schlitten soll man früher, mit dem langen Schwung von der Steige herab, fast bis zur Kirche gekommen sein.

Das Tal Richtung Ofterdingen heißt und ist das Tal, das kleinere Täle liegt am entgegengesetzten Ende des Fleckens, links vom Bach. Wo, wer das Tal hinaufging, hinging, war so klar wie die Richtung dessen, der das Tale hinab ging. Straßennamen brauchte es nicht, wohl aber Hausnummern. Statt den Namen des Bewohners des ersten Hauses konnte man auch, ohne missverstanden zu werden, »Hausnummer eins« sagen. Das Haus gehörte zum Bewohner, der Bewohner zum Haus. Für das unpassende Wort »Bewohner« fiel Helmut kein anderes ein. Das ist das Haus von dem, und das ist das Haus von dem. Da hat der Ehne und die Ahne gewohnt. Das Haus hat der Urehne gebaut. Das Haus und die dazu gehören, kann man nicht trennen. »Hauseigentümer« oder gar »Hauseigentümerversammlung« wären Fremdwörter gewesen. Von einem Umzug von einem in ein anderes Haus hatte Helmut nie gehört. Als neue Wohnviertel hinzu kamen, muss auch ein Umzug dem andern gefolgt sein. Familien mit Vater und Mutter und den Kindern, seltener mit den Großeltern, zogen in die neuen Häuser. Die alten Häuser, die Häuser der Kindheit, blieben leer zurück, vielleicht noch ein paar Jahre von den Großeltern oder älteren Verwandten bewohnt. Helmut nahm sich vor, das nächste Mal bei Nacht durch ein neues Viertel zu gehen, nicht bei Tag, nein, bei Nacht.

An einen Straßennamen beim Kindergarten erinnerte er sich, an die Adolf Hitler Straße. Vielleicht heißt sie jetzt nach einem Vogel oder einer Blume, wie in den Neubaugebieten, »Hyazinthen-, Anemonen-, Stieglitzstraße«.

Die mittlere Brücke liegt zwischen der oberen, wo der Bach, der auch keinen Namen braucht, in den Flecken kommt, und der unteren Brücke, mitten im Flecken. Weiter unten gibt's noch verschiedene kleinere Übergänge über den Bach.

Hätten wir nur einen Berg, er hieße »Berg«, so aber unterscheiden wir den Rappenberg vom nebenliegenden »Wengert« und dem Kornberg. Die »Höhe« ist kein eigener Berg, sondern der Name für die am höchsten gelegenen Äcker. Die Felder hinter den Häusern mit ihren Gärten heißen »Hintergärten«. Die »Anna beim ›Adler‹« wohnte schräg gegenüber von ihrer Namensbase, der »Anna ob dem ›Adler‹«. Und wo wohnt der Bachschorsch? Am Bach. Wo sonst? Und der Sohn vom Bachschorsch bleibt der Bachschorsch, auch wenn er schon lange in einen anderen Flecken umgezogen ist. Zöge dessen Sohn wieder ins Haus des Großvaters zurück, hätte er mit dem Großvater nicht nur das Haus, sondern auch den Namen gemeinsam.

Namen und Dinge und Menschen

Auf die Namen war Verlass, fast immer. Küfers – das waren die drei Gebrüder und ihre große Küferei und der Holzlagerplatz und ihre drei großen Häuser nebeneinander; der Sattler hantierte mit seinem Spezialwerkzeug mit den Spezialnamen in seiner Sattlerwerkstatt; der Mann von Mosters fuhr im Herbst von Haus zu Haus mit Mahlwerk und Mostpresse. Aber gleichzeitig waren die Küfers auch die Schultese oder Schulzes. Vor Generationen kamen die Schultes der Gemeinde aus der Verwandtschaft der Küfer. Die Schneiderin hatte einen Laden, den schon ihre Mutter geführt hatte, und diese war die Frau eines richtigen Schneiders, der mehr Hosen und Ärmel ausbesserte, mit gut sichtbaren Blätzen die blöden Stellen wieder für Jahre brauchbar machte, und mehr Flickschneider war, als neue Anzüge anmaß und anfertigte. Der Hochzeitsanzug hielt ein Leben lang, getragen bei Hochzeiten und Beerdigungen und hohen kirchlichen Feiertagen. Dem, der mit dem Alter auseinander ging, trennte der Schneider die Rückennaht des Kittels auf und schaffte ein paar Zentimeter mehr Luft für die breite Brust. Der aufgetrennte Teil stach mit seiner erhaltenen dunklen Farbe vom schon verblassten Schwarz der Jacke ab, trennte den Träger in zwei Hälften. Die Schneiderin mit dem eigenen Laden hörte auf den Berufsnamen ihres Mannes. Das musste man wissen, um sie, die Schneiderin, von der Frau des jetzigen Schneiders unterscheiden zu können, denn die, eigentlich die richtige heutige Schneiderin, hieß nicht Schneiderin. Der Sohn des Schneiders war, ohne es zu sein, auch der Schneider. Das musste man wissen, um keinen Fehler zu machen.

Die vielen Heinriche waren leicht zu unterscheiden als Heinrich, Heiner, Hein und Heinerle. Paula war nicht Pauline und nicht das Paulinchen oder Päule, Klärchen nicht die Klara. Sich einen eigenen Namen gegeben hatten sich ein paar, die in jeden zweiten Satz ihren Spezialsatz einfügten und so schließlich mit diesem ihrem Satz eins wurden, der Lassmeaumit, der Hoschitgwisst, der Kabraucha, der Habsghabthabsnimmer. Die zwei Schwestern, die nicht knapper genannt werden konnten, waren die Lehrer-

73

santonesrosa und die Lehrersantonesveronika. Und warum die beiden Schwestern so unverwechselbar hießen, wussten nur noch die wenigsten, aber von den vielen andern Rosas, Rosalias, Rosines und Rösles waren sie leicht zu unterscheiden.

Lehrersantonesrosa und Lehrersantonesveronika.

Und wo wohnte der Hoamalochkarle? Im Hoamaloch. Also im Heimatloch. Helmut war mit dieser Übersetzung nicht einig. Heimat und Loch passten nicht zusammen, und Heimat kam auch nicht vor, außer im Lesebuch und in Liedern. Hoamaloch. Das kommt ins Starenkastenloch. Der ganze Flecken liegt in einem Loch, nicht zu entdecken von den anderen Dörfern aus. Weiler liegt hoch oben, Schwalldorf desgleichen. Vom Rappenberg aus sieht man Hemmendorf und Hirrlingen. Aber unser Flecken liegt im Loch, wir sind nicht einzusehen von weither, wir wären schwer einzunehmen, wir sind ganz für uns in unserm Loch, und uns ist das recht.

Der Flecken liegt da wie ein Mann auf dem Rücken. Die Kirche und das Schulhaus, das spätere Rathaus, sind der Kopf. Rechts streckt sich der rechte Arm mit den Häusern an der Straße nach Hemmendorf, links streckt sich der linke Arm mit den Häusern an der Straße zur Stadt, der rechte lange Fuß geht die Oberdorfstraße hoch zum Wald, der linke und etwas kürzere Fuß streckt sich Richtung Ofterdingen. Der Leib und die Mitte des Fleckenmenschen hat links und rechts vom Bach Platz.

Umgeben vom Rappenberg und vom Wengert, vom Kornberg und von der Höhe in Richtung Hemmendorf liegen wir in unserm Loch. Ein Flecken für sich. Und eigene Leute. Wir haben alles, was wir brauchen. Die Handwerker für den Hausbau, für die Möbel, die Schuhe, die Fässer im Keller, fürs Essen kann jeder selber sorgen, dazu den Bäcker und den Metzger, Essig und Öl und Waschpulver und Schuhbändel und 60er Nägel und Türbänder und tausend Sachen im Eisen- und Kolonialwarenladen, reichlich Wirtschaften, zwei Lehrer, einen Mesmer und einen Pfarrer. Für die Kinderschüler und kleinere Krankheiten sorgen drei Schwestern aus Untermarchtal. Mit ihren zweiflügligen Hauben hätten sie, wären sie wie bei einem Bussard mächtig ins Schwingen geraten, geradewegs Richtung Himmel fliegen können. Man unterschied genauestens zwischen Dein und Mein, aber der Herrgott gehörte allen. Er war unser Herrgott. Ihn hatten wir sogar gemeinsam mit den Weilermern, den Hemmendorfern, den Hirrlingern, sogar mit den Schwalldorfern. Nicht aber mit den Ofterdingern, den Mössingern, den Dußlingern und den Nehrenemern. Mit den Tübingern schon gar nicht. Die hatten keinen Glauben, sondern halt ihr evangelisches Gläuble. Wo wir zum lieben Heiland beteten und sangen, mussten sie immer lange Predigten von Pastoren über den Herrn Jesus Christus anhören.

Und was ist das »Lichtweib« gewesen? Nicht die im Sternenmantel leuchtende Gebenedeite unter den Weibern, *benedicta tu in mulieribus*. Das Lichtweib hat einmal im Monat die Zähler im Hausgang abgelesen, die den elektrischen Stromverbrauch angaben, zu zahlen an das Elektrizitätswerk vom Stengle in Niederau, wo unser Bach in den Neckar floss und mit seinem Wasser die Strom erzeugenden Turbinen mit antrieb. Unser Strom aus unserm Bach. Abgelesen vom Lichtweib.

Heute gibt es im Dorf einen einzigen Bauern, der zu den eigenen Äckern andere dazu gepachtet hat. Weil alle Bauern waren, hatte man keinen »Bauer« genannt. Jetzt gab's nur noch einen, und der heißt als einziger Bauer völlig zu Recht »der Bauer«.

Höfle gab es einige, also eine Handvoll Häuser in einer Sackgasse – das Wort passte nicht zu einem Höfle. Helmut

75

hatte es auf der Straße gelernt. Eine Wandergruppe verirrte sich in eins der Höfle, der Leiter der Gruppe fluchte auf die »Sackgasse«, die sie an ihrem Zielwandern behinderte. Für die war »Sackgasse« der passende Ausdruck. Im Flecken gibt es keine einzige Sackgasse. Zwar mag ein Weg an einer bestimmten Stelle aufhören, aber dann führt ein Wegle weiter. Versperrt ein Zaun den Weg, kann man über oder unter ihm hindurch. Nicht alle Wege führen ins Dorf, aber zahllose aus ihm hinaus, vorerst.

Ein Verwandter von Helmut hatte es aus dem Flecken hinaus bis nach Amerika gebracht. Eines Tages kam er zurück, nicht auf der Fahrstraße von der Stadt ins Dorf, sondern zu Fuß und Überfeld, über Feldwege hinauf auf den Rappenberg, von dem aus der ganze Flecken zu überblicken war. Und den Rappenberg hätte er, erzählt man, gerne Schubkarren um Schubkarren abgetragen und einen nach dem andern ins Täle gefahren, wenn er nicht nach Amerika hätte zurück müssen.

Fleckenrunde

Helmut ging die kleine enge Steige hinab, leicht trabend, den Takt gab ein Vers vor: *Die Geiß die geht ge bocka, ge bocka*, vorbei an ein paar kleinen, zum Teil verfallenen Häusern, vor bis zur Backküche am Bach. Zwischen der mittleren und der unteren Brücke laufen zwei kleine Wege zu beiden Seiten des Bachs. Auf ihnen kamen Fußgänger, Leute mit Schaltkarren und mit Fahrrädern schneller zur Backküche, zur Milchsammelstelle und zum Latschare. Helmut lief auf dem linken Fußweg zur unteren Brücke. Nepomuk, der Brückenheilige, war aus der Mitte an den Rand der Brücke versetzt worden. Statt der Holzfigur schaute nun eine schwarzweiße Kopie vom Heiligen hinter den neuen Gittern hervor. Eine Sicherung gegen fliegende Antiquitätenbeschaffer. Den Spruch beim Nepomuk las Helmut zum ersten Mal. Der Nepomuk war da, seinen Spruch musste man nicht kennen, man saß auf den Eisenstangen links und rechts vom Nepomuk.

Du mutiger heiliger Nepomuk
Bewahr uns vor des Baches Wut
Bitt den lieben Gott um Erbarmen
Wenn das Hochwasser will uns umarmen

Das Eisengeländer war teils verrostet, teils blank. Im Winter überredeten die Älteren die Jüngeren zu einer Mutprobe. Mit der Zunge an dem kalten Eisenrohr schlecken, nur ganz kurz.

Helmut glaubte, die Eisenrohre des Brückengeländers vibrierten von dem Mopedkrach in der Ferne.

Maikäfer und Maiandacht

Es ist ganz leicht. Wenn man's ganz ruhig und einsnachdemandern macht, lernen es auch die ganz Kleinen.

Den Faden von der Rolle aus der Strick- und Nähschachtel abspulen, nicht nur ein paar Meter, sondern ziemlich lang; den Faden um ein hinteres Bein binden, vorsichtig, weil es leicht rausgehen oder abbrechen kann, aber er hat noch andere. Zwei Knoten machen. Das freie Ende des Fadens ein paarmal um den rechten Zeigefinger wickeln. Dann anhauchen, nicht anblasen, sonst läuft er weg oder stellt sich tot, regelmäßig warm anhauchen, und schon fängt er an zu pumpen, die zwei braunen harten Flügel heben sich leicht, weiter hauchen, die schwarzbraunen Dreiecke am Bauch kommen deutlich heraus unter den braunen festen Flügeln. Schon schwirren die feinen durchsichtigen Flügel, wie zur Probe, zur Start- und Flugprobe, der ganze Körper wippt auf und ab, abgefedert in den Beinen, wie ein Auto, das gleich mit Vollgas starten will und vor Anspannung vibriert. Die Fühler zittern, alle Flügel schlagen, man hört einen feinen Brummton, und dann steigt der Maikäfer senkrecht in die Höhe.

Mit dem Faden am Bein fliegt er hoch bis zu den Leitungsdrähten und, wenn der Faden recht lang ist, bis zur Giebelhöhe, an dem ganz oben ein Starenkasten hängt. Die jungen Staren strecken die Köpfe gleichzeitig aus dem Loch, die Schnäbel aufgerissen, weiter geht's nicht, bereit für das Futter, das die Alten den Jungen von der Sitzstange vor dem Einflugloch aus hineinstoßen. Pausenlos fliegen die Alten mit Würmern, Fliegen und Bremsen zu den Schnabelaufreißern. Noch lieber sind den Alten wie den Jungen unsere Maikäfer, die sie im Flug, ohne die Richtung zu ändern, vom Faden reißen. Einen nach dem andern.

Schwer ist es, einen Staren zu foppen, also kurz vor dem Wegschnappen knapp am Faden zu rucken, dass der Star über den Maikäfer hinweg schießt. Das ist ziemlich schwer bei den schnellen Vögeln. Schneller sind nur die im Kirchturm hausenden Falken, die jede Maus, die aus dem Loch kommt, erwischen. Auch die schnellen Schwalben fliegen nicht nach unsern Maikäfern, die Jungen, die genau wie die Staren den Schnabel aufreißen, brauchen feineres Futter. Und die Sperlinge wären nicht in der Lage, einen Maikäfer zu schnappen. Auch bekämen sie keinen von uns, die klauen ihr Fressen überall zusammen.

Auf der unteren Brücke mit dem Heiligen Nepomuk ist freie Bahn für uns und die Stare, die ins Feld und in die nahen Gärten fliegen und zurückfliegen und wieder fliegen, in einem fort. Unser Nachschub reicht lang, die Schachteln sind noch gut gefüllt, längs und quer mehrfach gut verschnürt. Ein Korken im Loch mitten im Schachteldeckel hält die ausbruchwilden Tiere zurück. Stellt man den Karton auf den Boden, bewegt er sich leicht, kann sogar kippen. So viel Kraft haben sie, gut im Futter durch junge Buchenblätter vom Rappenberg und vom Wengert.

Ein Schlag, aus dem Oberschenkel heraus, fest und mit ganzer Kraft auf den Baumstamm, die Schuhsohle muss passen so, wie man mit der flachen Hand auf eine Tür schlägt, die nicht aufgehen will – so ein Schlag auf den Stamm lässt die Tiere prasseln, Einzelne, aber auch Paare, die mit dem Schwanzstachel ineinander stecken. Die reißt man auseinander.

Vor den Staren bekommen die Hühner ihre große Maikäferportion. Wirft man ihnen zu viele auf einmal vor, geraten sie in Panik, picken hier, picken da, gackern, fliegen auf, rennen durcheinander, sind dem Überfluss nicht gewachsen. Würmer, langsam aus dem Gras gezogen, oder gar Körner sind eine einfachere Beute. Die Maikäfer laufen, flüchten, stellen sich tot oder starten und wollen wegfliegen. Ein bereit gehaltener Teppichklopfer bringt sie wieder zur Erde.

Edy zahlte einen Pfennig, wenn ein Kinderschüler oder Unterklässler einem Maikäfer den Kopf abbiss und schluckte. Der Kopf schmecke nach Schokolade, nach Nussschokolade. Die abbissen, bestätigten das noch beim Herunterschlucken. Edy gab das Signal für alle andern, »Kä-fer-fresser«, ein paarmal im Chor zu brüllen.

Maikäfer steigen lassen und Maikäfer probieren war kein Fall für den Beichtstuhl, fiel nicht unter »ich habe Tiere gequält«, im Gegenteil, man hatte die jungen Vögel mit versorgt und Schädlinge beseitigt, also etwas Gutes getan.

Die kleine helle schnelle Glocke fing an, die zweite folgte, bis die ganz schwere dumpfe und langsame Glocke zur Maiandacht läutete. Man musste noch heim, die Schachtel mit den restlichen Maikäfern im Hühnerstall ausleeren und das Gesangbuch aus der Tischschublade holen.

Die Maiandacht in der mit hellgrünen Buchenzweigen geschmückten Kirche dauerte nicht lange. Ein Lied folgte auf das andere. Lieder zu Maria; das schönste Lied, das in jeder Maiandacht gesungen wurde, sangen besonders viele Männer mit:

Maria zu lieben, ist allzeit mein Sinn,
in Freuden und Leiden ihr Diener ich bin.
Mein Herz o Maria brennt ewig zu dir
in Liebe und Freude o himmlische Zier.

Auf der Männerseite sangen, ohne dass der Pfarrer etwas dagegen ausrichten konnte, die Buben der Oberklasse und ältere überlaut mit, immer wenn »Maria« dran war.

Maria zu lieben. Maria, du milde, du süße Jungfrau.

Auf der Frauenseite gerieten die Mädchen und jüngere Frauen in Bewegung. Viele hießen Maria.

Ach, hätt ich der Herzen nur tausendmal mehr!
Dir tausend zu geben, das ist mein Begehr.
So oft mein Herz klopfet, befehl ich es dir,
So viel mal ich atme, verbind ich mich dir.

Diese vierte Strophe erschien selten auf der Anzeigetafel vorne rechts im Chor, bei der Kommunionbank. Aber auch die dritte Strophe hallte mächtig durch den hohen hellen Marienmaienbuchenraum.

Dich lieb ich auf ewig, dich lieb ich allzeit.

Auf der Männerseite gab es sicher so viele Josefs wie auf der Frauenseite Marias, aber die Mädchen und Frauen konnten ihren Josef nicht so ansingen wie die Jungen ihre Maria. Josef, der »Bräutigam der Gottesbraut«, forderte keine zusätzliche Lautstärke heraus, vielleicht sangen manche der Mädchen und Frauen sogar unentschlossener.

> *Schirm der Unschuld zarte Blüten,*
> *Wenn ringsum die Stürme wüten.*

Auch der Martin konnte auf der Frauenseite nicht lauter besungen werden, der Heilige und seine Beigaben verhinderten das:

> *Die Geißel und dein Bußgewand*
> *Bei Wachen, Fasten und Gebet*
> *Gib uns als Waffen in die Hand,*
> *Wo Höll und Satan vor uns steht.*

Die Mutter Kirche behandelte im Lied ihre weiblichen Mitglieder recht stiefmütterlich.

Es blieben noch der heilige Antonius und der heilige Sebastian. Der heilige Antonius hatte ein Kind auf dem Arm und einen Opferstock zu seinen Füßen, was den Zugang zu ihm nicht erleichterte. Hatte man etwas verloren oder verlegt, war als Erstes eine dem Sachwert des Vermissten angemessene Vorleistung zu erbringen. Danach konnte man hoffen, mit Hilfe des heiligen Antonius das Gesuchte wiederzufinden. Die Preise beim heiligen Antonius stiegen wie die Preise beim Metzger, beim Bäcker und im Eisen- und Kolonialwarenladen. Das aber war kein Anlass zum Singen. Schließlich blieb noch der heilige Sebastian, ein schöner langgelockter junger Mann, mit Pfeilen gespickt. Ob den Mädchen dieser Heilige gefiel? Man konnte beim Lied zum heiligen Sebastian nichts aus der Lautstärke schließen.

Jetzt waren sie da. Einer mehr als vorher. Drei Mopeds. Auf der unteren Brücke hielten sie an. Zu Helmut, der beim Nepomuk stand, schauten sie nicht her. Jeder der drei stellte den rechten Fuß aufs Brückengeländer, einer spuckte in den Bach, einer warf eine Coladose hinterher, der dritte schnellte die erst halb gerauchte Kippe ins Bachgestrüpp. Die Motoren liefen. Man konnte weiter, Richtung »Adler«, kehrtmachen und runter auf den Wagges, am Bach entlang und wieder hinauf zum Sportplatz. Aber auch wenn sie nur ganz von ferne und leiser dröhnten, mit dem Fluggeräusch der Maikäfer konnte man sie nicht vergleichen, mit dem sanften Flügelflirren ihrer nur kurzen Flüge.

Fleckenrunde

Helmut ging nicht an seinem Haus vorbei. Er bog nach der Brücke rechts ab in den kleinen Weg am Bach entlang und stand plötzlich wieder vor seinem Verkehrsmonument. Wie unter Zwang musste er diese in sich ruhende Einmaligkeit noch einmal umrunden. Dass das Mordstrumm noch keinen Namen, kein Namensschild hatte! Einen Wettbewerb müsste man ausschreiben. Helmut musste seinen Harndrang bremsen. Der »Latschare-point, Latschi-point, Bus Terminal, City Center«. Wenn eine Nachbargemeinde ihrer Wäscheindustrie wegen sich vom schönen und vielsilbigen Bodelshausen umbenannt hatte ins griffig verkaufsfördernde »bo-city«, musste das doch auch hier, auch wenn man nicht wie die Bodelshäusener evangelisch, also geschäftstüchtig war, zu schaffen sein.

Heute heißt der Latschare Pfarrer Kottmann Platz, davor Hindenburgplatz, davor vielleicht schon Latschare. »Waggges« hat der Platz geheißen, Waggges und nicht anders. Plötzlich war der Name da. Das Betonmonster hatte den Waggges nicht aufkommen lassen. Waggges. Täglich ging man auf den Wagges, stand auf dem Wagges. Auf dem Wagges waren zu jeder Tageszeit die andern zu treffen, über den Wagges fuhren die Wägen mit Heu und Garben und Mist und Mistlachenfässern und Apfel- und Birnensäcken. Unser Wägges. Der Beton hatte den Wagges aus Helmuts Kopf geworfen.

Helmut sah, was fehlte: die alte Backküche, die Kastanienbäume, der Brunnen mit dem langen Brunnentrog, die Milchsammelstelle, die Männerrunde nach der Sonntagsmesse. Noch etwas fehlte: der kleine Zufluss in den Bach, ein Wasser für Enten und Gänse. Er war weg, wohl unter dem Asphalt in Dolen zum Bach geführt. Neben dem Kastanienbaum mit den grünweißen Kerzen war das Vereinskästchen an einen Pfosten auf Sichthöhe geschraubt gewesen. Die Mannschaftsaufstellung hinter Glas, der Torwart, die zwei Verteidiger, die drei Läufer und die fünf Stürmer.

Es blieben übrig, nachdem das Frühere nach und nach beseitigt war, die Wartehütte und das Pfeile-in-Beton-Trumm. Für alle kommenden Zeiten. Freie Fahrt für Bus und PKW. Wie wäre es, wenn einer, zum Beispiel bei Nacht, die rundum laufenden Pfeile in einer Reihe ausrichtete, die nur in eine Richtung weisen: hinaus aus dem Flecken.

Helmut zog seine Strickkappe vom Kopf und ging die paar Meter hinauf zum »Adler«. Er stellte sich in einen Winkel. Mitten auf der Straße tat einer das Nämliche. Je später es wird, desto mehr wird die Straße zum Wasserabschlagplatz. Wäre es Winter, könnten am andern Morgen die Kinder darauf schleifen. »Schleifete«, dieses schnelle Wort mit Anlauf und langer Gleitphase gefiel Helmut. Schleifete. In den Starenkasten.

Am Sonntagmorgen müssen die Kirchgänger über die gelbgefrorenen Rinnsale von Samstagnacht hinweg. Die Frauen sagen laut und vernehmlich: »Die Sauhund!« Die, denen es gilt, liegen noch im Bett.

Helmut lehnt am Scheunentor und raucht die erste Zigarette dieser Woche. Bei Tag könnte er sich das nicht erlauben. Einfach allein dastehen, rauchen, das rechte Bein angewinkelt, die Schuhsohle am Scheunentor.

Er singt, nein, er spricht die Lieder aus der Wirtschaft mit.

Er sagt die Liedertexte vor sich hin, im Tempo der Sänger, nur für sich hörbar.

Durchs Wiesatal gang i jetzt na
Brech lauter Badenga durna
Badenga muss i brecha
Feins Sträußele draus macha
Aus lauter Badenga und Klee
I han jo koi Schätzele meh.

Sein elterliches Haus mit dem hellen Verputz konnte er drunten bei der unteren Brücke ausmachen. Unten den Laden mit dem großen Schaufenster, die Fenster und roten Läden im ersten Stock, die Fenster und roten Läden oben im Kinderzimmer.

Mach die Augelein zu

Das Kind lag im Bett, im weißen hohen Bett mit den runden weißen Stäben, rund ums Bett, von denen ein paar sich drehen ließen. Das Bett stand nahe am braun glänzenden Emailofen. Das Kind, auf dem Bauch liegend, schaute auf das flackernde Licht hinab, hinter dem kleinen Glasrund unten am Ofen, gleich über der hochhebbaren Klappe mit dem silbrig gänzenden birnenförmigen Griff. Die kleinen blauroten spitzen Flämmchen liefen auf dem Brikett von links nach rechts und von rechts nach links, mal ganz gleichmäßig, mal in der Mitte hochfahrend; dann liefen die Feuerzungen wieder regelmäßig durchs Glasrund, von links nach rechts, von rechts nach links.

Bis das Kind in die Schule kam, war noch lang, ein paar Jahre lang; da lag es dann schon im großen weißen Bett aus Eisen mit dicken viereckigen und schmalen runden Stäben, die am Kopfende sich zu zwei Schnecken rundeten, die, auf dem Bauch liegend, das Kind mit den Fingern nachfahren konnte. Im hohen Holzbett lag dann schon der kleine Bruder.

Das Kind schaut in das Feuer hinter dem Glas. Im Zimmer und im Haus und auf der Straße ist es ruhig. Leise Schritte auf der steilen Treppe, Schritte, gedämpft durch den Teppich, der mit goldenen Stangen unter jedem Treppentritt, Stufe um Stufe, festgemacht ist. Die Stangen drehen sich bei jedem Schritt ein wenig. Langsam geht die Tür auf. Die Mutter. Die Mutter und der Vater. Das Kind dreht sich vom Feuer weg auf den Rücken und zieht die Decke bis unters Kinn, legt die Hände auf die Decke. Das Kind macht die Augen zu, nicht fest, nur ganz leicht. Es spürt ein kleines Licht, das Licht von der Lampe bei der Tür. Jetzt müssen sie am Bett stehen, der Vater und die Mutter, ganz nah. Das Kind atmet ruhig, die Augenlider liegen leicht. Die Mutter sagt, nicht flüsternd, aber mit einer leisen Stimme, wie gut es schläft, der Vater sagt, unser gutes schönes Kind. Das Kind sieht mit geschlossenen Augen, wie Mutter und Vater lächeln. Die Mutter kommt näher, beugt sich über die Stäbe herab und streicht über die weiche weiße Decke. Das Kind stöhnt leicht, dreht sich in den Schultern. Die Mutter macht langsam und lang »pssst«. Das Licht erlischt, die Tür geht zu. Das Kind will die Augen nicht mehr aufmachen, will nicht sehen und will, auch mit geschlossenen Augen, nicht einschlafen. Das Kind weiß aber auch, ich habe für Vater und Mutter das schlafende Kind gespielt. Es war ganz leicht.

Die Höhle

Vom Heiligen Abend an bis zum Tag nach Dreikönig stand unter dem bis zur Decke reichenden Christbaum die Krippe. Maria und das Kind in der Krippe, ein paar Hirten, der heilige Josef zwischen dem gelben Ochsen und dem grauen Esel.

Neben dem Christbaum, auf einem kleinen Tisch, ein spitzgiebliger Hausrahmen, an dessen zwei oberen Nägeln ein Glasbild eingehängt war. Eine Lampe hinter dem Glas ließ das Bild leuchten. Das Kind stand oft lange vor dem Bild, schaute es von weitem und ganz von nah an. Das Kind auf dem Stroh war ganz Licht, das Stroh, das Gesicht der Mutter leuchtete. Die Mutter im blau-rot schimmernden Gewand, halb sitzend, halb kniend, umschloss mit Armen und Händen das Kind, ein Kreis aus Licht. Das Kind schaute auf Mutter und Kind. Hinter der Mutter ein grauer Esel, der auch auf das Kind schaute. Der heilige Josef will ihn am Halfter nach hinten ziehen.

»Was ist der heilige Josef?« – »Der Vater von Jesus.« – Diese Antwort war falsch. Richtig hieß es: »Der Ziehvater von Jesus.« – »Warum ein Ziehvater?« Nach einer langen Pause streckte Klett. »Der heilige Josef ist der Ziehvater von Jesus, weil er bei der Flucht nach Ägypten den Esel hinter sich herzog.« Auf dem Esel sitzt Maria mit dem Jesuskind. Der Pfarrer öffnete leicht den Mund, sagte aber nichts. Klett sagte, in der biblischen Geschichte sei so ein Bild. Der heilige Josef ziehe den Esel am Halfter hinter sich her. Der Pfarrer ging nach hinten zu Klett, drehte sich bei der letzten Bank, fasste Klett am rechten Ohr. »Gleich zieht dich der heilige Josef am Ohr. Dann ist er dein Ziehvater.« Klett ruckte mit dem Kopf, die Pfarrershand ließ nicht los. Das könne nicht sein, nie im Leben, weil Jesus nie vom Ziehvater am Ohr gezogen wurde, weil er nie etwas angestellt hat. Jesus, der Sohn Gottes, konnte ja gar nichts anstellen. Der Pfarrer legte Klett die Hand auf die Schulter. »Franz, du denkst dir immer was.« Klett war mit dem Lob nicht zufrieden.

Das Kind und die Mutter im Lichtkreis. Ein Hirte, in der linken Hand einen dicken, mannshohen und knorrigen Stab, mit nackten Füßen und nackten Beinen war größer als alle anderen Figuren auf dem Bild. Auch er schaute auf Mutter und Kind, den rechten Arm hochgereckt, als wolle er sich gleich vor dem Kind niederwerfen. Eine junge Hirtin schaute den Riesenhirten über ihr an, eine andere hielt die rechte Hand vors Gesicht. Das Lichtkind blendet sie. Es ist Nacht, und das Kind leuchtet. Maria und die Hirten und auch die halbnackten Engel vor einer Wolke leuchten.

Das Kind schaute und schaute. Den heiligen Josef mit der rechten Hand und die Engel mit der linken Hand deckte es ab. So gefiel ihm das Bild besser. Die Hirten sollten bleiben. Die Engel oben brauchte es nicht.

Helmut hat, wenn er in der Nacht aufwachte und nicht gleich wieder einschlafen konnte, die Szene, von der er glaubte, es sei seine früheste, nachgestellt, auf dem Rücken liegend. Er hörte die Geräusche auf der Treppe, spürte das Licht, nahm die Mutter und den Vater wahr, auf dem Rücken liegend, die Hände flach auf der Brust, die Finger leicht ineinander verschränkt und die Augen leicht geschlossen. Das half beim Wiedereinschlafen.

Am Sonntagmorgen, bald nach dem Aufwachen, musste die Mutter über das kleine weiße Holzbett und über das große weiße Eisenbett eine dunkle Decke legen, sie weit an den Seiten herunterziehen und die Enden einklemmen. Die Fensterläden waren zu, ein paar Lichtstreifen lagen auf dem Boden, in der Bärenhöhle war's dunkel. Die Mutter schloss auf Zehenspitzen die Tür, wartete vor der Tür, kam wieder und fragte ängstlich, wo denn ihre zwei Bärenkinder seien. Kein Laut. Sie fragte lauter und ängstlicher, lief im Zimmer, an Stühle stoßend umher. Die zwei kleinen Bären wimmerten schließlich, die Bärin hörte es, suchte noch mehr und ihrer Sache sicher. Schließlich zog der kleine Bär, immer vor dem größeren Bruderbär, die Decke herunter und war wiedergefunden.

Die Schlupfdole

Helmut konnte nicht zurück. Er steckte in der Dole fest. Hinter ihm der Eingang, weit vor ihm der nicht zu erreichende Ausgang, ein winziges Loch. Helmut, sich drehend, sich windend, sich krümmend, spürte die spitzen kleinen Steine der rohen Betonrundung an den bloßen Füßen, an den Beinen, am Rücken. Er rollte sich, so weit es ging, zusammen, zog die Knie an die Brust, zog mit der Hand an den Fersen, suchte, unter den Armen durchschauend, den Eingang, zu dem er zurück musste. Er steckte fest. Er wollte nicht weiter auf das unerreichbare Loch zu, und zurück ging's nicht. Er steckte in der Dole.

Es ging nicht hintersche und nicht vürsche. Es war hinterschevürsche. Ganz verkehrt. Das Wort stimmte. Helmut musste lachen. Hinterschevürsche. Das war er, der weder vorwärts noch rückwärts konnte. Hinterschevürsche. In den Starenkasten mit dem »Hinterschevürsche«.

Das Herzklopfen hatte nachgelassen, er hörte seine Kameraden rufen und rennen. Sein Versteck war sicher, ihn wird keiner entdecken. Nie im Leben, könnte Klett sagen.

Helmut gefiel das Drücken und Drängen die Treppe hinab am Anfang der großen Pause. Aus vier Türen schossen die Jungen auf die Treppe zu, verkeilten sich, schoben und schrien. Helmut fühlte sich wohl in der pressenden Menge. Probeweise zog er beide Beine an, er schwebte, die pressenden Körper nahmen ihn ein paar Schritte mit und die Treppe hinunter. Ein paar Stufen nahm er mit den eigenen Füßen, setzte kurz die Schuhspitzen auf, stieß sich ab und ließ sich wieder von der Leibermasse tragen, so wie ein einzelnes Holzscheit, eingeklemmt in ein ganzes Bündel, vom Spaltstock und dem Holzhaufen weg in den Holzschopf hineingetragen wurde. Vor der Schultüre staute sich der Schülerhaufen. Helmut zog die Beine an, passierte, getragen, die Eingangstür, war draußen und startete, mal nach links, mal nach rechts ausbrechend. Helmut war draußen.

Hinterschevürsche.

Auf einen Zettel und dann hinein in den Starenkasten.

Mit einem Schlag und ohne, dass er gewusst hätte, wie er das gemacht hatte, war Helmut die Drehung um die eigene Achse in der Dole geglückt, der Eingang war nahe, nur ein paar Meter, er streckte sich lang aus, legte den Kopf auf die Arme, weit nach vorn gestreckt, drehte den Kopf vom linken auf den rechten Oberarm und blieb liegen mit geschlossenen Augen.

Helmut hörte seinen Namen rufen und kroch zum Ausgang, kam ins Freie, klopfte den Dolendreck weg. Ludwig schlug ihn ab. »Du bist's!« Er ging zum Schlagbaum, legte den linken Arm abgewinkelt an den Stamm des Birnbaums, spürte die rissige Rinde und fing, langsam leiernd, wie beim Rosenkranz in der Kirche, zu zählen an … »Eins zwei drei ich komme.« Helmut war wieder da, bei den andern. Und weit weg.

Hinterschevürsche.

Knaurs Konversationslexikon

»Mein Helmut studiert wieder«, sagte die Großmutter, »mit dem Lexikon.« Helmut saß im auch am Tag dunklen Holzschopf, hinter sich den Starenkasten. Ein Briefkasten nur für sich selber, fast täglich kam ein neues Wort durchs

Einflugloch. Auf den Knien »Knaurs Konversationslexikon«, gleich groß, aber doppelt so dick wie die »Biblische Geschichte«. Er will herausfinden, was der Pfarrer, die Erwachsenen und die älteren Schüler vor ihm verstecken. Emil hat das Hebammenbuch seiner Großmutter, das wissen alle, aber nur ein paar durften es anschauen, nur die, die nicht zu den Kacheln im Ofen gehörten. Es genügte der Satz: »Es hat Kacheln im Ofen«, und man wusste, dass man verschwinden sollte. Man war noch zu klein, gehörte noch nicht zu denen, die etwas wussten.

Helmut sucht ein Wort, das er sich nicht zu sagen traut, aber täglich hören kann, von Jungen wie von Alten. Er will es finden.

»**Secco**« findet er, fast alle Buchstaben zum Wort sind da.

»**Secco** (it. trocken), al secco. S. malerei, auf trockener (Wand) Fläche, gegens. Al fresco.«

Hinter »**Al**« steht »chem. Abkürzung für Aluminium«, dann »**à la** (frz.) nach Art von, à la bonne heure (bonnör) gut so! Ausgezeichnet! A la carte, nach Auswahl (essen). **Alaaf** niederrhein., Heil- und Hochruf.«

Helmut merkt, dass er fast nichts weiß, nichts von Italienisch und Französisch, nichts von Chemie und Alaaf. Aber auch das Lexikon gibt nichts preis.

Nach »**Fresco**« weiter mit:

»**Fresszellen**,

Frettchen,

Freud,

Freudenhaus s. **Bordell**,

Freudenmädchen, käufl. Dirne.

Freudenstadt«, das kennt er. Das Lexikon kommt nicht gleich zur Sache. Statt an Ort und Stelle »**Freudenhaus**« zu erklären, zeigt ein Pfeil auf »**Bordell**«. Helmut studiert weiter.

»Haus käufl. Geschlechtsverkehrs«. Von »**Dirne**« steht bei »**Bordell**« nichts. Auch nicht weiter hinten, wo es hingehört, nach »**Dirigent**, dirigieren«. Helmut ist sich sicher. Auch »Knaurs Konversationslexikon« verschweigt ihm absichtlich wichtiges Wissen. Vielleicht ist das Lexikon so angelegt, dass man nur auf Umwegen zur Sache kommt.

Ein nackter Mann mit einer Scheibe in der nach hinten gestreckten rechten Hand. »**Diskuswerfer**. Diskobolos, Bronzestatue d. griech. Erzgießers Myron (etwa 450 v. Chr.)«

Wenigstens nackt, aber wieder nichts. Helmut sucht weiter. »**Bronze** rotgelbe Kupfer-Zinn-Legierung, im Altertum zu Waffen und Gerät verarbeitet.« Aber eine Statue vom Diskobolos ist keine Waffe und kein Gerät. Wieder stimmt das Lexikon nicht.

Weiter mit »**Statue**«. Helmut wird hinter die Geheimnisse der Erwachsenen kommen. »**Statue** (lat.) Bildsäule, Standbild.« Helmut kann italienisch, secco, französisch, à la bonne heure, griechisch, Diskobolos und jetzt auch lateinisch, das wie deutsch klingt, Statue. Helmut blättert. »**Frau von Staël**.« Nackt vom Hals an abwärts, ziemlich weit abwärts. So nackt hat er noch keine Frau gesehen, nicht einmal auf Bildern. Eine doppelte Seite mit Bildern kommt nach der Frau von Staël, überschrieben mit »**Tanz**.« Dreizehn kleine Bilder. Das erste kleine runde Bild. Er ist nahe dran. Das Lexikon weiß doch alles. Eine Frau, eine so gut wie nackte Frau, verrenkt sich vor einem nackten Mann, der Flöte spielt. Sie tanzt zu seiner Flöte, keine Frage. Der Mann geht ihr nach mit seiner Flöte, sie tanzt von ihm weg, er treibt sie vor sich her. Was sie an hat, könnte ein Badeanzug sei, oben mit nur einem Träger. Wo der fehlende Träger sein sollte, sieht man aber außer einem kleinen Halbkreis mit Punkt wieder nichts. »Du sollst nicht Unkeuschheit treiben. Ich habe Unkeusches angeschaut.« Die Tänzer auf den anderen Bildchen sind vollständig angezogen außer Isadora Duncan. Kein Wunder, das Bildchen ist unterschrieben mit »Griech. Vorbilder«.

Helmut sucht »**Griechenland**, griech. Hellas ... Olymp ... Athen ... Troja ... Kreta ... Griech. Kunst« und ein Pfeil zur »**Kunstgeschichte**«, der bisher größten Enttäuschung, sind doch nur Ornamente von Vasen zu sehen. Helmut gibt nicht auf. Er beginnt von vorne, mit System, Seite um Seite. Seite 50 wieder ein Bildchen, **Antaeus**, kämpft mit Herakles. Seite 55 **Aphrodite** von Knidos, halbnackt, wieder griechisch, hält sich halb bedeckt. Seite 58 **Apollo** von Belvedere, breitet weit die Arme aus, was da zu sehen ist, kennt er. Die Griechen – das ist der richtige Weg. Seite 80 **Athene**. »Griech. Göttin d. Weisheit« – eine Frau wie ein Mann, mit Helm und Lanze und rundum gerüstet.

Vor »**Geislingen**«, das er aus der Heimatkunde kannte, kommt eine »**Geisha**, jap. Tänzerin im Teehaus«. Sie zeigt, was er schon bei der griechischen Tänzerin mit halbem Badeanzug erspäht hat. Bei den »**Grazien** (lat.), griech. Chariten«, das, was bisher einfach, gleich dreifach zu sehen. Helmuts System bewährte sich, er durfte nicht nachlassen, wurde er doch erst auf der Doppelseite 985/986 wieder fündig.

»**Der Mensch**«, zuerst als Skelett, dann sein »Brust- und Baucheingeweide«, dann »Muskel, Vorderansicht, Muskel, Rückansicht«, zuletzt »Blutgefäße, Nerven«. Helmut ging die Wörterlisten unter den Bildern durch. Weit und breit kein einziges Wort, das er dringend brauchte. Bei dem Muskelbild gefiel ihm »Großer Kopfnicker und langer Oberschenkelanzieher«, den er gleich, nachdem er ihn auf dem Bild gefunden hatte, ausprobierte.

Nur wenige Seiten später, Helmut wollte rasch umblättern, »ich habe Unkeusches angeschaut«, die Bilder von

Splitternackten: »**Buschmannfrau Südwestafrika**, Akka-frau Zentralafrikan. Urwald, Singalesin, Ceylon, Vorderindien«, zwar von der Seite fotografiert, aber eine Sache mit Hand und Fuß und mit dem, was bei den Männern Brust hieß. Weiter vorne im Lexikon blieb die Brust ohne Bild. Der Text mit »**Brustdrüse**, Brustwarze, Zitze, bei der Frau mit Ausführungsgang der Brust – Milchdrüse, durch Muskel aufrichtbar; beim Manne nur andeutungsweise ausgebildet« half Helmut auf seiner Spur nicht weiter.

Helmut gab seine systematische Suche auf, blätterte vor und zurück, machte einen letzten Versuch, stellte das Buch auf den Rücken und ließ es auf gut Glück auseinanderfallen. Unten der Kopf von **Nero**, darüber **Neptun**, auf einem Kübelwagen, von zwei Pferden gezogen, in der Hand eine Gabel, ähnlich dem Stecken, mit dem sie nach Forellen im Bach stießen, und darüber die »Brückenfigur in Prag« die auch auf der unteren Brücke stand, **Nepomuk** mit seinem Heiligenschein aus Sternen hoch auf einem Sockel stehend.

Helmut kam in bekanntes Gelände. »Wegen Wahrung des Beichtgeheimnisses in der Moldau ertränkt. Standbild auf vielen Brücken, in Prag« – und auch in unserm Flecken. Helmut gab seine Suche nach den unaussprechlichen Wörtern auf, enttäuscht und erleichtert. Jetzt war er sich sicher: Die Erwachsenen, Emil mit seinem Hebammenbuch sowieso, wollen die Jungen nichts merken lassen, sie verstecken es unauffindbar, auch »Knaurs Konversationslexikon«, das von sich behauptet, es sei ein »über alle Wissensgebiete kurz Aufschluss gebendes, alphabetisch geordnetes Nachschlagewerk«.

Corporis mysterium

Die Missionszeitschrift »Stadt Gottes« half zum Teil aus der Not. Missionare in langen weißen Kutten beteten und lachten mit den vielen bekehrten schwarzen Heiden um die Wette, darunter auch Frauen in knapper, mehr als die einheimische offenbarender Kleidung. Einmal war auf einer ganzen Seite der Mensch als Ansammlung vieler Maschinen abgebildet: Das Auge – eine Fotolinse, Mund und Zähne – ein Mahlwerk, der Hals – eine Röhre, die Lunge – eine Luftpumpe, die Niere – ein Klärwerk, und das Herz war ein Motor mit zwei Zylindern.

An den entscheidenden Stellen fehlte die maschinelle Entsprechung. Die Bildunterschrift bestand darauf, dass der Mensch zwar ein Wunderwerk aus den verschiedensten Maschinen und Motoren sei, im Grunde aber ein geheimnisvolles, von Gott geschaffenes Geschöpf und keinesfalls ein sinnloser Maschinenpark. Das passte gut zum lateinischen Lied aus der Andacht, das Helmut auswendig konnte und von dem er glaubte, manches zu verstehen.

Corporis heißt Körper

Mysterium – geheimnisvoll

Fructus – Frucht

Fructus ventris – das kennt er vom Ave Maria – muss heißen: »die Frucht deines Leibes«.

Rex hat sicher nichts mit einem Hund zu tun. Er traute dem Latein nicht. Nimmt vertraute Wörter und täuscht einen. So heißt »**laus et jubilatio**« niemals »Laus und Jubel«.

»**Sacramentum, documentum, defectui, benedictio**« stimmten wohl und meinten das Gleiche wie die ganz ähnlichen deutschen Wörter.

Fange lingua gloriosi corporis mysterium
Sanguinisque pretiosi quem in mundi pretium
Fructus ventris generosi rex effudit gentium
Tantum ergo sacramentum
Et antiquum documentum
Genitori genitoque
Laus es jubilatio!

Wenn Helmut auch glaubte, viele der lateinischen Wörter zu verstehen, so begriff er dennoch nicht das ganze Lied. Schon das corporis mysterium am Anfang blieb ihm ein Rätsel.

Versteck dich – ganz offen

Wer sich in einem Flecken nicht zu verstecken weiß, ist verloren. Hat man zum Beispiel einem andern den Familien-Unnamen nachgerufen und der hatte das seinem Vater erzählt, so musste man, wenn der Vater auf der Straße auftauchte, sofort verschwinden, am besten in einen Winkel, der für einen Jungen schneller zu passieren war als für einen Alten. War aber so ein Vater mit dem Fahrrad unterwegs, so konnte man einem Schlag vom Fahrrad herunter kaum ausweichen, einem Schlag ohne Kommentar, höchstens mit der knappen und sachlichen Auskunft, man wisse schon für was. Musste man sich vor zwei bis drei Vätern und noch einem Bruder dazu in Acht nehmen, blieb man am besten ein paar Tage weg von der Gasse. Die Unnamen trafen ins Mark. Ganz automatisch folgte auf den Unnamen der Gegenunname, Schläge und Androhungen von Schlägen. Der Unname war die treffendste Beleidigung, der sicherste Auslöser für einen Gegenangriff. Der Unname war der Name, der traf.

Gemeinsam aber konnten der Beleidiger und der Beleidigte, also alle, den Unnamen für die Nachbarflecken schreien. Tauchte ein Hemmendorfer auf, war der »Misthäufle!«-Schrei fällig, »Pflaumensack« bei einem Weilermer und »Judenmetzger« bei einem Hirrlinger. Und die gaben, wenn sie nicht zu wenige waren, contra mit dem Unnamen der andern. Die Zeiten des Unnamenschreiens sind vorbei.

In dem vierseitigen Gemeindeblatt hatte nach den Nachrichten vom Rathaus, den Gottesdienstzeiten und den Vereinsmeldungen der Lehrer auf der letzten Seite die Herkunft der verschiedenen Unnamen fachlich erklärt, also praktisch für den täglichen Gebrauch unbrauchbar gemacht. Die Unnamen kann man also nicht mehr berechnend einsetzen, niemandem entgegen schreien, jemanden reizen, dass er zuschlagen will. Der Lehrer behandelt sie wohl in der Heimatkunde. Und die Hirrlinger, Hemmendorfer und die Weilermer und unsere Schüler lachen gemeinsam und friedlich über die einstigen Wortgeschosse.

Worin unterscheiden sich heutzutage die einzelnen Orte? Was ist das Mark, auf das man mit einem Namen zielen kann, der sie im Innersten trifft?

Von klein an lernt jeder zwei Sprachen; die Sprache, die man daheim, und die Sprache, die man draußen spricht. Vater und Mutter und schnell auch die Kinder benützen daheim nur die Unnamen der andern. Auf der Straße und im Laden ist der Vorname das richtige, der Josef, die Franziska, die Emma und das Emmale, der Eugenvetter, die Mariebäs, der Done und das Dönele, die Lena und das Lenchen. Selbstverständlich erzählte man im Haus von der Dummheit, der Lumperei, dem Unglück der Leute; traf man die Leute aber, tat man, als ob man nichts wisse von der Dummheit, der Lumperei, dem Unglück. Fragte der dann, ob man wisse, was ihm oder der Frau passiert sei, spielte man scheinheilig den, der keine Ahnung hat, und konnte mit verborgener Genugtuung, ja mit Ausrufen der Überraschung oder der Anteilnahme das Unglück und die Dummheit des andern, von ihm selber präsentiert, in aller Ruhe genießen. Im Flecken gibt es mehr Scheinheilige als Heilige in der Allerheiligenlitanei.

In Demut und Reue

Wenn im Laden ein seltener oder missliebiger Kunde einen Artikel, der knapp war und daher unter dem Ladentisch versteckt lag, verlangte, machte man nur einmal den Fehler als Gehilfe der Mutter, diesen Artikel aus dem Versteck, nach oben zu holen. Da sei noch eine Schachtel Zigaretten! Zwar tat die Mutter dem Kunden gegenüber überrascht, glaubhaft überrascht, sobald aber kein Zeuge mehr da war, erhielt das Kind eine Lektion, in der es ein für allemal lernte, wie man zweierlei Kundschaft unterscheiden musste. Zweierlei Namen, zweierlei Kunden. Wer katholisch ist, kommt mit großer Wahrscheinlichkeit in den Himmel, wer evangelisch ist, ein »lutherischer Zipfel fährt nuff bis zum Gipfel/fährt na bis zur Höll/der lutherische Gsell«.

Zweierlei Glauben, der rechte und der falsche.

Jedes Mal hatte jeder Bub im Beichtstuhl zu sagen »ich habe heilige Namen unandächtig oder im Zorn ausgesprochen«. O Jesus, Jesusnei, Jessmatjosef. Erfahrene Fluchpraktiker rieten einem zu folgendem Verfahren. Ein Fluchwort, zum Beispiel »Heilandzack«, leicht verändern, nur um einen Buchstaben, und schon war's kein sündhafter Fluch mehr. Aus »Heilandzack« wird das korrekte »Heimandzack«. Oder statt »Sakrament« ein praktisches »Sackzement«. Das ausgetrickste Fluchwort tat trotzdem seinen Dienst. Anschließend fühlte man sich erleichtert.

Zweierlei Flüche, zu beichtende und zugelassene Flüche. Kein Problem. HeilandMailand.

Im Religionsunterricht haben wir gelernt, unsere Sünden in leichte und in schwere einzuteilen. Die leichten, lässlichen Sünden konnte man durch Reue und Gebete selber zum Verschwinden bringen, mit den schweren musste man in den Beichtstuhl. Verschweigt man in der Beichte aber eine schwere Sünde, so ist einem im Falle eines plötzlichen Todes die Hölle sicher. Zu hundert Prozent.

Welche Seelen kommen in die Hölle?
• *In die Hölle kommen die Seelen, welche in der Todsünde aus diesem Leben scheiden.*

Das gilt auch schon für Kinder.

• *Die Verdammten in der Hölle sind auf ewig von der Anschauung Gottes ausgeschlossen.*
• *Sie leiden unaussprechliche Qualen im ewigen Feuer.*

Da die schwere Sünde des Mordes aus dem fünften Gebot praktisch wegfällt, bleibt für den normalen Durchschnittssünder nur noch ein Gebiet zum schweren Sündigen übrig, das sechste Gebot:

Du sollst nicht Unkeuschheit treiben.
Wann sündigt man durch Unkeuschheit?
• *Wenn man Unkeusches denkt,*
• *wenn man Unkeusches anschaut,*
• *wenn man Unkeusches redet,*
• *wenn man Unkeusches tut oder an sich tun lässt.*

Unkeusch und schwer sündigen kann man einerseits in Gedanken und Worten, aber auch in Werken. Durch Begierden, Blicke, Berührungen. Allein. Mit andern, an denen man Unkeusches praktiziert oder von denen man die Todsünde der Unkeuschheit an sich praktizieren lässt. Durch Reden, durch wohlgefälliges Anhören unkeuscher Reden kann man sich aufs Schwerste verfehlen. Der ganze Körper und der Kopf und die Seele sind ein Feld für Unkeusches. Unkeusch in Gedanken, Worten, Werken. Unkeusch durch Sehen und Hören und Berühren. Durch unkeusche Bücher und Bilder, durch unkeusche Spiele und Tänze. Helmuts Phantasie wurde durch den Beichtspiegel aufs Schönste angeregt, erweitert, von fremdesten Gestalten bevölkert; lediglich mit Büchern, die in sich unkeusch waren, konnte Helmut wenig anschaulich Greifbares verbinden. Von der allgegenwärtigen Unkeuschheit umzingelt, gab es kein Entkommen. Stehlen zum Beispiel, das siebte Gebot, war primitiv im Vergleich zur Unkeuschheit. Stehlen kann ich nicht durch Blicke, nicht durch Begierden, nicht durch Hören und nicht durch Sprechen. Mir selber kann ich auch schwerlich etwas stehlen. Gestohlenes kann ich sogar zurückgeben. Unkeusche Berührungen sind durch nichts wieder keusch zu machen. Nicht an mir und nicht mit andern und nicht an andern.

Helmut wollte den neuen Religionslehrer, den Pater in brauner Kutte und einem Haarkranz als Frisur, fragen, ob das Durchgehen des Beichtspiegels nicht bereits unter die Sünde fiele, »ich habe Unkeusches gedacht«. Helmut irrte im Labyrinth des sechsten Gebotes umher.

Statt Helmut fragt Klett den Pater vom Weggental. Ob man Unkeusches mit allen Sinnen tun könne. Das könne man. Mit Augen und Ohren und Händen. Auch mit Nase und Mund? Auch mit Nase und Mund. Mit allen Sinnen. Bei der letzten Ölung heiße es doch, was du gesündigt hast mit der Nase. Der Pfarrer habe das bei seinem Ehne gesagt.

Wie könne man Unkeusches riechen und schmecken? Wir sitzen still. Wer zu viel esse, sündige mit dem Mund. Das verstehe doch jeder, auch Klett, der Gescheiteste wisse es ganz genau, es sei ihm wohl zu wohl, ob er den Stecken schmecken wolle. Sehen könne er den Stecken, der Pater hob ihn in die Höhe. Hören auch, er zog ihn durch die Luft, und spüren, der Pater ließ den Stecken auf seinem linken Handteller tanzen, und schmecken könne er ihn auch. Klett hat noch nie eine Tatze oder einen Hosenspanner bekommen. Der Pater schlägt schärfer zu als der Lehrer. Er springt beim Schlagen einen Fußbreit in die Höhe. Er schlägt auf die Fingerspitzen. Man muss die Finger sofort in das kalte Wasser der Schüssel an der Tafel tunken. Der Pater erlaubt das nicht. Also kommen die Fingerspitzen in den Mund, der mit viel Spucke die Hitze wegsaugt. Tränen laufen, auch wenn man nicht heulen will. Ob Klett den Stecken schmecken wolle?

Edy streckt, ob er austreten dürfe.

Der Pater fragt den Katechismus ab. »Gott ist allwissend. Inwiefern?«

Gott ist allwissend heißt:
Gott weiß alles; er weiß das Vergangene, das Gegenwärtige
und das Zukünftige und selbst unsere geheimsten Gedanken.

Klett traut sich, Klett hat keine Angst, Klett versteckt sich nicht.

Wer sich in einem Flecken nicht zu verstecken weiß, ist verloren.

Helmut kann die Antworten auf die Fragen im Katechismus auswendig.

Der Pater aus dem Weggental fragt ab, mit hoher Stimme und hohem Tempo.

Gibt es einen Gott?
Es gibt einen Gott, denn
• die Vernunft beweist es uns,
• der Glaube lehrt es uns.

»Was heißt: Gott ist allmächtig?«

Gott ist allmächtig, heißt: Gott kann alles machen,
was er will.

Klett traut sich, Klett hat keine Angst, Klett versteckt sich nicht.

Als Adam und Eva die Stimme Gottes hörten, versteckten sie sich unter den Bäumen des Gartens. Gott der Herr aber rief: »Adam, wo bist du?« Adam antwortete: »Ich fürchte mich vor dir, weil ich nackt bin, und habe mich versteckt.« Gott sprach: »Wer hat dir gesagt, dass du nackt bist? Nicht wahr, du hast vom verbotenen Baume gegessen?« Adam erwiderte: »Das Weib, das du mir beigesellt hast, gab mir davon, und ich aß.«

Da sprach Gott zum Weibe: »Warum hast du das getan?« Eva antwortete: »Die Schlange hat mich betrogen, und ich aß.« Es war wie in der Schule. Keiner wollte es gewesen sein, und jeder schob es auf den andern, und der Herrgott stellte Fragen, auf die er die Antwort doch schon wissen musste in seiner Allwissenheit.

Das Bild in der »Biblischen Geschichte« war besser. Mit gesenktem Flammenschwert in der Rechten und mit erhobener Linken wies der Erzengel Michael Adam, die Hände vorm Gesicht, und Eva, die Arme über Kreuz vor der Brust, zusammen mit Gottvater, auf einer Wolke herschwebend aus dem Paradies, begleitet von der kriechenden und züngelnden Schlange, wogegen ein Löwe und ein Hirsch weiter fröhlich im Paradies umher sprangen.

Wer sich in der Bibel nicht alles versteckte. Joseph in Ägypten spielte mit seinen Brüdern Verstecken, den kleinen Moses, im Weidenkörbchen versteckt, fand die Tochter des Pharao.

Petrus versteckte sich und wurde von einer Magd entdeckt, sein dreimaliges Leugnen half ihm nicht. Hat sich nicht auch der Prophet Jonas versteckt im Wal, oder hat der Wal ihn verschlungen, weil er sich versteckt hatte und nicht den Untergang predigen wollte? Der Messias wurde von seinen Landsleuten nicht entdeckt, obwohl er sich allen offenbart hatte. *Oremus et pro perfidis Judaeis*, sang der Pfarrer in der Karwoche.

Vor Mohrle sich zu verstecken, war nicht möglich. Aber der dumme böse Wolf fand das kleinste Geißlein nicht im Uhrenkasten. Ein einziges Mal hat Helmut einen Hund, einen fremden Hund, geschlagen, den Dackel des Jägers. Er musste auf den Dackel einschlagen mit einem armdicken Prügel aus dem Holzschopf. Es nützte nichts. Der Dackel kam morgens, mittags, abends, sogar nachts. Einmal erwischte ihn Helmut, als er wie rasend unter der Tür am mittleren Holzschopf ein Loch mit den Vorderfüßen heraustrommelte. Waldi steckte mit Kopf und Oberkörper schon halb im Loch. Noch eine Weile und er wäre bei seinem Mohrle drin gewesen. Helmut wusste, dass Waldi gefährlich war. Der Jäger trieb Waldi in die Fuchslöcher, aus denen er blutig, aber immer mit einem Fuchs herauskam. Helmut hatte keine Angst, er schrie auf den Dackel ein, er trat ihn von hinten und von der Seite in den Bauch, er schlug mit einem Holzprügel aus dem oberen Holzschopf zuerst scharf neben ihn auf den Boden, links und rechts, dann zitternd auf den Dackel ein, den Prügel ins Kreuz des Dackels. Ich schlag dich tot. Der Dackel sollte nicht zu seinem Mohrle hinein. Nach vielen schweren Schlägen gab der Dackel auf, keinen Laut hatte er bisher von sich gegeben und lief, ohne zu bellen, leicht hinkend weg. Und er wird wiederkommen.

Was trieb Helmut, was machte ihn zum Schläger? Tierquälerei, das wusste Helmut genau, war sein Schlagen ohne Besinnung nicht, man quält nur wehrlose Tiere. Helmut spürte zum ersten Mal sein Herz schlagen, aber anders als nach einem schnellen Wettlauf. Er legte sich unter einen Zwetschgenbaum vor dem Holzschopf, unter die aufgehängten Leintücher, die ihm noch ins Gesicht tropften. Die Hände auf der Brust kamen nicht zur Ruhe.

Über das, was er gerade gemacht hatte, konnte er mit niemandem reden, auch nicht mit Ludwig. Er hatte geschlagen, er war ganz wach, aber er wusste nicht, was er getan hatte.

Der Dackel, kein Dackel gefiel Helmut. Krumme Beine, zu großer Kopf, trübe Augen, Schlappohren, zu lang und zu flach und zu krumm, kein Fell zum Streicheln; was unten offen rumhing, übermäßig, er hüpfte zur Begrüßung nicht an einem hinauf, er gab nicht die Vorderpfote, er lief nicht in der Pflugspur und fing keine Mäuse, ein Murks, ein Murks von einem Hund, einen Schwanz wie eine Ratte, ein geiler gelber Murks. Ein Dackel. Ein Saudackel, Halbdackel, Granddackel. Was der Sperling unter den Vögeln, war der Dackel unter den Hunden. Der Sauhund – das sagte man nur von ganz bestimmten Männern.

Der Tschäss traf mit dem kleinen Stoffball, aus Lumpen zusammengenäht, Edy zwischen die Beine und grinste. »Fröhliche Ostern!« Edy krümmte sich. »Volltreffer.« Helmut verstand nicht, was Ostern mit einem Volltreffer zu tun haben sollte. An Ostern gingen die Jungen, Buben und Mädchen, nach dem Mittagessen ins Täle zum Eierwerfen. Möglichst lange sollte man ein Ei für viele Würfe hoch in die Luft halten. Viele bekamen schon bei der ersten Landung Risse, manche zerplatzten, wenn sie auf einen Scherhaufen oder, das war aber eine Ausnahme, auf einen Markstein trafen. Die kaputten Eier konnten manche mit zwei, drei Bissen vertilgen. Helmut mochte nur die gelbe runde Kugel, das Weiße konnte er ohne Salz und Brot nicht hinunterbringen. Beim Schälen der Eier schaute man, wo der Gockeler die Henne geritten hatte, da, wo an der einen Spitze des Eis eine ausgehöhlte Rundung war. Das war die Folge des Reitens durch den Gockeler. Kam das Ei mit dieser Spitze zuerst auf den Boden auf, war es nicht mehr zu brauchen für weitere Würfe.

Der Gockel sprang mit den Füßen auf den Rücken der Henne, krallte sich fest, hielt sie mit dem Schnabel am Hals oder am Kamm fest, die Henne machte keinen Mucks, schnell war der Hahn fertig, krähte, schüttelte sich, die Henne, als ob nichts gewesen wäre, suchte weiter nach Fressbarem. Dann war, wie aus heiterem Himmel, wieder eine andere Henne unter dem Hahn.

Bei den Enten im Bach war der Ablauf ähnlich, aber, weil es im Bach vor aller Augen ablief, nicht so normal wie bei Hahn und Henne im Garten. Der schöne bunte Enterich jagte die graue Ente, die zog unter viel Geschrei eine flache Spur durchs Wasser, bis der Enterich sie am Hals packte, sich auf sie warf und sie ruckzuck wieder losließ. Da könne er noch was lernen, sagte der Tschäss grinsend zu Edy. So müsse man sie packen. Die Älteren lachten über die Kacheln im Ofen, die noch nichts kapierten.

Die ganz Jungen standen mit den Älteren am Bach. Sie sahen alles, was passierte, sie hörten alles und verstanden doch das Wichtigste nicht. Was vor aller Augen passierte, blieb für die Jüngsten ein Rätsel. Mysterium. *Corporis mysterium.* Bald, man musste nur warten, werden sie auch zu den Großen gehören, und die Kacheln im Ofen werden von nichts eine Ahnung haben.

Klett hat sich nicht versteckt.

Helmut versteckte sich oft vor sich selber. Er hatte einen Häling mit sich selber. Er wollte entdeckt werden.

Fleckenrunde

Die jungen Leute kamen aus der Wirtschaft und gingen, schleppenden Schrittes, wie Kühe, wenn sie die Hinterbeine aus dem schweren Ackerboden ziehen, ohne noch eine Zeitlang beieinander stehen zu bleiben, zum oberhalb gelegenen Parkplatz, die Arme bis zum Ellenbogen in die

Hängehosen versenkt. Keiner sagte ein Wort, offensichtlich hatte ihre Mannschaft verloren. Langsam gingen sie auseinander, mühsam, als zögen sie die Schuhe aus einer frisch betonierten Decke. Helmut ertappte sich dabei, wie er auf dem Boden nachschaute, ob die schwerfüßigen jungen Leute im Asphalt nicht einen sichtbaren Abdruck und Eindruck hinterlassen hatten. Das war nicht der Fall, wie denn auch.

Ab jetzt konnte Helmut hinein. Er nahm den Hut ab und ging in den Nebenraum. Hinter der verglasten Trennwand sangen die Binokelspieler; einer sang zur Decke hinauf, ein anderer auf die Tischplatte hinunter, auf der er mit dem rechten Zeigefinger Bierkreise zog, die immer enger werdend zum Kreismittelpunkt zielten. Die meisten sangen geradeaus und aneinander vorbei; einer döste und bewegte, bei geschlossenen Augen, mechanisch die Lippen, manchmal schnappte er stöhnend nach Luft.

Der junge Klett stand wieder vor dem Turnerbild, Ludwig zahlte beim Wirt an der Theke. Er probiere ein paar andere als Großväter aus, sagte ganz nebenbei der junge Klett, es gehe auch. Helmut, recht verblüfft, sagte zum zahlenden Ludwig, das seien ja ganz neue Modele. – »Ganz deinerseits, du Dauerläufer.« Für jeden der sieben Binokelspieler zahlte Helmut ein Bier, ein Schein reichte. »Ludwig, für dich doch auch noch eins?« Helmut wusste, dass Ludwig so früh nicht heim konnte. Und der junge Klett wartete. Helmut grüßte leicht mit dem Kopf und der rechten Hand die Sänger. »Bis nächstes Jahr!« – »Bald schnappe einem …« Ludwig brachte den Satz, wohl wegen dem jungen Klett, nicht zu Ende.

»Komm, Franz!« Helmut nahm den jungen Klett am Arm. Im Freien zündete er sich eine Zigarette an. Man konnte nicht von der Wirtschaft direkt und nahtlos heimgehen. Wie man nicht ins Geschäft hineinfahren soll, so soll man auch nicht schlagartig jetzt das, dann das andere tun. Langsam mit der Braut. Auch die Nachtschichtarbeiter vom Daimler mussten erst noch auf ein Bier in die Wirtschaft, dann konnte man ins Bett. Und der »Bauer« genannte Bauer musste abends nach der Feld- und Stallarbeit zuerst noch in die Wirtschaft, um vor dem richtigen Schlaf noch am Tisch ein Weilchen zu gruben.

»Andere Großväter«, sagst du, »hast du ausprobiert?«

»Und es geht.« Der junge Klett zeigt auf ein Bild in der Luft. »Der da oder der da und warum nicht der?«

Helmut schaute ihm ins Gesicht, blies ihm den Rauch mit spitzem Mund ins Gesicht. Der junge Klett wich nicht aus. »Oder habt ihr noch einen im Angebot?«

»Komm, Franz!«

Helmut legte den Mantel über die linke Schulter.

»Komm, Franz, da runter.«

Langsam setzten sie sich in Gang, zuerst Helmut, dann der junge Klett.

»Hier, vor der Kelter, stand ein großes Steinkreuz.« Dann wies er auf den bunkerartigen Bau der Volks- und Raiffeisenbank.

»Da war unser altes Haus. Meinen Starenkasten habe ich mir da geholt.«

»Die jungen Sperlinge nicht vergessen«, sagte der junge Klett.

»Links das ›Rössle‹, rechts unser Haus, der Kolonial- und Eisenwarenladen.«

»Vom Vater habe ich bisher nichts gehört.«

»Von welchem?« fragte Helmut. Der junge Klett hob den Kopf und schaute Helmut an, den Blick fest auf ihn gerichtet. »Von deinem Vater.« Zum ersten Mal hatte der junge Klett »du« zu Helmut gesagt.

Da sei das Höfle, der Schacht, der Brunnen fehle. Die untere Brücke, der Bach, der Nepomuk. »Kennst du den Nepomuk?«

»Ich war doch lange in Bayern. Auf jeder Brücke ein Nepomuk. Früher sind die Leute nicht untergegangen, wenn man sie ins Wasser geworfen hat.«

Einumsanderemal staunte Helmut über den jungen Klett. Einumsanderemal – ein Wort aus dem Starenkasten. Gut, dass ihm das jetzt einfiel. Helmut sagte zu jedem Haus die Namen der Leute, die einmal darin gewohnt hatten. Die Vornamen, die Nachnamen, die Unnamen.

»Der Klett« war der Klett. Sein Vater der Michel, die Mutter die Rosa, der Vetter der Josef. Und der Klett war der Klett. Schon in der Schule. Auch der Lehrer nannte ihn beim Nachnamen, der Pater vom Weggental sowieso, der Pfarrer sagte »Franz«. Er habe ja zwei Heilige zur Auswahl. Den Franz von Sales und den heiligen Franz von Assisi. Klett antwortete dem Pfarrer, er habe einen anderen Lieblingsheiligen. »Sag's Franz.« – »Die Heilige Dreifaltigkeit.« – Der Pfarrer sagte einen Satz zu Klett, zum ersten Mal, den jeder auf der Stelle sich auswendig merken konnte und den er daheim beim Mittagessen gleich erzählte. Der Satz mit dem Verbrecher. Etwas Rechtes werde aus dem Franz oder ein Verbrecher.

Das Haus vom Zacher, vom Zacharias. Der Amtsdiener, der Ausscheller, der Büttel. Keine Berufsbezeichnung passte zu ihm. Der Amtsdiener war der Zacher, der Ausscheller war der Zacher, und »Büttel« passte sowieso nicht in die Landschaft. Der Zacher war der Zacher, und sein Nachfolger war ebenfalls der Zacher. Das Gemeindeblatt hat ihn später überflüssig gemacht. Den Hemmendorfern ihr Zacher war der Polizei, mit großem Schnurrbart und nur einem Arm für seine Schelle. Hatte er ausgeschellt, klemmte er die Schelle unter den rechten Arm und zog den Nachrichtenzettel unter dem linken Armstumpf hervor. Der Polizei der Hemmendorfer.

Das Rathaus, der frühere Farrenstall. Der Winkel zum Durchschlupfen – zugebaut. Kein Licht im »Löwen«. Die hochgezogene lange Kirchenmauer, dahinter die alte Schule. Die zwei bogen nach links in die breite Oberdorfstraße.

Wenn jetzt einer der Mopedkrachmacher kommt, hol ich ihn vom Gerät.

Links das Steigle hinab. Das Haus vom Klett. Die Scheune, der Stall, der kleine Schopf, die Küche, die Kammer, die Stube. Alles renoviert, der Rasen davor kräftig und kurz geschnitten. So viel Platz habe nicht jeder vor dem Haus, und hinter dem Haus sei der Garten noch viel größer. Das Haus vom Vater. Der junge Klett blieb stehen.

Auch Häuser könne man ausprobieren, probieren, ob sie zu einem passen. Es gehe ganz leicht.

Rechts ein Schild »Schule«. Am dunklen »Hirsch« vorbei. Nach ein paar Metern links hinab zum Bach. Der Flecken hatte System: in der Mitte der Bach. Rechts davon die Durchgangsstraße durchs Unterdorf. Hoch zur Kirche und zur Oberdorfstraße. Und wieder hinunter. Einmal hinauf, einmal hinab, einmal in der Ebene am Bach und einmal oben. Unten und oben und oben und unten.

Jetzt sah Helmut zum ersten Mal die Ampel. Wohl extra für die Schüler, die so zur Schule kamen, nicht im Innern, sondern in einem Neubau am Rand des Fleckens.

Helmut ging voran, weg von der Straße und über die »Schmalze« zur ersten Fußgängerzone. Der junge Klett lief mit.

Der Wagges. Die mittlere Brücke.

Helmut und Franz stehen auf der Brücke. Der Großvater hat den Vater über die Brücke und das Steigle hoch mit dem Schaltkarren gefahren.

Helmut sagte, er wusste selber nicht, weshalb: »Franz, ich habe ein paar Kalender und Hefte von deinem Vater. Ich habe sie bekommen, mich könnte so was interessieren. Er hat hineingeschrieben, wie in ein Tagebuch. Ich habe die Kalender und Hefte dabei.«

Helmut wiederholte, was er gesagt hatte, ohne Franz anschauen zu können. »Nimm sie wieder mit, deine Kalender und Hefte. Ich brauche sie nicht.«

»Deine Kalender und deine Hefte« hatte er zu den Tagebüchern seines Vaters gesagt. Franz spuckte in den Bach.

»Wo geht das hin?«

Helmut verstand nicht. Franz spuckte nochmals in den Bach.

»Das da, wohin? In den Neckar, den Rhein, den Atlantik oder andersrum in die Donau undsoweiter.«

Helmut hörte, dass Franz nasse Augen hatte. »Komm, Franz.« Er nahm ihn am Arm.

Über den Wagges hinauf zum »Adler«.

Der junge Klett stieg ins Auto, drehte die Scheibe herab. »Das erzählst du mir noch. Versprochen? Die Geschichte mit dem Brunnen und dem Fahrrad.«

Der junge Klett fuhr an, ohne den Blick von Helmut zu wenden, dann bog er auf die Straße ein und schaltete die Scheinwerfer an.

Klett treffen

Helmut wartete jeden Samstag, wenn er im Laden aushalf, auf Klett, auf den Blick von seinem früheren Schulkameraden. Kein Lehrer hat Klett geschlagen. Wie kein anderer konnte er den Erwachsenen in die Augen starren. Alle gaben nach, der Vater, die Mutter, der Lehrer. Um elf Uhr machte Helmut das Geräusch des Traktors unter dem Elfuhrläuten aus. Der Laden voller Frauen, die für den Sonntag und die kommende Woche einkauften. Essig und Öl, Zucker und Salz, Quieta Kaffee, rot und grün, das kleine oder das große blaugepunktete Lindeskaffeepaket, kaum mehr verlangte eine die roten Zichorierollen. Viel Platz brauchten die Henko-, Persil-, Imi-, Ata-Pakete. Maggi kam von dem großen Kanister in die Maggifläschchen mit dem dünnen Hals und der abschraubbaren, spitz zulaufenden Drehkappe, im gleichen Rot wie der Maggi-Schriftzug auf dem Etikett, je nach Haushalt saubergespült oder pappig vertrielt vom täglichen Gebrauch. Maggi passte für manche fast zu jedem Essen, in die Suppe sowieso, aber auch in den Kartoffelsalat, die Bohnen und Linsen und zu jeder Art von Soße. Ohne einen Spritzer Maggi war ein Essen ohne einen eigenen Geschmack.

Helmut wartete auf Klett.

Kam am Samstag ein Mann in den Laden, weil er noch geschwind einen Pack 65er Nägel oder einen Türbeschlag brauchte, hatte er einen schweren Stand gegen die versammelten einkaufenden Frauen, den er am besten mit einem treffenden Spruch, zumindest mit einem besänftigenden »Weiber, dend mir gut!« sichern konnte. Kam Klett zur Ladentür herein, wurde es zuerst leiser, dann lauter als vorher. Ging er schließlich und machte die Ladentür hinter sich mit einem Zug zu, musste jede sofort etwas loswerden. Klett ging vor zum Ladentisch, man machte ihm Platz, aber ganz unauffällig. Er gehörte, mitten unter den andern, nicht mehr dazu. Die einc langte noch einen Schurz von einem Stapel, die andere verglich die Länge verschiedener Reißverschlüsse, wieder eine andere brauchte noch eine Sammeltasse als Geschenk. Klett war vorne am Ladentisch, trat wie ein junges Füllen von einem Fuß auf den andern, wie auf dem Sprung, wie in pausenloser Alarmbereitschaft, sagte sein knappes »Tag«, das knapp mit »Tag« erwidert wurde. Klett ließ man durch, er kam gleich dran. Es pressiere einem nicht, was habe man jetzt noch vergessen, ob es kein Sonderangebot gebe, und ein gutes Rezept für einen Marmorkuchen brauche man auch noch. Die Mutter sei doch im Sankt Klara gewesen. Franz Klett trat dicht an den Ladentisch, an die Ablage für die Taschen und Körbe und verlangte, nein, forderte »Ziggretten«. Die Mutter zeigte auf die Reihe mit »Overstolz«. »Noch was?« – »Bauerndank!« Helmut vermutete eine Falle. Die Mutter zeigte aufs Regal mit den Likören und Schnäpsen. »Bauerndank«, Dreiviertel- und Halbliterflaschen vom billigen Kornschnaps. Helmut stellte die kleine Schnapsflasche auf den Ladentisch. Klett starrte ihn an. Die Mutter stellte die große Flasche hin, Helmut die kleine zurück. Helmut schrieb mit Kreide die zwei Posten auf den Ladentisch. »Acht Mark zwanzig.« Klett hatte den exakten Betrag bereits auf den Aufbau des Ladentisches gelegt. »Stimmt«, sagte Helmut und sortierte den Schein und die Geldstücke in die passenden Fächer ein. Klett schaute, das spürte Helmut, immer noch her. »Und jetzt ade«, sagte die Mutter. Klett musste durch die Gasse der Frauen zur Tür. »Einen Liter Milch«, verlangte ein Mädchen und wunderte sich über das plötzlich einsetzende Gelächter. Aber Helmut hatte verstanden. Und Klett traf das Gelächter noch im Rücken.

Mit der Zeit wusste Helmut, was Klett verlangte, jedesmal »Ziggretten« und »Bauerndank«, manchmal eine Dose Hering in Tomatensoße, oft breite Nudeln, selten Reis. An den Blick von Klett konnte sich Helmut nicht gewöhnen. Vielleicht hielt er ihn davon ab, etwas so Selbstverständliches zu sagen wie: »Was machst so?« oder »Wie geht's einem?« oder »Was treibst so?«

Was Klett machte, wusste man, wie's ihm ging, war jedem bekannt. Wie es ihm gehe, das wäre keine Frage, sondern eine Anklage gegen Klett gewesen. Und anklagen wollte man ihn nicht, noch zu all seinem Unglück hin. Was er kaufen wolle, durfte Helmut fragen, wies ihm gehe, durfte er nicht fragen. Helmut durfte vor seiner Mutter und vor den Leuten keine Fehler machen. Fragen ist verboten. Gegenüber, im »Rössle«, können sie ihm die Meinung sagen. In einen Eisen- und Kolonialwarenladen passt das nicht.

Klett kriegt, wie jeder andere auch, was er will, einzweimal auch auf Kredit.

Reden wir nicht davon, es ist schlimm genug.
Vom Reden wird's auch nicht besser.
Bei Klett helfe nicht einmal mehr beten.

Die Sänger hatten noch genug zu singen, eine Strophe nach der andern, ein Lied nach dem andern. Daheim singen, außer an Weihnachten und solange die Kinder klein sind, die Männer nicht. Anders ist es in der Wirtschaft. Da ist man daheim, und in der Heimat ist es schön. Und jeder hat eine Stimme.

Helmut warf seinen Mantel, fast ungestreift, über die Kopfstütze des Vordersitzes weg, auf den Rücksitz, der knappe Schwung der Routine, wickelte den langen schwarzen Schal zweimal um den Hals, klappte die Sichtblende, die er automatisch beim Passieren des Ortsschildes nach unten zog, nach oben, öffnete mit der Automatik das Dachfenster auf Schräglage und fuhr langsam an, Richtung Stadt.

Chiquita. Plastiksack.

Im Chiquita-Karton lag, wie immer, ein großer Brotlaib, am Morgen gebacken in der Backküche. Eigenes Brot, halbweiß, mit dicker und bemehlter Kruste und einer festen Bodenrinde. Das Brot duftete noch. Neben dem Brotlaib eine Flasche »Wachenheimer Schiller«, die das Brot von den Äpfeln aus dem Garten trennte; lauter Gewürzluigen, ein paar hellrot, die andern dunkelrot, beide mit noch dunkleren roten, fast schwarzen Streifen gemustert. Auf die Äpfel kämen noch zwei Kopfsalate aus dem oberen Garten. Der Chiquita-Karton war die samstägliche Ration

von der Mutter für Helmut, der im Eisen- und Kolonialwarenladen ein paar Stunden die von der Mutter deutlich
gerufenen Zahlen mit Kreide auf den Ladentisch notierte
und zusammenzählte, dann das Geld kassierte und die Zahlen wieder wegwischte. Beim probeweisen Anheben des Kar-
tons sagte Helmut, später auch die Mutter, manchmal beide
gleichzeitig und wissend, verschwörerisch, in der Stadt gäbe
es nichts Rechtes zum Essen, was an der Sache, also dem
bis obenhin gefüllten Karton, allerdings nichts änderte –
Brot und Wein kamen zu jeder Jahreszeit in den Chiquita-
Karton.

Helmut hob den Karton vorsichtig an, die Mutter hielt
die hintere Haustüre auf und winkte mit dem Kopf in die
rechte untere Ecke neben der Tür. Hanna habe es gebracht,
er wisse schon. Eine große Plastiktasche mit abgerissenen
Henkeln, der schwarze Aufdruck verblasst, von der hiesigen
Raiffeisenfiliale, lag da, wie in die Ecke geschleudert; eher
ein Plastiksack. Dabei hatte Helmut am Telefon mit Hanna
doch ausgemacht, die Sachen bei ihr selber zu holen.

»Gleich«, sagte Helmut und brachte den Karton in den
Kofferraum des vor dem Haus geparkten Autos. Inzwischen
hatte die Mutter den Plastiksack vor die hintere Haustüre
gelegt. »Die Sachen vom Klett. Von der Jahrgängerin auf-
gehoben. Vollgeschmierte Kalender.« Am besten fasse man
das gar nicht erst an. Die Mutter sprach schnell und mit Pausen.

Helmut hob den Plastiksack auf. Es roch nach modrigem Papier, wie dumpfe Winterkleider aus dem im Frühjahr gerade geöffneten Kasten. Klein- und großformatige
Hefte, zerfetzt, lose Seiten, abgerissene Einbände. Man
könnte alles zusammen in die ummauerte Feuerstelle im
unteren Garten werfen. Helmut könnte das brauchen, habe
die Jahrgängerin gesagt. Er habe ja schon öfters im Blatt
etwas über den Flecken geschrieben. Statt zu antworten

nahm Helmut einen kleinen weinroten Kalender heraus und ging langsam, wie es sich für einen Kalenderleser gehört, weiter, über die am Haus entlang führenden Treppen hinauf in den oberen Garten.

Im oberen Garten leerte er vorsichtig die Kalender auf die Marmorplatte des Tischchens mit dem gusseisernen Gestell, grünrot überwölbt von einer Rosenlaube. Kletts Tagebücher, hineingeschrieben in Kalender in kleinem handlichen und im großen Format mit Spiralheftung. Die Tagebücher von Klett, über ein Dutzend. In einem Tagebuchkalender steckte ein blassgelbes Couvert mit einem Foto, einer großen, braungetönten Photographie, aufgeklebt auf braunen Karton mit ein paar geschlungenen Zierlinien, seit Großmutters Zeiten oft in die Hand genommen. Die linke untere Ecke abgerissen, das Bild aber nicht beschädigt. Helmut schichtete die Tagebücher in den Plastiksack zurück, die großen und langen zuerst.

Die Leute auf der Photographie kannte Helmut nicht, aber das Haus mit der großen Grasfläche davor war Kletts Haus. Die junge Frau könnte Kletts Mutter werden. Sie stand in der Mitte, gekleidet in eine fremde Tracht, das Brusttuch über Kreuz, eine kreisrunde Haube auf dem Kopf mit zwei breiten schwarzen, gestärkten und sanft gezackten Bändern, die auf den Rücken fielen. Das war die Haube, die Klett an Fasnet als Hexe aufgesetzt und, weil sie oft in den Schneedreck gefallen war, schließlich weggeworfen hatte. Die andern Hexen, einen Rupfensack über den Kopf gezogen, kickten die Haube vor sich her, bis wieder ein Mädchen sich näherte, das gejagt und mit einem rußigen Lappen eingeschmiert werden musste.

Links und rechts von dem Haubenmädchen saßen zwei alte Frauen, saßen und ruhten in ihren weiten schwarzen Röcken, bauschig ausladenden, die Sitzbank verdeckend. Die vier Hände lagen wie zum Ausruhen nebeneinander. Eine Frauenpyramide.

Auf einen Schlag missfiel Helmut das Bild. Die Hände wären, hätte der Photograph nicht dreingeredet, gefaltet im Schoss gelegen; das Gesangbuch, es gehört in die Hand, hatte auf dem Boden nichts verloren. Es war klar, dass ein Photograph aus der Stadt Bilder aus der »guten alten Zeit« brauchte, sich eine Szene mit Trachten und Hauben und ruhenden Händen baute, dieses Arrangement vor anderen Scheunen und mit anderen Trachten und Hauben und ruhenden Händen weiter verwertete – ein Andenken an früher, das sich auch an die Darsteller der inszenierten »guten« Vergangenheit verkaufen ließ.

Das Gesangbuch hatte der Photograph der alten Frau aus der Hand genommen und vergessen, es ganz aus dem Bild zu nehmen. Jetzt lag es auf dem Boden. Die heutigen, wollenen, zur einzigen Trachtenhaube nicht passenden Kopftücher der alten Frauen aber hatten die zwei sich nicht abnehmen lassen. Auch ein paar »Bitterechtfreundlich« konnten ihnen den Mund nicht öffnen, auch nicht den Mund der jungen Frau.

Und jetzt gefiel Helmut der Frauenturm wieder. Dem Photographen aus der Stadt war die Täuschung nur vorläufig gelungen, jetzt lag sie sichtbar vor Augen.

Die Mutter kam in den oberen Garten, obwohl der Laden noch nicht nass gewischt worden war.

Die zwei alten Frauen kannte sie auch nicht, die junge könnte, dem Geschlecht nach, zu Klett gehören. Sie schob das Foto ins Couvert zurück. Klett und wer dazugehörte, war kein Thema. Ihm und seinesgleichen sollte man, auch auf einem Foto oder in Kalendern, aus dem Weg und aus den Augen gehen.

Ein Jahr später würde die Mutter auf dem Friedhof im Grab neben Klett liegen.

Helmut musste die Photographie noch einmal heraus holen. Einen Mann hatte er gesehen, einen jungen Mann mit schrägkeckem Hut und flaumenleichtem Kinnbart. Wo waren die Männer der alten Frauen? Im Krieg gefallen? Wollten sie bei der Photographiererei nicht mitspielen? Den jungen Mann, vielleicht den Josefvetter, hatte der Photograph hinter einen Flügel des Scheunentors dirigiert, auf einen Hocker oder einen Schaltkarren steigen lassen, dass er über das Tor herausschauen konnte. »Und jetzt knall mit der Peitsche!« Der Josefvetter hielt die Peitsche schräg und lächelte. Das genügte.

Man tat, was der Photograph sagte, so ging das Trachtentheater schneller vorbei, man konnte sich wieder für den Werktag umziehen. Die Mutter, das merkte Helmut, wollte ihm etwas sagen, sie hatte es sich schon am Morgen vorgenommen und den Plastiksack extra an der hinteren Haustüre abgelegt. Gleich wollte Helmut weg, ohne dass sie ein Wort hätte sagen können. Vor lauter Arbeitsharmonie und öffentlich sichtbarer Übereinstimmung beim Verkaufen und Rechnen und Bezahlen musste man, gerade wenn man anfangen wollte, miteinander zu reden, wieder auseinander. So wie vor vielen Jahren am Küchentisch, als die Mutter plötzlich einen Anlauf nahm, von jetzt auf nachher, um mit dem größer werdenden Helmut über das, was nicht ausgesprochen werden konnte, zu sprechen. Helmut sagte, er wisse schon alles. Die Mutter schien wie erlöst. Helmut konnte auf die Gasse.

Die Mutter wollte über die nichtsnutzigen Tagebücher reden, so nichtsnutzig wie der ganze Klett. Hätte er ein rechtes Leben geführt, hätte er keine Tagebücher schreiben müssen. Nichts habe es genützt, die Kalenderschreiberei.

Helmut konnte, was ihm nicht leicht fiel, warten.

»Sei so gut«, machte die Mutter weiter. »Ich bitt' dich, sei so gut.« Er solle die Finger davonlassen. Man mache sich nur dreckig. Das könne er sich nicht antun, auch ihr nicht, gar niemand, nicht einmal dem toten Klett.

Helmut steckte das Foto in die linke Brusttasche seiner Jacke.

Die Mutter zog noch zwei Salatköpfe heraus, putzte sie und wickelte sie in das mitgebrachte Zeitungspapier. »Sei so gut, Helmut, ich bitt' dich.«

Helmut muss mit den Kalendertagebüchern etwas anfangen. Sie lesen, entziffern, abschreiben. Eines nach dem andern. Lesen, entziffern, abschreiben. Das ganze Dutzend. Er weiß, dass er wissen will, was er bis jetzt im Fall Klett noch nicht weiß: Wie einer losrennt, stürzt, nicht mehr mitkommt, weiterläuft, stürzt, Tritte fängt, Tritte austeilt, rausfällt, liegenbleibt, mehr Tritte kriegt, Tritte austeilt, vor aller Augen ausläuft.

Helmut weiß nicht, warum er selber kein Klett geworden ist.

Helmut, der Tagebuchleser, könnte selber die Antwort sein.

Helmut könnte es beim Schreiben erfahren.

»Fahr vorsichtig«, sagte die Mutter. Helmut hatte den Satz der Mutter, wie schon seit Jahren, für sich mitgesprochen, ließ die Ladentür offen und ging zum Auto. Den Plastiksack legte er vor den Beifahrersitz, das Couvert mit der Photographie blieb in der linken Brusttasche. Die zwei Salatköpfe kamen noch neben das Brot und den »Wachenheimer Schiller« auf die Gewürzluigen im Chiquita-Karton.

Teil II

Am Anfang das Ende

In das erste Heft, einen weinroten Taschenkalender für »Hof und Feld« von der Landwirtschaftsbank vom Jahre 1972, schrieb Franz Klett auf die Innenseite des Einbandes groß »Nr. 1«. Auf dem ersten Blatt notierte er die eigene Kontonummer und die der Mutter. Eine weitere Nummer ist durchgestrichen mit dem Vermerk »erloschen«. Auf das zweite Blatt malte er mit blauer Mine, perspektivisch von unten nach oben verkürzt, einen Sarg mit den Maßangaben »192 cm lang, 60 cm hoch«.

Der Sarg als Überschrift.

Über vier Jahre führte er Buch, vom 12. Mai 1975 bis zum 23. September 1979. Im Jahr 1979 wird Franz Klett 45 Jahre alt.

Das dritte Blatt des ersten Heftes füllt die Kostenrechnung für die Beerdigung des Vaters:

Pfarrer etc.	60,00 DM
Leichenschmaus	117,20 DM
Requiem singen	32 DM
Gärtner, Kränze, Bouquette	195 DM
Todesanzeige	73,26 DM
Gemeindetotengräber, Fuhrmann	150 DM
Sarg etc.	412,92 DM
Trinkgeld für Totengräber	3,00 DM
Kreuzträger	10,00 DM
Fahnenträger	10,00 DM
Macht zusammen	1.116,36 DM

Der Sarg von Blatt zwei und die Beerdigungskosten für den Vater auf Blatt drei sind die zweifache Einleitung. Das Ende kann beginnen auf Seite vier, der ersten Eintragung mit rotem Kugelschreiber:

Mo. 12.5.75
11.25 Uhr, bin am Ende in allem. Trinke Kaffee und
warte auf Mutter. Die Alte ist seit 30.4. wieder weg.
Mutter kam, brachte 35 DM. Habe einen Kasten Bier
geholt. Ein Uhr ins Bett.
Di. 13.5.
Früh raus, Garten gemäht. Holz raus aus dem Stall.
Kinderzimmer ok gemacht.

Bin am Ende in allem. Er sagt nicht »ich«, aber er fängt
mit sich an. Trinke. Warte. Er stellt keine Zusammenhänge her, sagt nicht, warum oder weil. Die Alte. Seine
Frau. Seit zwei Wochen ist sie weg. Warum?

Klett braucht die Gründe nicht anzugeben. Er kennt
sie. Er schreibt nicht für andere. Für sich hält er die Daten
fest, den Ablauf des Tages, seine Aktivitäten.

Aufstehen, mähen, Holz holen, das Kinderzimmer auf-
räumen. Die Kinder sind nicht mehr daheim bei ihm. Die
Mutter holt Geld, er einen Kasten Bier. Bin am Ende in
allem. Er fängt an und merkt, es ist zu spät. Er wehrt sich
und schreibt mittags um halb zwölf drei Sätze: »Bin am
Ende in allem. Trinke Kaffee und warte auf Mutter. Die
Alte ist seit 30.4. wieder weg.« Daher fängt er mit Schreiben an. Die Alte ist wieder weg. Die Mutter bringt er auf
Trab, sie hat Geld zu beschaffen, das Bier holt er selber, be-
sauft sich und geht (mittag/nachts?) um eins ins Bett.

Er führt Buch über sich. Er schreibt überprüfbare Daten, Uhrzeiten, Einkäufe, DM-Beträge auf. Dazwischen
ein paar Hilfeschreie. Ein Muster, das sich eintausendfünf-
hundertmal wiederholen soll.

Kalender Nr. 1 zeigt Spuren häufiger Benützung und
Gewalt. An der Rückenleiste fehlt das untere Drittel, der
obere Teil hängt lose, auf dem vorderen und hinteren Ein-

banddeckel sind ein paar Löcher, wohl mit dem Kugelschreiber hineingebohrt, eher hineingeschlagen, ferner Druckspuren von einem harten, schmalen, rasch hin und her gezogenem Gegenstand, wohl wieder vom Kugelschreiber; wie wenn einer voll Wut ein Wort ausstreichen, mit Linien zudecken, unlesbar machen wollte.

Vier Jahre lang führte er in siebzehn Kalendern und Heften Tagebuch, vom 12.5.75 bis zum 23.9.79. Bis zum 16.1.78 füllte er fast Tag für Tag die Heftseiten. Zwei Monate lang ist die Lücke vom 16.1. bis zum 1.3.78. Auch die zweieinhalb Monate vom 29.4. bis zum 31.7.78 bleiben ohne Eintrag.

Einmal im Jahr denken wir öffentlich an ihn, an Allerheiligen. Wie beim Pfarrersgrab und beim Grab des Vorstands vom Fußballverein herrscht am Grab von Klett großes Gedränge. Jeder vom Jahrgang macht sein Karfreitagsgesicht, verharrt ein schnelles Vaterunser lang, spritzt dreimal Weihwasser auf das Grab von Klett und, je einmal, auf die Gräber links und rechts davon. Auf dem Holzkreuz steht »Franz Klett«, darunter »1934«, darunter »1979«. Jahr für Jahr werden die am Grab Stehenden weniger, im Vorbeigehen spritzen sie noch einmal über das Ziergesträuch, das ganzjährig leichter zu halten ist. Die grabpflegende Frau vom Jahrgang nennt das Ziergesträuch »dankbar«.

Bei der Beerdigung sagt der Vertreter des Jahrgangs: »Er hat uns verlassen in den besten Jahren eines Mannes, viel zu früh. Ein hartes Schicksal hat ihn getroffen.« »Bin ich der Hüter meines Bruders?« fragen wir uns mit den Worten der Bibel. Nur Gott kennt die Antwort. »Franz, du hast es schwer gehabt in dieser Welt. Möge der Herr dir in jener Frieden schenken. Als äußeres Zeichen unserer Trauer lege ich diesen Kranz an deinem Grabe nieder. Ruhe in Frieden.«

Das Ende als Anfang

Helmut schrieb den Kalender ab, nicht von Hand, sondern mit der Schreibmaschine. Das Maschinengeräusch ist ihm lieber als das fast lautlose Gleiten des Kugelschreibers über das Papier. Wort für Wort schrieb er ab, nichts ließ er aus. Jedes Wort, jedes Datum, jede Zahl kommt in die Maschine. Ein Buchhalter macht auch so seine Arbeit, präzise und mit Distanz.

Die Zeichnungen, die Nebenbeikritzeleien malte Helmut ab, auch die vielen Proben einer Unterschrift; Vornamen und Zunamen schrieb Klett mal in Schönschrift wie ein Unterklässler, mal mit weit ausholenden Strichen und Schnörkeln, die den letzten Buchstaben mit einer raschen Bewegung des Stifts nach unten fortsetzen und auslaufen lassen.

Helmut probierte Kletts Unterschriften auf einem Blatt Papier aus, verglich sie mit den Originalen. Könnte er so schreiben wie Klett, ohne Anstrengung die Züge seiner Schrift nachmachen, dann hätte er, so vermutete er, von Franz Klett mehr verstanden, als wenn er die Kalendereintragungen auswendig wüsste. Aber die Klettschrift ist schwer zu kopieren, sie ist nicht aus einem einheitlichen Zug, als hätten verschiedene Schreiber geschrieben.

Helmut wartete insgeheim darauf, dass auch sein Name im Klettkalender auftauchte. Und hatte Angst davor.

Helmut schrieb Blatt um Blatt ab, Stunde um Stunde, ein Blatt nach dem andern. Er machte keine Pause. Die Blätter heftete er in einem Ordner ab. Er wusste nicht, was er damit einmal anfangen sollte. Jetzt will er registrieren, festhalten, wie ein exakter Buchhalter die Klettvorlagen übertragen, präzise und mit Distanz.

Nach Stunden konzentrierten Abschreibens legte er sich auf den Boden, auf den Rücken, wiederholte, was er behalten hatte von den Klettsätzen. Ohne eigene Umschreibungen und Erweiterungen und Verdeutlichungen möchte er auskommen. Das misslang. Helmut kam sich störend selber dazwischen. Bei Klett kommt im Kalender kein »Ich« vor, bei dem auf dem Rücken liegenden und repetierenden Helmut auch nicht. Eine Täuschung. Der Kalender ist so nicht zum Sprechen zu bringen. Helmut schrieb weiter ab. »Breitle 35, Seefeld 18, Salengraben 7, Brühlacker 11. Bezahlt: 71.« Gewandnamen und Beträge, wohl für die Landwirtschaftliche Berufsgenossenschaft.

Mi. 14.5.
Morgens normal. 11 Uhr zum Frisör. Mittags vorgestellt bei Firma S. Ob das gut geht? Wieder ins Nest, dann herumgetan, nichts.
Fr. 16.5.
Blöder Tag, nichts Rechtes getan.
Samstag 17.5.
7 Uhr raus, 2 Bier gesoffen, Zeitung gelesen, zum Wald, Reisig geholt, 5 Büschel, 1 K Bier, Mutter 50 DM. Garten gemäht. 5 Wecken, Rauchete, Fisch, Zeitung, Joghurt, Fernseher wurde repariert, Fußball angesehen – Holland 1:1, 11 Uhr Nest.
Pfingsten 18.5.
7 Uhr raus. Viele Autos, Wandertag, bei uns der ganze Hof voll. Festessen saure Knöpfle. War nicht fort heute, nochmal geschlafen bis 22 Uhr. Jetzt 11.50, höre Radio, Geld noch 40 DM, habe noch keinen Schlaf. Stimmung beschissen, noch 2 Bier, möchte schlafen können und nicht mehr aufwachen.

Jetzt 11.50

Das »jetzt« mit auf die Minute genauer Zeitangabe steht zum ersten Mal da. Klett schreibt nicht abends oder morgens die Tagesereignisse auf, wie es Tagebuchschreiber üblicherweise tun und sich dabei vergewissern, was sie an einem Tag getan und gedacht und versäumt haben. Klett schreibt tagsüber in seine Kalender und Hefte. Er schreibt morgens und mittags und abends und nachts. Er schreibt, kaum ist er aufgewacht, und das kann zu jeder Stunde des Tages sein, je nachdem, wie lange das Bier ihn ins Bett oder auf die Couch oder auf den Boden gebracht hat.

Aufwachen. Aufstehen. Aufschreiben.

Hundertfach steht »jetzt« in den Kalendern und Heften.

Pfingstmontag 19.5.
7 Uhr raus, rasiert, Sonntagskleidung angezogen, ½ 10 Hirsch 1 K. Bier geholt, 11 Uhr auf Friedhof, dann geschlafen, abends Wurstsalat gemacht und ins Nest.
Dienst. 20.5.
6 Uhr raus, gesoffen, geraucht und Zeitung gelesen.
9 Uhr wieder in das Nest bis 11 Uhr, dann mit Schlepper in Stadt, 2 Bier, habe noch 1.80 Schulden.
Weiß nicht mehr weiter.
½ 7 heim und ins Nest.

»Weiß nicht mehr weiter« – eine häufige Wendung – meint: habe kein Geld mehr. Die Rente der Mutter, das Arbeitslosengeld sind verbraucht. Das »Knastgeld« von seiner »Alten«, die im Gefängnis sitzt, betrug 11.80 DM. Einen Teil der Bierschulden kann er damit bezahlen.

Mi. 21.5.
7 Uhr raus, 2 Bier getrunken, dann Zeitung etc.,
dann nach Bodelshausen, 2 Bier getrunken, ½ 1 Uhr
heim. Alte wieder im Knast, ok.

Diesen Satz hat Klett kräftig unterstrichen. »Ok« – das ist
Kletts Formel für »einverstanden, das freut mich, das ist
richtig«. Zum »Ok« wird es eine Gegenformel geben, und
die steht öfter in den Kalendern und Heften als der »Gut
so!«-Kommentar.

Tag für Tag folgen die Zeiten fürs Aufstehen, die Zahl
der getrunkenen Flaschen Bier, das Schlafen tagsüber, weitere Biere, Fernsehen. Fast jeden Tag fährt er mit dem Schlepper in die Stadt.

Montag 26.5.
7 Uhr raus, Zeitung, Frühstück, Mutter hat Holz
reingetragen, bis 11 Uhr wieder ins Nest, jetzt 11.35.

Das zweite »Jetzt«. Mitten im Tag.

Um sieben Uhr ist er zum ersten Mal aufgestanden und
bald wieder ins Bett. Nach ein, zwei Stunden steht er zum
zweiten Mal auf, sitzt am Tisch und schreibt sein »Jetzt«.
Er schreibt nicht auf, wie es ihm zumute ist. Es bleibt bei
der Uhrzeit. Dann tut er was, dann schreibt er auf, was er
getan hat, tut wieder was und schreibt wieder auf. Er schreibt,
damit überhaupt etwas passiert; aber Klett ist kein Schreiber, der interessante Geschichten erfindet. Klett schreibt,
weil nichts oder zu wenig oder das Falsche passiert.

Habe Sehnsucht nach meiner Alten, will schauen,
was ich machen kann heute, habe vor, in die Stadt zu
fahren. Versumpft. Habe H. mit heim genommen,
doch die eine ist es nicht. ½ 2 Uhr ins Nest.

Die »eine« ist seine »Alte«, eine für seine Frau reservierte Bezeichnung. Andere Frauen bekommen andere Attribute.

Di. 27.5.
9 Uhr raus, zuvor bei H., dann gelesen.
Habe H. Haus gezeigt, sie hat Bier geholt, Mutter nochmal in Stadt, Blumenstöcke, Rente da. Untere Bühne, Haber, »gemaust«.

Später wird Klett für »mausen« keine Anführungszeichen mehr benützen. Später wird er, das halbe Wort weglassend, schreiben »gern«. Warum? Pressiert's beim Schreiben? Will er es nicht wahrhaben? Geniert er sich vor sich selber? Was versteckt er vor sich selber? Oder, wahrscheinlicher, es ist eine seiner vielen Abkürzungen.

»Dann gelesen«. Klett weiß, was er gelesen hat, der Titel des Buchs muss nicht in den Kalender. Ist der Not-Schreiber Klett ein Leser?

H. kocht saure Nieren, Champion Salat. 17.47. Ob das gut geht? Aber ich muss mal wieder was essen. Wasseruhr wurde abgelesen. Essen ging. Abends Fernsehen, mit H. gestritten. 10 Uhr, gehe ins Bett. H. schläft auf Couch.

Die Schlinge an Fronleichnam

28.5.
7.30 Uhr Tagesbeginn. Kaffee getrunken, Bier, lesen, Hof gemäht. Holz um die Miste gebeigt, dann zu H., Hof aufgeräumt, Schlinge angebracht, abends Fußball, Pokal Bayern – Schotten 2:0. ½ 11 ins Bett.

Der Tag vor Fronleichnam. Der Hof und das Haus müssen ordentlich aussehen. Klett mäht das Gras auf dem Hof, der Misthaufen verschwindet hinter einer nur für den morgigen Tag aufgeschichteten Holzbeige. Das Haus kann sich, auch ohne die für Fronleichnam üblichen Schlingen aus Tannenreisig, sehen lassen. Nach der Arbeit klettert Klett mit einem dicken Seil die senkrechte Leiter in der Scheune hinauf und schlingt das Seil um den obersten Querbalken. Er wäre nicht der Erste, den man entdeckt, wie er im Gerech hängt.

Fronleichnam 29.5.
6 Uhr schon Kaffee getrunken, klasse Wetter heute, dann Garten gesessen, Kirche, war Schulhof, gegwatscht, Mittags gegessen, Krombiraschnitz, wieder gesoffen und geschlafen. Mutter und H. auf Friedhof, abends Schlinge weggemacht. 1 K Bier, dann Fernsehen, H. bei mir. Habe noch keine Lust ins Nest. Mache Rätsel. Habe nicht mal richtig Lust zum Mausen.

Klett hat aber Lust, kleine Sprachschreibspiele zu spielen. Er weiß, wie man »quatschen« schreibt, auch weiß er die hochdeutsche Entsprechung zu »Krombiraschnitz«.

Ist es Galgenhumor? Bringt ihn das Entfernen der Schlinge in der Scheune auf leichtere Gedanken? Über seine Schreibspäßchen grinst er wohl selber. Statt »Frühstück« schreibt er manchmal »Brühstück«. Warum? Nur er weiß das. »Mit dem Tok Tok durch den Wald nach Bodelshausen.« Zu seinem geliebten Schlepper spricht er wie zu einem kleinen Sohn.

An Fronleichnam haben es die Nicht-Kirchgänger schwer. Die Kirche duftet nach frischem Buchengrün, die Häuser wetteifern um den schönsten Schmuck mit Blumen und Schlingen aus Tannenreisig, die am Abend vorher die Frauen mit den Kindern gebunden haben. Bilder und Statuen mit dem Herz Jesu und der Muttergottes und Schutzengeln mit leicht geöffneten langen Flügeln stehen in den Fenstern oder auf kleinen Tischen vor dem Haus; für den Pfarrer im schweren, mit Gold besticktem Rauchmantel und mit der hoch erhobenen goldenen Monstranz ist ein schmaler Grasweg gestreut, unbetretbar für die Gläubigen; die vier Altäre leuchten in grün und gelb, die Glocken der Ministranten klingen, Böller krachen beim Segen, je öfter und lauter desto gelungener, die Musikkapelle spielt einumsanderemal den Fronleichnamsmarsch, die Männer und auch die Buben fallen in einen übermäßig langsamen Marschtritt. Und natürlich scheint die Sonne.

An Fronleichnam haben es die Nicht-Kirchgänger schwer, daheim zu bleiben oder früh zu ihrem Gottesdienst in freier Natur mit Hasen und Füchsen und Vögeln zu gehen. Klett geht nicht in die Kirche, aber auf den Schulhof, der ein Teil des Kirchplatzes ist. Vor der Kirche kann er mit ein paar Männern »gwatschen«, auch ein paar seiner Kameraden vom Musikverein stehen mit ihren frisch polierten Instrumenten dabei.

Nach der langen Karwoche haben die Osterglocken, die bereits am Karsamstag um drei Uhr endlich wieder klingen dürfen, schon viele die Welt mit andern Ohren und Augen hören und sehen lassen – Kletts Ostern ist der Fronleichnamstag. In der Scheune klettert er die senkrechte Leiter hoch und macht das kräftige Seil, seine Schlinge, weg. Er ist sich noch einmal entkommen. Am hohen Fronleichnamstag tut man sich nichts an.

Im Kalender folgt weiter Tag auf Tag und Eintrag auf Eintrag. Klett kommt mit ein paar Wörtern aus: Aufstehen,

Zeitung lesen, gesoffen, gesponnen, ins Bett, »Tatort«.

Die Reihenfolge im Tageslauf kann anders sein: morgens ins Bett, mittags aufstehen, nachts aus dem Haus, Zigaretten ziehen. Eine geregelte Arbeit macht ihm keine Vorgaben, er braucht sich an nichts zu halten, alles ist fast jederzeit möglich. Das Fernsehen gibt manchen Tagen einen Halt: Lottozahlen, »Der blaue Bock«, »Alles oder Nichts«.

Auch die Landwirtschaft schreibt bestimmte Zeiten der Arbeit vor: mähen im »Schelmenlöchle«, Heu wenden im »Härle«, säen im »Brühlacker« und Kartoffeln häufeln im »Seefeld« haben ihre Zeiten, wie auch die Reparatur des Messerbalkens am Motormäher.

Und immer wieder sein »Jetzt«. »Jetzt 9.07 Uhr, jetzt 22.40 Uhr, jetzt 11.15 Uhr.«

Die Zeit rennt Klett davon, er setzt Stoppschilder mit seinem »Jetzt«, vergeblich. Aber an das Schreiben, das registrierende, das folgenlose Schreiben kann er sich für den Moment des Schreibens halten.

Festbuch und Festtag

So. 15.6.
7.30 Uhr raus, gelesen und vor mich hingebrütet, jetzt ½ 9 Uhr, alles wie immer. Habe Heimatbuch gekauft. 10 Mark. Gelesen.

Die Gemeinde feiert ihr 700jähriges Bestehen. Klett blättert im Heimatbuch von vorne nach hinten. Grußwort vom Oberbürgermeister der Stadt, Grußwort vom Ortsvorsteher, Grußwort vom Pfarrer. Auf einem ganzseitigen Farbfoto, einer Luftaufnahme, sucht er sein Haus und den großen Garten hinter dem Haus, seine Äcker und Wiesen im »Schelmenlöchle, Härle, Brühlacker, Seefeld«. Ein heller

Strich der Weg über die »Höhe« nach Hemmendorf, die gewundene Straße nach Ofterdingen, der Friedhof und die Kapelle. Klett blättert weiter. Die Urkunde vom Juni 1275. Der Name des Dorfes taucht zum ersten Mal auf, er findet ihn nicht in dem abgedruckten handschriftlichen Dokument. Die Liste der Gefallenen und Vermissten der zwei Weltkriege. 39 sind gefallen im Elsass, in Russland, in Frankreich, Flandern, England, Ypern, Verdun. Im Zweiten Weltkrieg sind es 46 Tote. Klett kennt die Familien der Toten. Der jüngste Soldat ist neun Jahre älter als er.

Klett blättert weiter. Ein Foto der Oberdorfstraße, die linke Straßenseite und die Häuser bis hoch zum Waldrand. Auf der rechten wäre sein Haus.

Die Liste der Schultheißen vom Jahr 1424 bis heute, alles Namen von heute: Schieting, Hermann, Schramm, Schnell, Schaupp, Preyer, Göhner, Letzgus, Beck, Fischer. Kein Klett als Schultheiß, seine Familie ist zugezogen, nur er und seine Mutter heißen Klett im Flecken.

Das Beinhäusle bei der Schule, Fotos vom Kirchenchor, der Feuerwehr, vom Musikverein, Klett blättert rasch weiter, vom Vdk, vom Vogelschutz- und Wanderverein. Vorstand und Ausschussmitglieder vom Sportverein stehen auf der Außentreppe des neuen Sportheims.

Klett kommt nirgends vor. Auch nicht bei den Werbeanzeigen auf den letzten fünfzig Seiten des Festbuchs zum Siebenhundertjährigen. Die Besitzer kleiner Fabriken und kleiner und mittlerer Handwerksbetriebe, die meisten in seinem Alter. Handwerksmeister, Maurer- und Zimmermeister, Maler- und Glasermeister, Wirker- und Schmiedemeister, Schreiner- und Gipsermeister, Spezialisten für Treppenbau und Bildhauerei, Raumgestalter, Inhaber von Fahrschulen und Fuhrunternehmen, zumindest von Wirtschaften. Die Raiffeisenbank. Die Kreissparkasse. Die Versicherungsvertreter. Ferner die lange Liste der Gemeinde-

und Kirchenratsmitglieder, alle im Sonntagsanzug auf dem Foto. Franz Klett kommt nicht vor, nicht im Text und nicht im Bild und nicht in einer Anzeige.

Klett lässt die Seiten, wie beim Kartenspiel, noch einmal über den Daumen laufen. »Der Fremdenlegionär.« Das könnte vielleicht auch für ihn passen.

»Als Beispiel für die lebenslängliche Bindung ans Heimatdorf gilt heute noch der Fremdenlegionär. Er verließ, die Gründe sind nicht mehr auszumachen, das Dorf und ging zur Fremdenlegion nach Algier. Nach langer Zeit, er hatte in Algier sogar geheiratet, kehrte er zurück, kam von der Stadt her auf die Höhe des Rappenbergs, sah endlich seinen Flecken unter sich liegen – und ging nicht hinab. Wie Moses sah er das Gelobte Land, ohne es betreten zu können. Der Legionär zog weiter. Heimweh ist kein schwäbisches Wort, wir sagen dafür Johmer. Johmer kommt von Jammer. Der Fremdenlegionär auf dem Rappenberg: Ein Bild des Johmers und des Jammers.«

Klett brauchte nicht nach Algier, er war fremd geworden im eigenen Flecken und kam von hier nicht weg. Fremdenlegionär wäre er vielleicht gern gewesen. Die Männer in den Wirtschaften erzählten manchmal von der Fremdenlegion, von Männern, die in der Fremdenlegion waren, oder von Leuten, die Männer kannten, die in der Fremdenlegion gewesen waren. Sie erzählten, als kämen sie frisch von Algier.

Mi. 18.6.
Jetzt 9.32. Habe eben mein ganzes Geschreibsel durchgelesen. Verheerend.

Klett legt vor sich seine Bilanz offen. Er ist am Ende. Noch lange nicht ist er mit dem Aufschreiben des langsam kommenden Endes am Ende. Er schreibt mit schwacher Kraft dagegen an, dass es zu Ende geht. Als habe ihn die bittere Bilanz gestärkt, will er einkaufen: »Müssen mal wieder was essen, bin es Mutter schuldig.« Nach dem Essen schaut er noch »Dalli Dalli«, einen Indianer- und einen Hitlerfilm an. »Jetzt 10.40, gehe schlafen.«

Aufst Fehen gesoffen ins Bett feucht Geld aufstehen gesoffen ins Bett aufstehen

Egal Marke Klett

Sa. 21. Juni
½ 6 Uhr raus, Bett mal wieder feucht. Egal.

Helmut stößt auf ein Wort, das ihn nicht buchhalterisch weitertippen lässt. »Egal.« Ein Alltagswort und Kletts Erkennungswort. »Egal.«

Klett, er ist über vierzig Jahre alt, macht ins Bett. Die erste wörtliche Reaktion auf das Bettnässen wischt die peinliche Nässe weg. Egal. Klett, der keinen Mangel an drastischen Vokabeln hat, der »Sau, Hure, fressen, saufen« schnell sagen und schreiben kann, beruhigt sich mit »Bett mal wieder feucht«. Noch häufiger wird er »feucht« schreiben müssen. Und er versteckt das vor sich selber. »Feucht« bedeutet nun der Anfangsbuchstabe »f«. Klett geniert sich vor sich selber. »F« für »feucht« für einen über Vierzigjährigen. Geschieht es aus Nachsicht mit sich selber? Oder ist es wieder eine seiner vielen Abkürzungen und nicht, was Helmut ihm gern gutschreiben und anrechnen wollte, ein einsichtiges Zögern mit Aussicht auf Besserung? Eine nützliche Kurzform ohne Selbstvorwurf heißt f. »Egal. Mir egal. Ist doch mir egal.«

Do. 26.6.
½ 7 raus, feucht, Zeitung gelesen, Katze Milch gegeben, 8 Uhr tue Schlepper raus, in Tübg Antrag
bei A Amt abgegeben, 1 Bier, dann heim, 13.30 geschlafen bis 6 Uhr, dann Vesper geholt. Fernsehen.
Colombo. Jetzt 22 Uhr.

Mittwoch 9. Juli
41 Jahre alt, 4 Uhr raus, dann wieder rein bis 6 Uhr,
hat geregnet heute Nacht, nochmal ins Nest bis 9
Uhr. Geburtstagsessen, Omlett, gr. Salat, Bier. Letztes Jahr war's anders, aber die Alte entgeht ihrem
Schicksal nicht. Totale Trennung. Möchte nur wissen, wo die Kinder Ferien machen. Gewitter am Himmel. Mir egal.

Der Bauer und Nachfahre vieler Bauern ist angewiesen auf
das, was am Himmel passiert. Ein Gewitter kann beim
Heu und beim Getreide Schaden anrichten. In einigen Häusern hat der Blitz eingeschlagen. Im Wald stehen genug
vom Blitz schwarz verbrannte und gespaltene Baumstämme,
meist Buchenstämme. Ein Kugelblitz hat den Ehne in Hemmendorf aus dem Bett geworfen, Helmut hat den schwarzen Riss in der Kammer gesehen. Einen Mann, mit einer
Heugabel im Täle unterwegs, hat der Blitz erschlagen. Der
Bauer Klett will die Zeichen am Himmel nicht wahrhaben.
Das grelle Blitzen und der krachende Donner sprechen eine
deutliche Sprache. »Egal.« Klett sieht und hört, aber leug-
net die Zeichen am Himmel. »Gewitter am Himmel. Mir
egal.«

Klett gibt noch eins drauf und schließt den Tag: »Wunderbarer Geburtstag.«

Mit dem Dreisatz »Gewitter am Himmel. Mir egal.
Wunderbarer Geburtstag« endet der 9. Juli und zwei Tage

später, am 11. Juli, der Kalender Nr. 1, angefangen vor zwei Monaten, am 12. Mai.

Das Rad am Brunnen

Was hatte der junge Klett an Allerheiligen zuletzt zu Helmut gesagt, unmittelbar vor dem Wegfahren? »Das erzählst du mir noch. Die Geschichte mit dem Brunnen und dem Fahrrad.«

Die Geschichte ist ganz einfach. Wir, der Tschäss, Hannes, Edy, Ludwig, Klett und ein paar andere, waren auf dem Wagges. Samstags war's, Samstagmittag. Was zu tun war, hatte man hinter sich, die Gasse fegen, das Fahrrad putzen, die Hasen versorgen. Die Mädchen fegten Stuben und Stiegen, für die Kleinen wurde der Waschkessel angeheizt für das Bad in der Blechbadewanne. Nur Helmut hatte gebeichtet. Edy hatte, wie immer, freie Hand daheim. In der Kirche sah man ihn selten. Um vier Uhr läuteten die Glocken. Der Sonntag konnte kommen.

Mit den Rädern fuhren wir Achter, umkreisten den Brunnen, probierten das freihändige Fahren, das vorsichtige Halten der Lenkstange mit überkreuzten Armen. Wer schaffte es, auf dem Sattel zu stehen? Wer konnte, bei hochgerissener Lenkstange kurz auf dem Hinterrad fahren?

Der lange gute Konrad drehte mit schräggelegtem Kopf eine Feder vor seiner Nase, dann ließ er seinen Trümmseler im Kreis drehen.

Ludwig hatte einen Platten zu flicken, von Hannes mit einer Lupe hineingebrannt – also hat die Sonne geschienen. Den Schlauch rausziehen, aufpumpen, in den Bach oder ins Wasser des Brunnens halten, das zischende Loch war gleich gefunden, abschmirgeln, abtrocknen, die Gummilösung fein auftragen, den Flick zurecht schneiden, fest andrücken, warten, den Schlauch ganz sorgfältig unter den

Reifen schieben, den Reifen über die Felge ziehen, aufpumpen. Man hatte Zeit. Den kleinen Bruder schickte man wieder heim, man käme gleich. Dann hatte man wieder Zeit zum Achter fahren, auf dem Sattel stehen, die Rennhaltung einnehmen, den Oberschenkel auf den Sattel und das Bein nach hinten ausgestreckt, das andere stand auf dem Pedal. Wir hatten Zeit. Der Tschäss, der bei den Franzosen in Tübingen vieles, wie er sagte, zu organisieren hatte, »comme çi comme ça«, rief statt »bravo, gut gemacht« nun sein »C'est ça, voilà!« Einen Kaugummi bot er an mit »voulez vous?« Seinen Hund Peter befahl er zu sich mit »Pierre, ici!« Hannes lernte vom Tschäss, wie man einen elastischen Kamm biegt, bis die Enden sich berühren. Und wie man ihn im richtigen Moment loslässt, dass er einen Sprung macht, und wie man ihn in der Luft wieder auffängt.

Klett wollte keine Kunststücke probieren und keine Rennen fahren und keinen amerikanischen Kaugummi, er hatte was Neues vor. Wer springt zuletzt ab? Wer springt zuletzt vor dem eisernen Brunnentrog vom Rad? Achter fahren kann jeder, aber wer springt zuletzt ab. Unsere Räder waren frisch geputzt und geölt, ein Ring von gezwirnten Wollfäden hielt die Radnaben sauber. Klett wolle nur angeben, sagte Edy, und sowieso ginge Klett bald weg von uns und in die Stadt auf die Oberschule. Geradeso wie Helmut. Das stimme nicht, sagte Helmut, ziemlich leise. Er musste, weil der Pfarrer, der Lehrer und dann auch sein Vater es so wollten, in die Stadt auf die Oberschule. Es war also ein Samstag im Herbst. Im September begann das neue Schuljahr. Ein sonniger Samstagmittag im Herbst. Man hatte an diesem Tag nichts mehr zu tun.

Klett schrie, das werde man gleich sehen, wer auf die Oberschule gehe. Er fuhr mit seinem Rad an das dem Brunnen gegenüberliegende Ende des Wagges, startete bei dem

Stumpf einer kaputten Betonwerbesäule, auf der der Tschäss mit seinem Hund saß, »allez, Klett, allez!« Und Klett hielt auf den Brunnentrog aus Eisen zu. Alle waren von ihren Rädern abgestiegen und schauten Klett zu. Wer springt zuletzt ab? Klett ging aus dem Sattel, trat in die Pedale, schwang das rechte Bein über den Sattel, stand nun mit dem linken fest auf dem linken Pedal und sprang, dem Rad mit der Hand unterm Sattel noch den letzten Schwung gebend, ein paar Schritte vor dem Brunnen vom Rad. Das Rad krachte auf den Eisentrog. Einen Achter im Vorderrad, das Schutzblech verbogen, die Lenkstange verdreht, der Deckel der Klingel rollte noch ein paar Meter weiter, bevor er kreiselnd liegenblieb. Jeder wusste, dass das Rad das Rad von Kletts Vater war, das er die ganze Woche brauchte, um ins Geschäft, in die Mühle nach Niedernau zu fahren. Klett wollte wieder wissen, wer jetzt in die Oberschule gehe. Keiner sagte einen Ton. Klett ließ das Rad liegen: »Ist doch mir egal!«

Helmut musste jetzt heim, Hannes und Ludwig auch, nur Edy blieb bei Klett. »Ist doch mir egal!« schrie Klett uns nach. Und der lange gute Konrad drehte seine Feder vor dem Gesicht von Klett und lachte.

Die Geschichte mit dem Brunnen und dem Rad ist ganz einfach.

So soll der junge Klett sie zu hören bekommen.

Phantasien am Boden

Helmut konnte nicht mit dem Abtippen des zweiten Heftes anfangen. Er legte sich auf den Boden und schaute zur Decke hinauf, die Hände auf der Brust, die Spitzen der Hände leicht ineinander geschoben. Er hatte sich gleichsam selber in der Hand. Er wehrte sich nicht gegen das, was ihm einfiel. Helmut schaute zur Decke, wie in der Schule. »Unser

Helmut ist wieder woanders.« Tausendfach hat er den Ist-dochmiregal-Satz von Klett gehört, in der Schule, auf dem Schulhof, auf der Gasse; meistens nur kurz herausgeschleudert, manchmal laut geschrien. Istdochmiregal! Nach diesem Satz war Schluss. Keinem fiel auf diesen Satz eine Entgegnung ein. Kletts Schlusssatz. Istdochmiregal. Was Klett gemacht hat, gesagt hat, was Helmut von ihm gehört hat, was er sich selber vorstellt, all das zog Helmut durch den Kopf.

Klett.

Er sitzt da, steht auf, setzt sich, steht auf, sitzt und schreibt. Er macht gute Vorsätze: Das muss ein guter Tag werden. Den Tag hakt er vorweg als gelungen ab. Er will zerstören, umhauen, wer ihm über den Weg läuft. Eine Katze treten. Auf den Kühler eines Autos springen. Istdochmiregal. Er versteckt Zigarettenschachteln, Bierflaschen. Vor sich selber. Die Mutter tut es auch. Klett schreit sie an. Er fängt mit etwas an und hört wieder auf. Er liest, verliert die Lust, hört wieder auf. Er telefoniert, um eine bekannte Stimme zu hören, und legt, sobald der Name fällt, wieder auf. Er nimmt Anhalter auf seinem Traktor mit und spricht kein Wort. Er legt sich ins Bett. Er schaltet das Radio ein. Er muss eine Stimme hören. Keine Musik.

Er hält Reden. Er spricht Einzelne an, als ob er am Wirtshaustisch säße. Er redet alle über den Haufen. Sie wissen nichts zu erwidern und lachen ihn aus.

Er verliert die Kontrolle über seinen Körper, lässt den Hausschlüssel, den er hochwirft, fallen. Er kann das Wasser nicht halten. Wieder feucht. Miregal.

Er stiehlt Kleinigkeiten. Eine Schwammbüchse auf der Post, die er draußen gleich wegkickt, eine Dose Bratheringe im Laden.

Er zieht den Ehering ab, legt die Hände zusammen, merkt, dass er fehlt.

Er spricht Gebete mit zusammengelegten Händen, wie ein Erstkommunikant. Spricht er mit einem, legt er die Hände flach aneinander. Er wünscht große Katastrophen herbei. Er hört stündlich Nachrichten und ist meistens enttäuscht. Gegen Abend nehmen die Katastrophen zu. Sirenenlärm ist ihm angenehm. Gleich geht's los. Da ist die Polizei sein Freund und Helfer.

Er verlegt Alltägliches, sucht und findet's und ist nicht erleichtert. Er trinkt von morgens bis abends. Schläft und trinkt und schläft und schreibt ein paar Wörter ins Tagebuch. Istdochmiregal.

Er liest in seinen Tagebüchern und lacht, den Kopf hochwerfend. Wenn er etwas tut, sagt er zu sich, dass er etwas tut und warum er es tut. Er holt Holz aus dem Schuppen und sagt laut: »Jetzt hole ich Holz aus dem Schuppen.« Das probiert er einen Morgen lang auch bei anderen Tätigkeiten. Wie ein Polizist, der ein Protokoll über sich selber aufnimmt. Er passt auf sich auf wie eine Mutter. Er erinnert sich an die Henne, der man Enteneier zum Ausbrüten unterlegte. Die ausgeschlüpften Entlein gingen sogleich in den Bach. Die Henne lief verzweifelt am Bach auf und ab und gackerte pausenlos, die Entlein schwammen wild durcheinander.

Er hat keine Zeit. Zeit ist Geld, auch wenn er nicht mehr ins Geschäft geht.

Er schreibt seinen Namen auf und liest ihn sich laut vor. Er schreit seinen Namen durchs Haus. Er hält den Atem an, stoppt die Sekunden, notiert die Zahlen. Er schneidet sich in den Finger, schlägt den Kopf auf die Tischplatte, kickt einen Schemel durch die Küche. Die elektrischen, auf dem Putz verlegten Leitungen will er rausreißen, die Hand in der Tür zerquetschen.

Er glotzt in den Spiegel, schneidet Grimassen, lacht, redet sich zu, will sich so lange anstarren, bis er nicht mehr kann.

Er hat Angst, sein Gedächtnis zu verlieren. Er sagt einen Satz, wiederholt ihn sofort. Er sagt Geburts- und Todestage auf, die Namenstage von Theresia, Michael, Rosa, Josefvetter. Franz von Sales-Tag ist der 29. Januar. Die Angriffe von Studenten hat er mit dem Degen abgewehrt, die von schönen Fräulein mit Gebeten und mit der Geißel. Im Gesangbuch hat er ein Bildchen vom Bischof Franz. In der rechten Hand hält er ein durchbohrtes und mit Dornen umwundenes Herz. Vor dem Bild der Muttergottes hat er ewige Keuschheit gelobt. »Ein Tropfen Honig ist besser als ein Fass voll Essig« war sein Leitspruch.

Er legt Listen an.

Er träumt von einem Lottogewinn. Er schießt, obwohl er nicht in der Mannschaft mitspielt, das Siegestor im Spiel gegen die Nachbargemeinde. Die Zuschauer haben seinen Namen geschrien, er ist mit Straßenschuhen auf den Platz und hat in der letzten Minute das Siegestor geschossen.

Am liebsten spricht er zu sich wie zu einem Besoffenen. Beleidigt sich selber.

Er plant schon am Morgen für den nächsten Tag. Auf kleinen Zetteln notiert er, was morgen in welcher Reihenfolge zu tun ist. Hinter jede geplante Tätigkeit schreibt er die Uhrzeit, auf die Minute genau, wann sie beginnt und wieder endet.

Er beschimpft sich mit zotigen Ausdrücken. Nach jedem sagt er: »Mir egal« oder »Bald schnappt dir's Loch zu«.

Er schießt mit dem Luftgewehr auf Schmetterlinge.

Er singt: »Wenn mein Stündlein vorhanden ist.«

Er springt vom Kirchturm mit einem Maschinengewehr im Arm, kreist um den Turm, rattert das Magazin leer. Auf jeden Vorhang, der hinter einem Fenster sich bewegt, zielt er. Er kreist und kreist um den Kirchturm, mal steigt er, mal stürzt er sich wie einer der Falken, die im Turm nisten, hinab. Die Leute laufen wie die Hasen. Im

Kindergarten zieht die Kinderschwester zwei, drei Kinder auf einmal vom Sandkasten weg. Ihre Flügelhaubenflügel stehen waagerecht in der Luft wie der Schal eines Motorradfahrers.

Er geht nachts um drei Uhr durchs Dorf und holt Zigaretten aus dem Automaten am »Hirsch«. Mitten auf der Straße geht er, keinen muss er grüßen, auch nicht die Dümmsten der Oberklasse, die »Zigeuner« und »Zwetschge« und »Katarrh« nicht richtig schreiben können, schon gar nicht »Paragraph«.

Er erfindet Abkürzungen für sein Tagebuch, 1 KB, Zigr., A.amt, K.schein. M. heißt Mutter.

Er hat nicht mehr viel Zeit.

Wer sagte: »Eure Gedanken sind nicht meine Gedanken, und meine Gedanken sind nicht eure Gedanken?«

Helmut kam Klett keinen Millimeter näher. Er kann Auge und Ohr beliefern, er kann Gerüche wie zur Probe einziehen, er kann leer kauen und leer schmecken. Er kann mit der Hand über den Tisch fahren. Der Tisch bleibt sein Schreibtisch, und sein Kugelschreiber ist nicht austauschbar mit dem von Klett. Und er liegt auf dem Rücken und nicht Klett.

Wenn er sich auf den Kopf stellte, sähe er die Welt zwar von unten, aber seine Augen sind nicht die von Franz Klett. Er lag auf dem Boden seines Zimmers, er, Helmut, und nicht Franz Klett.

Helmut könnte es sein lassen.

Helmut setzte sich wieder vor die Schreibmaschine. Heft 2.

Die Mutter verwirrt

Helmut blätterte im Heft Nr. 2, einem blauen Schulheft. Es reicht vom 12. Juli bis zum 8. Oktober 1975.

Bekanntes fiel ihm auf, gleich am ersten Tag, das Klett-Jetzt: »Mutter ist jetzt Friedhof, schon wieder da.«

Also sitzt Klett am Tisch und schreibt auf, wo die Mutter ist. Er bleibt sitzen, eine halbe Stunde, eine Stunde. Er hört die Haustür gehen. Er erkennt die Schritte der Mutter auf der Treppe und schreibt: »Schon wieder da.«

Bekannt ist Helmut der regellose Ablauf der Klett-Tage. Er steht nachts um 3.15 Uhr auf, er holt Zigaretten vom Automaten am »Hirsch«, raucht eine nach der andern, um 6 Uhr geht er wieder ins Bett. Nähme man zwei Schachteln, legte in die eine Zettel mit den vollen Stunden, den halben Stunden und den Viertelstunden, also 4 x 24 Zettel mit Uhrzeiten, und in die andere Schachtel die häufigsten Klett-Aktivitäten, also Aufstehen, Insbettgehen, Rauchen, Bierholen, Essen und Saufen usw., und zöge man dann je einen Zettel aus den beiden Schachteln, man brächte einen Tagesverlauf von Klett zusammen, der auch in Wirklichkeit so hätte ablaufen können. Ein Beispiel: ein Zufallszettel mit »4.15 Uhr«, ein zweiter Zufallszettel »aufstehen« – diese Kombination ist so wahrscheinlich wie die folgende: »22.30 Uhr, aufstehen.«

Mit der Sonne standen früher die Bauern auf, nach Sonnenuntergang blieb man nicht mehr lange wach. Die uralte Regel hat Klett außer Kraft gesetzt.

Feucht ist sein Bett, er wechselt in das Bett des Vaters. Bekannt sind die zu-, meist abnehmenden Geldbeträge: »Meine letzten 20 DM ... noch 9 DM ... noch 6 DM ... Mutter holt 10 DM ... wir warten aufs Christkindle.« Die Geldbescherung kommt am Ende des Monats – die Rente der Mutter. »Habe nun überhaupt kein Geld mehr. Rente

ist da … durch Zufall 200 DM im Fotoalbum gefunden.«
Der Zufall ist wohl kein Zufall. Klett sucht sein Heil bei
den frühen Fotos. Das Oberklassenfoto, Klett mittendrin,
die Gescheitesten stehen beieinander. Das Zufallsgeld gibt
er gleich aus: »2 Sakkos, 2 Hosen, 167 DM, dann 1 Bier,
dann ½ 10 heim. Geld wird weniger. Egal. Vielleicht verrecke ich bald. Warte auf Lottozahlen 8 12 27 32 38 39 Z 49
Scheiße. Gehe Nest 23 Uhr … Mutter 10 DM gebracht.
Woher? Mir egal.«

Die Mutter geht wohl zu Verwandten, bittet und bettelt, muss sich anhören über ihren Franz, was sie schon oft
hat anhören müssen, sie bittet und bettelt weiter, zwei-, dreimal in der Woche macht sie ihre Bußgänge.

Am eindringlichsten und am wenigsten formelhaft schreibt
Klett über seine »Alte«. »Sie geht mir einfach nicht aus
dem Kopf … Hänge immer noch an meiner Anna.«

Neu ist, was Klett über die Mutter schreibt. Sie übergießt
den grünen Salat mit heißer Soße; was sie Tausende von
Malen wie selbstverständlich gemacht hat, beherrscht sie
nicht mehr. Die Mutter sei »verrückt geworden«. Die Mutter verliert Geld, irrt durch die Straßen, geht in die Stadt,
eine Stunde liegt sie auf dem Brühlacker. Klett nimmt ihr
wirres Verhalten zur Kenntnis, so ist sie nun, »muss sie
halt ertragen«.

Neu ist, wie er über sich schreibt, eine Kleinigkeit,
scheinbar eine Kleinigkeit. »Knöpfle und Soße gefressen.«
Die Knöpfle hat er aus eigenem Mehl gemacht, die Soße
kommt wohl aus einem Maggi-Päckle. Dieses Billigessen
hat er »gefressen«. Das übermäßige Trinken nannte er von
Anfang an »saufen«, jetzt verliert er auch beim Essen das
menschliche Maß. Er säuft und frisst, wie man es vom Vieh
im Stall sagt.

Klett gehen alltägliche Fertigkeiten verloren. Er findet seinen Rasierapparat nicht mehr. Beim Traktor findet er ihn wieder. Schrauben für den Traktor verlegt er, einen Bickel lässt er auf dem Kartoffelacker liegen, einen Schuh verliert er im Wäldle. Klett registriert jedes Versagen. Er gibt niemand die Schuld. Er schreibt keine guten Vorsätze auf. Er schaut sich zu. Wie es um ihn steht, weiß er.

Helmut wurde überrascht von einem Eintrag, zweifach überrascht.

Heute Di. 22.7.
1 Uhr, sitze hier und bin mucker. Schlafen kann ich nicht, na ja, dann spinne ich eben wieder vor mich hin. Muss noch eintragen, dass ich letzten Mittwoch in der Telefonzelle 34 DM gefunden und abgeliefert habe, dem Glaser seinem Jungen.

Klett, der ehrliche Finder. Klett schreibt zum ersten Mal in seinem Tagebuch »ich«. Hat ihn seine gute Tat so gestärkt, dass er wieder ich zu sich selber sagen kann? Natürlich wird es die Runde im Flecken machen, was er getan hat. Ändern wird sich aber nichts. Der will gut Wetter machen … einmal ist keinmal … die Ausnahme bestätigt die Regel … der müsste noch vielen vieles zurück erstatten … und was seine Mutter alles zusammenbetteln müsse … schaffen solle er was … das versaufe der doch an einem Tag … Vielleicht sagt auch einer: »Do guck na.«

Klett schreibt nicht nur auf, was passierte. Er fasst seinen Zustand, je schlimmer er wird, in immer mehr Worte, bringt seine Situation auf klare Begriffe.

3 Uhr, kann immer noch nicht ins Nest. Verkehrte Welt, bei Tag Schlaf, bei Nacht wach … alles egal, egal wenn ich verrecke. Mein Leben ist sinnlos,

werde auch noch verrückt ... letztes Bier geht zur Neige, bin am Ende. Tee gekocht, rauche und saufe wie ein Idiot ... 14.30 Uhr habe eben meinen Kram gelesen, komme mir verrückt vor, habe Rechnungen geordnet, Radio, alles Mist, kann meine Gedanken nicht unterdrücken. Mir ist alles egal, Leben, eben gedacht, total sinnlos. Sinniere und spinne für mich. 21.30 Uhr, möchte am liebsten sterben, alles ohne Sinn und Zweck.

Die erste Frage

Der Sinn und Zweck des Lebens stand in der Antwort auf die erste Frage im Katechismus. »Wozu sind wir auf Erden? – Wir sind auf Erden, damit wir Gott dienen und dadurch in den Himmel kommen.« Und Gott diente man durch die tägliche Arbeit im Schweiße seines Angesichtes. Säen und ernten, pflanzen und pflegen, das Vieh versorgen, das tägliche Brot besorgen, die Alten versorgen, die Kinder aufziehen. Die Arbeit ging nie aus, auch am Sonntag und den höchsten Feiertagen war im Stall zu melken, zu striegeln und zu misten. Der Lohn für die Mühen kam nach dem Tod. Dass man aus dem Paradies vertrieben war, bezweifelte keiner.

»Wir sind nur Gast auf Erden und wandern ohne Ruh/ mit mancherlei Beschwerden der ewigen Heimat zu.«

Klett ist aus allen Zusammenhängen gefallen. Er arbeitet ein paar Wochen im Jahr wie ein Bauer, aber er lebt nicht mehr wie ein Bauer. Er steckt Kartoffeln, sät Weizen und Gerste, lässt mit dem Mähdrescher mähen, fährt die Kartoffeln heraus, macht vier Fässer Most, fährt das Getreide in die Mühle, 789 Kilo hat er abgeliefert, Mehl und Geld dafür bekommen.

Der erste Blick eines Bauern am Morgen gilt dem Wetter. Auch Klett schaut, wenn er früh aufsteht, aus dem

Fenster, geht in den Garten und schaut nach dem Wetter, nach Westen und Osten, hinauf zu den Wolken, er spürt den Wind. Eine uralte Gewohnheit lässt Klett morgens nach dem Wetter sehen. Und er schreibt es als wichtige Tatsache für viele Tage auf: »Wetter schön ... schönes Wetter ... gutes Wetter ... Gewitter ... immer noch Regen.« Mag er sich selber zum Kotzen finden, das schöne Wetter freut ihn jedes Mal.

Niederschlag in der Runde

Klett hat das, was man eine Kuttel nennt, im Übermaß. Klett muss bei seiner Lebensraserei, die einen andern schon umgebracht hätte, eine besonders gute Kuttel haben. Er steht jeden Tag auf, raus aus dem Nest, den Schlepper richten, Säcke holen, in die Mühle fahren. Wenn es ihn auch dem Untergang zutreibt, er treibt sich weiter Tag für Tag.

Den Getriebenen treffen Schläge, die er fast nicht mehr aushält. Nicht mehr lang macht es ein angeschossenes Wild, und dem angeschlagenen Klett darf man noch ein paar Schläge mitgeben.

»S. hat mich angepflaumt, ich hätte einen Sack Weizen im Brühlacker liegen lassen. Muss morgen schauen, habe ihr aber contra gegeben.«

Er weiß, dass die Frau S. recht hat, aber er fährt ihr übers Maul. Sein »contra« ist zweimal unterstrichen. Klett hält zu Klett.

Fr. 19.9.
½ 2 Uhr rauche 1 Zigr., ½ 3 wieder Nest bis ½ 7, scheiße, hat geregnet heute nacht, Seefeld gefahren, heim, dann Bodelshausen, eingek(l)auft, Breitle, jetzt 23 Uhr, weiß nicht, noch nach Weiler. Noch Rössle. Krach. Alles auf mir herumgehackt, habe

einige gefangen, ich alleine heim. Fleckenrunde mit dem Schl.

So. 21.9.
will mir noch nicht runter, was im Rössle vorgestern erlebt, nehme mir vor, Schluss mit T. und St., keine Beiz mehr im Flecken.

Klett kann den Schlag und die Schläge, die er im »Rössle« erhalten hat, nicht wie bisher mit einem »Istdochmiregal« wegstecken. Es wollen ihm die Beleidigungen nicht runter, er hat daran zu beißen und kann es nicht schlucken.

Helmut war im »Rössle« nicht dabei, aber er weiß, wie das, was schon hundertfach in der Wirtschaft abgelaufen ist, auch bei Kletts Niederschlag abgelaufen sein muss. Einer wird von einer Handvoll Biertrinker niedergemacht. Statt Klett könnten es auch ein paar andere, aber immer die gleichen, aus dem Flecken sein.

Klett wird erwartet von der Runde. Seinen Schlepper hat man gehört. Wer um Mitternacht noch Schlepper fährt, weiß jeder. Klett geht mit Schwung in die Wirtschaft. Man lacht. So, au do? Einen schnellen Schnaps für den Suffte! Einen Doppelten! Klett schaut sich die Versammlung an. Er kennt jeden. Keiner in seinem Alter. Junge Kerle, ihre Motorräder und Autos parken draußen. Einer holt ihm von hinten den Hut vom Kopf und wirft ihn Richtung Fernsehapparat. Alle wissen Bescheid über Klett. Auch dass er vor langer Zeit einmal der Gescheiteste in der Oberklasse war. Alle wissen alles über ihn. Und das sagen sie ihm in Andeutungen, fragen ihn, was sie sowieso wissen. Was seine Alte mache, ob er vom Dreifarbenhaus komme, ob er eine von den Zütteln mit seinem Schlepper abgeschleppt habe, ob er mit dem Taxi gekommen sei, wie die Finanzlage sei. Wie stehen die Aktien? Die Söhne von Kletts Schulkameraden rächen sich an Klett, rächen risikolos ihre Väter. Klett gibt contra, sagt einem ins Gesicht, er sei sicher so dumm wie sein Vater. Der hätte ja in der Schule … der erste Schlag. Klett lacht. Ob er noch nicht genug habe. Einer zahlt ihm ein Freibier. Sollst auch nicht leben wie ein Hund. Ob er immer noch die Zigaretten mit Hundertmarkscheinen anzünde. Einer tippt Asche auf sein Bier. Jedem Tierle sein Pläsierle. Klett bleibt. In der Wirtschaft muss jeder Platz haben, auch er. Kommt er in den Laden, verstummen die Gespräche. Rasch wird er bedient. Er kann wieder gehen. Im Bus sitzt er allein. In der Kirche ist nicht sein Platz. Bei der Fronleichnamsprozession ist er Zuschauer, hinter dem Vorhang. Auf den Sportplatz ist er noch nie gegangen. Keiner, und hat er den schon ein Jahr lang nicht gesehen, sagt zu Klett: »Ja lebst du auch noch? Ja gibt's dich auch noch?« »Tag«, sagt man zu Klett, nicht: »Bist daheim, kommst, gehst?« Für Klett reicht: »Tag.« Nur mit ein paar Nachbarsfrauen kann er reden.

Klett bleibt. Im »Rössle« muss auch er Platz haben. Er solle seine Schulden bezahlen, sagt einer. Zahl endlich, du Schlapper. Klett wirft einen Schein auf den Tisch. Von dem würde ich nichts nehmen. Nicht mit der Beißzang würd' ich den Schein nehmen. Klett schreit den Unnamen und fängt eine. Klett bleibt und bleibt. Das Spielen im Musikverein ist vorbei, zur Verwandtschaft kann er nur die Mutter schicken, zum Jahrgangsausflug wird er nicht mehr eingeladen, nicht mündlich und nicht, wie seit neuestem üblich, schriftlich.

Klett bleibt. Die Stimmung ist bestens. So jung kommen wir nicht wieder zusammen. Klett, du Schlaule. Eine Frage. In Geschichte war der Spitze. Wie lange dauerte der Dreißigjährige Krieg? Die meisten lachen. Buchstabier mal Whisky. Hoschitgwisst! Klett, der bekannte Kopfrechner.

149

Neun von acht das kann ich nicht, hole ich mir einen herunter. Aber hallo. Noch ein Bier. Zur Tankstelle, zum Brandplatz! Von hinten setzt einer Klett den Hut verkehrt herum auf. Klett wirft den Hut weg, fegt ein paar Biergläser vom Tisch. Die letzten Schläge. Das Spiel, das er oft mit anderen getrieben hat, spielt er nicht mehr mit.

Auf einen kann er sich verlassen, Klett gelingt sein kurzes, herausgestoßenes Lachen noch, auf seinen Schlepper. Auf seinen grünen Schlepper kann er sich verlassen. Auf seinen Hanomag. Zugelassene Höchstgeschwindigkeit sechs Kilometer pro Stunde. Klett deckt das Schild mit seinem Kittel zu.

Der Schlepper steht am Schacht. Klett kennt den Schacht. Das ist lange her.

»Fleckenrunde« steht im Heft.

Klett fährt im ersten Gang und mit Vollgas über die untere Brücke mit dem Nepomuk. Die Steigung zur Kirche. Links in die Oberdorfstraße. Vorbei an seinem Haus, vorbei am »Hirsch«. Links hinab zur oberen Brücke. Die Ampel ist ausgeschaltet. Weiter Richtung Wagges. Hier ist der Sohn vom Leiter der Heinzelmannfabrik im Krieg abgestürzt. Auf einem Übungsflug wollte er sich seinen Leuten ganz tief fliegend zeigen. Ein junger Mann. Wie hat er geheißen? Das Flugzeug hing im Baum. Beide Flieger tot. Klett lebt noch. Klett gibt Gas. Das Haus vom Wendelin und seinem Bock. Einer wie er. Das Haus der Altledigen. Der Bomber am ersten Mai. Das ist lang her. Der Brunnen mit dem langen Eisentrog. Er wollte nicht in die Oberschule. Hier bei den andern war sein Platz. Er wollte nicht weg. Das ist lang her. Über die mittlere Brücke. An der Backküche vorbei. Das Steigle hoch. Links weiter und hinein in den Hof vor seinem Haus. Nur vor seinem Haus ist ein großer Hof und dichter Rasen. Klett lässt sich, am hohen linken hinteren Rad des Hanomag hinabgleitend, ins Gras fallen.

Rössle. Krach. Alles auf mir herumgehackt, habe einige gefangen. Ich alleine heim. Fleckenrunde mit dem Schl.

Am Freitag ging Klett im »Rössle« zu Boden, mitten in der Nacht drehte er mit seinem Schlepper die Flecken-runde. Am Sonntag konnte er die Niederschläge immer noch nicht verwinden. Er musste raus.

So. 21.9.
Keine Beiz mehr im Flecken. Bin 3 Uhr wieder Nest bis 13.30 Uhr. Musch Gurkensalat und Nudeln? <u>Mahlzeit</u> Höre Radio und lese. 15.30 Uhr.
16.30 Uhr gehe wieder Nest, weiß nicht, ob ich mich noch anziehe heute, ich saufe nur noch, dass ich ab-lenken kann, wenn nur mal alles aus wäre, weiß nicht, wo sich Musch aufhält. Angezogen Stgt, Metzingen ok, Schiller, dann oh Schreck Sieglinde Haber ruft »Franz!« Hab sie nicht mehr erkannt.

Die »Alte« kommt in eine Kneipe. Die Scheidung sei ein-gereicht. Am Morgen fährt Klett mit dem Zug wieder zu-rück. Es folgt das Übliche. Aus dem Kasten mit den zwei Sorten Zetteln könnte man einen Klett-Tag bauen. In das Schema aber passt nicht, dass er aufschreiben muss, wie je-mand, weit weg in Stuttgart, ihn bei seinem Namen geru-fen hat. Bei seinem Vornamen. Klett ist noch nicht am Ende. Mag sich auch das meiste wiederholen, Klett findet neue Worte, neue Worte für sich selber.

22.30 Uhr bin noch auf, habe keine Lust ins Nest, oh ich armes dummes Schwein, leben ist das nicht mehr, nur noch vegetieren, ich wäre froh, wenn es vorbei wäre, komme immer noch nicht über meine Zuttel hinweg.

Im »Breitle« fährt er mit einem Bekannten sieben Reihen Kartoffeln raus, es regnet: drei Säcke Kartoffeln. In Bodelshausen spielt er Lotto. Im »Rössle« holt er, sieben Tage nach seinem k.o., seinen Hut. Tags darauf, am 27. September, einem Samstag, nach einer kalten Nacht, die das Bier in der Flasche gefrieren lässt, muss die Kartoffelernte wegen Nieselregen ausfallen. Klett fährt mit dem Taxi nach Tübingen und weiter zum Cannstatter Volksfest. Mit dem Taxi fährt er heim, morgens um drei Uhr. Es ist Sonntag. Am Montag ist er wieder mit dem Schlepper auf dem Kartoffelacker im »Breitle«. Müde sei er, schreibt er in sein Heft, zweimal schreibt er »bin müde«. Er holt die letzten Säcke Kartoffeln, kocht, spaltet Holz, mäht den Garten, liest Äpfel auf, holt vier Fässer aus dem Keller mit einem Bekannten aus Weiler, geht zum Friseur, holt vom »Schelmenlöchle« vier Säcke Mostobst und eine Kiste gebrochener Äpfel. Und macht noch Feuer. »Total gewaschen, mir ist leichter.« Der letzte Eintrag im Heft Nr. 2, einem blauen Schulheft:

Jetzt 19.40 Uhr. Lotto auch einbezahlt, alles egal, komme einfach über meine Alte nicht hinweg, träume jede Nacht von den Kindern, mieser wie mir kann es kaum einem gehen, muss mich furchtbar zwingen, nur um anzusäen und zu mosten. Mag nicht mehr unter die Leute hier. 20.15 Uhr gehe ins Bett.

Zum ersten Mal kommt ein Traum aufs Papier, das Träumen eines Traums, nicht, was im Traum passierte. Täglich träumt er von den Kindern. Klett ist allein und holt die Kinder im Schlaf zu sich zurück. Nach der »Alten« sehnt er sich und rechnet mit ihr ab.

Noch genug Hefte sind in die Schreibmaschine zu tippen.

»Mag nicht mehr unter die Leute.«

Im Flecken, in jedem Flecken, gibt es zweierlei Leute.

Leute, die sich nach den Leuten richten, und

Leute, die sich nicht nach den Leuten richten.

Die einen sind die Richtigen und Wichtigen.

Die andern ticken nicht richtig, man kann sie glatt links liegenlassen.

Wer sich nach den Leuten richtet, kommt auch mit den Leuten aus.

Wer sich nicht nach den Leuten richtet, kommt leicht unter die Räder.

Zu welcher Sorte von Leuten einer gehört, lässt sich leicht feststellen, mit einem einzigen Prüfsatz.

Wer ihn besteht, gehört zu der einen Sorte von Leuten, wer nicht, zu der zweiten Sorte von Leuten.

Was täten auch die Leute sagen? mit Fragezeichen oder mit Ausrufezeichen.

Was täten auch die Leute sagen!

Was täten auch die Leute sagen, sagen zu dem, was du machst, was du sagst, was du an hast, was du ausgibst, wie du aussiehst, wo du wann mit wem gewesen bist. Zu allem könnten und können die Leute was sagen. Daher ist es mehr als wichtig, schon im Vorhinein zu wissen, was die Leute dazu sagen täten. Und je nachdem, was die Leute sagen täten, kann man sich danach richten und weiß dann, was man zu tun und zu lassen hat. Wenn nicht, wird man ausgerichtet.

Wer sich nicht nach den Leuten richtet, wird ausgerichtet.

Was täten auch die Leute sagen

Wie du rumläufst ... so kommst du mir nicht aus dem Haus ... musst du am hellen Morgen in die Wirtschaft, kannst du dein Bier nicht daheim trinken ... am Sonntag das Auto waschen … am Werktag auf der Liege im Garten liegen … mit dieser Person ewig lang am Gartenzaun stehen und schwätzen … in deinem Alter bei den Jungen hocken … wieso stehst du vor der Kirche rum und gehst nicht, wie andere junge Männer auch, hinein …

Was täten auch die Leute sagen?

Der Satz ist das Leitseil, an das man sich halten, das Geschirr, in dem jeder gehen soll.

Was täten auch die Leute sagen!

Das ist das oberste Gebot und kommt, vielleicht, noch vor der Antwort auf die erste Frage des Katechismus:

Wozu sind wir auf Erden?

Wir sind auf Erden, um den Leuten zu dienen und dadurch jetzt schon in den Himmel des Fleckens zu kommen.

Die frommen Kirchgänger sind von den frommen Nicht-Kirchgängern so leicht zu unterscheiden, wie die leichten von den schweren Sünden. Die frommen Nicht-Kirchgänger gingen am Sonntagmorgen in den Wald und kamen mit einem Strauß Maiglöcklein, mit einem starken Grashalm fest umwickelt, in den Flecken zurück, gerade beim Zusammenläuten. Für ein paar Meter hatten die Kirchgänger und die frommen Nicht-Kirchgänger den gemeinsamen Weg. Sie hatten ihren Gottesdienst in Gottes freier Natur bereits hinter sich. Ruhige Männer, die nicht den Rechtfertigungsspruch brauchten, den Helmut im »Rössle« von einem Jäger gehört hatte, der sein Credo triumphal vor der Wirtshausgemeinde gepredigt hatte. »Im grünen Wald ein Blick zum Himmel – ist besser als ein falsch Gebet.«

Was die andere, weniger fromme Gruppe der Nicht-Kirchgänger machte, wusste man nicht so genau, vielleicht lagen die Meisten lang im Bett, andere verrieten sich durch Arbeitsgeräusche aus dem Haus oder aus der Scheune. Offen aber am Sonntag Holz zu spalten, hätte sich keiner von

denen, die ihrer Sonntagspflicht offensichtlich nicht nach-
kamen, getraut.

Wer im Flecken drinnen ist, ist drinnen,
wer draußen ist, bleibt draußen.

Wer von draußen wieder nach drinnen will, kann's ja
probieren.

Draußen bist du ruckzuck.

Drinnen ist, wer dazugehört.

Wer drinnen ist, der ist jemand.

Und draußen ist der Rein-Niemand, der Gar-Niemand,
der helle Niemand.

Klett ist drinnen gewesen.

Jetzt ist er der Gar-Niemand.

»Mag nicht mehr unter die Leute.«

Wer von den Leuten lebt, und das tut fast jeder, muss mit
den Leuten leben. Der Wirt, der Pfarrer, der Lehrer, der
Kaufmann, der Schreiner, der Glaser und so weiter. Man
braucht sie, und sie brauchen einen, einmal im Jahr, einmal
im Monat, jeden Tag wie der Wirt und der Kaufmann.
Auch am Sonntag braucht die und die noch Soßenwürfel,
breite Nudeln, Essig und Öl. Wenn die Leute nicht wären,
könntest du machen, was du willst.

Denken kannst du dir dein Sach', aber mach, was die
Leute erwarten.

Die Leute sind überall. In der Backküche, in der Kirche, im Laden, beim Bäcker, beim Metzger, auf dem Friedhof, auf der Gass – du entkommst den Leuten nicht. Über
jeden kann man was sagen, und weil jeder weiß, dass man
über ihn was sagen kann, sagt er, was er sagen sollte, oder
er sagt: »Und i sag nix.« Und wenn er doch was gesagt hat,
kann er immer noch sagen: »Ich? I hab nix gsagt.«

Auch nicht in der Wirtschaft?

Wer etwas gilt, hat in der Wirtschaft gleich verspielt, wenn er nichts zu sagen hat oder wenn er es nicht so sagen kann, dass es nach was aussieht. Nur der Wirt gibt jedem recht und stellt jedem sein Bier hin. Wer außerhalb der Wirtschaft sich so verhält, dass man nichts über ihn sagen kann, den juckt es ab und zu, das zu tun und das zu sagen, was man draußen nicht sagen und tun dürfte, denn: Was täten auch die Leute sagen! Nur wenn von dem, den es mal gejuckt hat, etwas von drinnen aus der Wirtschaft nach draußen kommt, dann gilt das gerade so, als ob er das, was er drinnen gesagt und getan hat, auch draußen getan und gesagt hätte. Und dann haben die Leute draußen über den was zu erzählen.

Klett schert sich einen Dreck um das, was die Leute sagen. Er geht nicht in die Kirche, er hängt keine Schlingen aus Tannenreisig an Fronleichnam unter die Fenster, er liegt am hellen Tag im Bett, fährt mitten in der Ernte mit dem Schlepper in die Stadt, kehrt ein paarmal ein, verbraucht die Rente seiner Mutter, holt Weiber aus Stuttgart ins Haus.

Zu all dem haben die Leute was zu sagen. Und er sagt, wenn er überhaupt mit jemand spricht, sein »Istdochmiregal«.

Auch im »Rössle«, erst kürzlich, nachts um zwölf, wo man ihm ein paar verpasst hat. Das schlaucht ihn. Keiner will der Rein-Niemand, der Gar-Niemand sein, der helle Niemand.

Auch Franz Klett nicht.

Falsche Fährte

Helmut hat Heft Nr. 3 in viereinhalb Stunden abgetippt, von abends 20.20 bis fast eine Stunde nach Mitternacht. Die 59 Tagebucheinträge aus den Monaten Oktober, November und Dezember kamen auf elf eng beschriebene Schreibmaschinenseiten. In Kletts Tagebuchmanier hätte der Eintrag vom Ende des Tages für Helmut heißen müssen: »Frei. 11. Jan. 20.20 Uhr Tagebuch abgetippt, jetzt 0.55, gehe ins Nest.«

Helmut hatte sich für das Abtippen gewappnet. In den viereinhalb Stunden hat er jedes Wort und Wort für Wort abgetippt, auch unverständliche und schwer lesbare, diese mit Fragezeichen versehen oder mögliche Varianten notiert. Was ihm unabweisbar bei der Arbeit einfiel, versuchte er gering zu halten, zu verscheuchen, abzuweisen. Daher tippte er, ohne eine Pause zu machen, die Seiten ab, daher sprach er, beim Lesen und beim Abtippen, die Wörter leise mit.

Der Kalender Nr. 1 und das blaue Schulheft, also die beiden ersten Tagebücher, deckten 150 Tage ab und ergaben 33, ebenfalls eng beschriebene Schreibmaschinenseiten. Die Tagebücher eins, zwei und drei brachten 209 Tage auf 44 Seiten. Helmut errechnete aus den restlichen Tagebüchern noch geschätzte 1200 Tage; diese müssten noch grob 240 Seiten auf DIN A4 und eng beschrieben ausmachen. In einer Stunde schrieb er zwei Seiten. Also erwarteten ihn 120 Stunden, wenn es lief wie bisher, runde 50 Tage. Anfang März wäre die letzte Seite getippt.

Am 3. März wäre Rosenmontag, am 4. März Fasnet, am 5. März Aschermittwoch. Fasnet und Aschermittwoch. Beide Tage passten zum angenommenen Ende seines Unternehmens. »Egal. Istdochmiregal.« Vielleicht kam Helmut mit Kletts Extremformel bis zum Ziel. Das Chaos der Klett-Tage lief in geordneten Bahnen. Das durcheinander geratene Leben suchte Halt in der Angabe von genauen Uhrzeiten, in Programmtiteln vom Fernsehen, im stereotypen Nennen von Aktivitäten; selbst in dem genauen Auflisten der getrunkenen Biere und Schnäpse suchte Klett nach einem Halt gebenden Gleichgewicht.

Ein Computer wäre programmierbar, wenn man ihn mit Klett-Zahlen und Klett-Daten fütterte. Vielleicht hätte Klett die Vorstellung gefallen, dass man einen Computer füttern kann und dass der dann die Zahlen und Daten fressen muss. Darin wären ein Computer und Klett sich ähnlich.

Helmut probierte ein neues Verfahren aus, um in dem Immerwieder des Immergleichen nicht zu versinken, um nicht in den Sog der klar beobachteten Selbstvernichtung zu geraten. Ein immer wieder neu probierter Blick auf die Einträge könnte ihn vielleicht vor Ermüdung und Starrwerden retten und ihn davon abhalten, sich dieses ganzen Drecks zu entledigen. Weg damit. Istdochmiregal. Klett durfte Helmut nicht zu Klett machen. Helmut wollte vor Klett sich in Acht nehmen.

Helmut ging die Einträge durch, notierte nacheinander die Zeiten fürs Aufstehen, fürs Zubettgehen; machte Spalten, Listen, Strichlisten für Kletts »Jetzt«, den Bierkonsum, die Zigaretten. Insgeheim hoffte Helmut, mit Hilfe statistischer Zahlen auf Neues, mit andern Methoden nicht zu Entdeckendes zu stoßen. Nicht er wählte, wie bisher, aus, nicht er unterstrich, trennte Wichtiges von Nebensächlichem, sondern die Zahlen sprächen. Die Zahlen und Daten für zehn Tage im Oktober:

Aufstehen: ½ 8, 8, 9, ½ 8, ½ 7, ½ 11, ½ 12, 10, 7 Uhr.

Ins Bett: ½ 12, 23.45, 23.23, 23 Uhr nachts, ½ 1, 23.24 Uhr.

In der Regel, denn die pure Unregelmäßigkeit, die dauernde Nichtvorhersehbarkeit kommt nicht vor, steht er zwischen sieben und acht Uhr auf, geht um 23.24 Uhr ins Bett, einmal wird es drei Uhr nachts. Häufig schläft er tagsüber. Ein Beispiel: An einem Samstag steht er um halb acht auf, um 21.30 Uhr geht er ins Bett, steht um 22.30 Uhr wieder auf, bleibt auf bis 3.50 Uhr, holt Zigaretten, liest »Quick«. Erst jetzt kann Helmut feststellen, dass

Klett kein Buchleser ist. Für Helmut heißt »lesen« zuerst »ein Buch lesen«.

Klett schreibt sein »Jetzt« morgens, mittags, abends, nachts ins Heft. »Jetzt 8.00, jetzt 19.30, jetzt 23.00, jetzt 11, jetzt 21.45, jetzt 18.30.« Klett holt sein Heft und schreibt. Er hält die fliehende Zeit fest, hat eine Minute Ruhe, solange er das Heft holt und die Uhrzeit hinein schreibt. Vielleicht liegt das Heft auch bereit neben der Bierflasche, neben der Schnapsflasche. In den zehn Tagen holt er vier Flaschen Bier im »Hirsch«, bezahlt vier ins Haus gebrachte Kasten Bier, kauft eine Flasche Wein, zwei Perlweine und einen Sekt. In die Wirtschaft geht er in der Stadt, in Tübingen, in Stuttgart, Bodelshausen, Hemmendorf, insgesamt achtmal, zum Teil mit Freunden.

Die verwirrte Mutter kocht Ungenießbares, zum Beispiel Pfannkuchen ohne Milch, Fleisch ohne Fett. Der unregelmäßige Speiseplan enthält folgende Gerichte: Corned beef dreimal, Ripple dreimal, Fleisch, Kartoffeln, Göggele, saure Knöpfle, Blut-, Brat-, Leberwürste, Schnitzel, Bauernbratwürste, Knöpfle, dazu Gurken, Senf, Brot, Milch, Käse, Tomaten.

Einmal schreibt er: »Gegessen wie ein Drescher.« Vier Schachteln Zigaretten sind notiert. »Egal« steht viermal hinter einer Aktivität, die »Scheiße, Mist« nehmen zu.

Vier Fässer putzt er, lässt sie vom Küfer einschlagen, bringt sie in den Keller, mostet, macht Feuer. »Feucht« ist das Bett an jedem zweiten Morgen.

»Ich« – »Wenn ich nur meinen Weizen hätte, könnte ich endlich säen ... lese weiter und sinniere ... will sehen, wie lange ich noch lebe. Dieses Leben ist abgeschrieben ... habe warm, fühle mich normal.«

Das Wetter nennt er »gut, trocken, neblig, Regentag«.

Im Fernsehen sieht er das Fußballspiel Deutschland gegen Griechenland und das Sonntagskonzert mit Max Greger. Zweimal zahlt er am Freitag Lotto ein und notiert am Samstag die Gewinnzahlen. Geld holt er von der Kasse, 300 Mark für Essen, Trinken, Taxi, Lotto, Besuche im Wirtshaus. Es bleiben nach acht Tagen 148 Mark, am elften Tag lässt er von der Mutter 130 Mark von der Kasse holen.

So weit die Zahlen, die Daten, die Aktivitäten. Helmut hatte nichts Neues auf diese Weise erfahren. Helmut merkte, wie er sich gegen die einmal begonnene Arbeit wehrte. Helmut tippte weiter jedes Wort und Wort für Wort ab.

Die Mutter lacht

Nach dem statistischen Durchgang von zehn Tagen im Oktober kommt das erhoffte Neue, aber nicht dank der Statistik. Das Leben, die Schläge des Lebens schlagen neue Seiten auf.

Die Mutter vergisst die Gänge, die sie machen muss, kauft das Falsche ein, sie kommt vom Feld, geht zu Verwandten, kommt vom Einkäufen, geht auf den Friedhof, sie kommt – Klett schüttelt sie, schreit ihr, zum ersten Mal, ein grobes Wort ins Gesicht. Knapp vor 16.20 Uhr hat Klett seiner Mutter eine »geputzt«. Die Mutter bleibt stumm und geht zu ihren Verwandten.

Klett schreibt am Tag darauf seinen bisher längsten Text:

Di. 21.10.
5 Uhr raus, lese und schreibe, habe schon Ziggr. geholt, jetzt gleich ½ 6 Uhr, bin aufgeblieben, Gott sei Dank, bin zu Mutter, sagte, sie solle Küche machen, sie lacht nur, sprach kein Wort, ging dann später nochmals rüber und nahm es dann ernst, ging zu Schwester (Kindergarten), B. natürlich gleich mit, zuerst war sie Furie, nachher ging's, dann Pfarrer, Musch kann oder will nichts mehr verstehen bzw.

sprechen, dann Doktor, dann Spital ins Bett, wieder wohl, Stationsschwester mir Suppe geholt. Wirtschaft ½ Hähnchen, wieder Spittel, große Untersuchung, Wirtschaft, heim. Jetzt 16.45 Uhr, jetzt ist alles kaputt, Musch kommt bestimmt nach Zwiefalten, weiß nicht, was jetzt am besten, werde bald selber noch irr, bleibt bald nur noch Harikari, ich glaube, in meiner jetzigen Lage könnte ich es, allerdings schmerzlos, habe bis 18.30 Uhr gepennt, dann Feuer gemacht und gefressen, gleich 19 Uhr, ein blödes Gefühl, ganz allein in diesem Haus. 21 Uhr, sinniere in totalem Ernst über meine Zukunft nach, keine Träumerei, kann mir nicht ausmalen, wie alles enden wird, ich glaube schlimmer wie mir kann es keinem gehen.

Der Eintrag vom 21. Oktober ist der längste Text, den Franz Klett bisher geschrieben hat. Der längste Text auch über seinen längsten Tag. Um fünf Uhr steht er auf, um 21 Uhr sitzt er und sinniert. Nicht notiert ist die Zeit des Zubettgehens. Die Mutter ist irre geworden. Zum ersten Mal in ihrem Leben wird sie von daheim weggebracht, ins Spital in der Stadt. Klett ist zum ersten Mal allein in dem großen Haus.

Der Josefvetter ist gestorben, die Schwester vor 25 Jahren im Alter von neun Jahren, der Vater liegt auf dem Friedhof, die Mutter im Spital in der Stadt.

Zum ersten Mal nennt er seine Mutter »Mutter«. Er schreibt »bin zu Mutter«. Seine Mutter heißt an dieser Stelle, wie für alle andern im Flecken auch, »Mutter«. Und nicht »Musch«. Wo er das schicke und nicht hiesige Wort wohl her hat?

Zum ersten Mal erfährt man, was die Mutter außer kochen und Geld beschaffen tut: Sie lacht. Klett ist verwirrt.

Die Mutter lacht, wie sie bisher nie gelacht hat. Und sie tut, was sie bisher auch nie getan hat, sie spricht nicht mehr. »Sie lacht nur, sprach kein einziges Wort.«

Am nächsten Tag telefoniert Klett mit dem Spital, fährt mit dem Schlepper nach Weiler, holt fünf Kinder zum Kartoffelnauflesen. »Prima Kinder … dann Bande heimgefahren.« Loben und sich freuen kommt bei Klett kaum vor. Die Kinder, umtriebig auf dem Acker und laut und voller Leben auf dem Anhänger hinter ihm, er vorne auf seinem Schlepper – das hat Klett gut getan. Das erste Anzeichen einer Krankheit: »Scheiße, mein Auge.« Der Körper macht nicht mehr mit. Weitere Ausfälle werden kommen. Allein im Haus hält es Klett nicht aus. Einer Bedienung in der Stadt bringt er einen Eimer mit Äpfeln, trinkt Bier um Bier, spielt Karten in der Wirtschaft, trinkt weiter, erwacht im Gang, feucht, sie haben ihn zusammengeschlagen. Die Bedienung lässt ihn aus dem Haus. Mit dem Schlepper fährt er heim.

Wieder schreibt er von starken Schmerzen und einem Angstgefühl: »Habe Schmerzen und furchtbar Moralischen.« Zum Arzt geht er nicht, kauft aber eine Augenklappe. »Habe Schmerzen beim Husten. Scheußliche Nacht. Wetter wie im Frühling, wenn nur das Husten nicht wäre.« Er wärmt sich am Ofen, schmiert sich ein mit Korn und schüttet Korn in sich hinein. »Keine Schmerzen und früh um 21 Uhr ins Bett … Keine Schmerzen, Korn gut, darf aber nicht zur Gewohnheit werden.« Klett sieht die Gefahr, der er erliegen wird. Am folgenden Tag haut er ab. Im Spital bei der Mutter bleibt er eine halbe Stunde. Jetzt muss er weg nach Stuttgart. Biere im Bahnhof, Jägermeister im Zug. Er fährt, ohne aufzuwachen, bis Mühlacker, dann zurück nach Stuttgart. Bier um Bier. Schnaps um Schnaps. Heim mit dem Taxi um 85 Mark. »4 Uhr Nest. Brustschmerzen. Ende vielleicht. Egal, wie ich verrecke.«

Nach 17 Tagen kommt die Mutter aus dem Spital. »Fühle mich gut, bin froh, dass Musch wieder hier ist.« Klett macht weiter. »Das Übliche«, also Bier, Kutteln, Leberwurstsuppe, warten auf Lottozahlen, Neue Revue, Regentag, Holz gemacht, Korn, zwei Schlaftabletten, Peter Frankenfeld, feucht, noch 20 Mark. »Wenn nur mal alles vorbei wäre, ich komme allmählich um den Verstand, im Nest gewacht bis etwa 4 Uhr.« Klett schläft bis zum Mittag des folgenden Tages. »20.11. Musch Geld holen, Brot hat sie gegessen, nicht gewaschen, ich habe sie mit Nivea eingeschmiert. 7.33 laut Radio, Franco tot egal.«

Helmut hatte weiter gelesen, sein Erschrecken merkte er erst später. Er ging ein paar Zeilen zurück. Das hat Klett wirklich hingeschrieben. Über ein erneutes »Bin am Ende« wäre Helmut nicht erschrocken. Helmut weiß, was Klett »das Übliche« nennt. Auch das Notieren des Todes eines bekannten Politikers gehört zum »Üblichen«.

Ich habe sie mit Nivea eingeschmiert

Gib die Hand.
    Gib die schöne Hand.
    Gib's Handele.
    Gib's schöne Handele.
    Gib schön's Handele.
In Helmuts und Kletts Familie und Verwandtschaft und bei allen andern auch gab man sich nicht die Hand und fasste man sich nicht an. Ein sanfter Stoß an den Oberarm hieß: »Tag, gut dich zu sehen, wo kommst auch du her.«
    Dem Pfarrer gab man die Hand. Sooft man ihn sah, musste man ihm die Hand geben. Je älter man wurde, umso schneller verschwand man in einem Winkel, wenn der Pfarrer nahte. Den ganz Kleinen machte der Pfarrer mit dem Daumen der rechten Hand ein Kreuz auf die

Stirn. »Gelobt sei Jesus Christus – In Ewigkeit Amen.« So gesegnet, ist man schnell weggerannt. Im Kindergarten ging man an der Hand der Schwester, die Kinder hüpften, Hand in Hand, beim Ringelringelreihen. In der Kirche gaben sich Braut und Bräutigam die Hand. »Gebet einander die rechte Hand.« Davor steckte der Bräutigam der Braut und die Braut dem Bräutigam den Ehering an den Finger. Auch von den Bänken aus konnte die unter Schweigen ablaufende Zeremonie gesehen werden. Die Ringe passten. Dann hatte der Pfarrer wieder das Wort. Die Brautleute durften dreimal »ja« sagen.

Beim letzten offiziellen Akt der Hochzeit, dem Schenken, steht die Verwandtschaft im Hintergrund auf der freigeräumten Tanzfläche. Vor der versammelten Verwandtschaft stehen die Dotte, der Dette, der Bräutigam, die Braut. Vor den Vieren steht ein langer Wirtshaustisch mit weißer Tischdecke, darauf die größte Schüssel, über die der Dette einen großen weißen Teller hält. Von rechts kommen die Hochzeitsgäste. Man hat Zeit. Was jetzt ab zehn Uhr abends passiert, muss beobachtet und registriert werden. Jeder legt ein Geldstück oder, das hängt vom Grad der Verwandtschaft ab, einen Schein auf den Teller. Die ganze Verwandtschaft im Hintergrund erfasst aus nächster Entfernung den auf dem Teller liegenden Betrag. Bei einer reichen Hochzeit kann es vorkommen, dass einer den Namen und den Geldwert in einer Liste festhält. Ganz offen. Der Dette darf das Geld nicht zu rasch in die Schüssel kippen. Jetzt gibt man der Braut und dem Bräutigam die Hand, »wünsch viel Glück in Ehstand«.

Klett hat in Beuron geheiratet. In einem Taxi hatte die Hochzeit mit Bräutigam, Braut und den zwei Trauzeugen Platz. Das öffentliche Schenken auf der freigeräumten Tanzfläche, die Verwandtschaft im Hintergrund, Dette und Dotte hinter dem Wirtshaustisch mit Schüssel und oft gewendetem Teller war bei Klett nicht der Fall. Man hat der Braut und dem Bräutigam nicht hundertfach die Hand gegeben. »Wünsch Glück in Ehstand.«

Zuletzt faltet der Nächststehende einem Sterbenden die Hände auf der Brust.

Man fasste sich nicht an, außer die Arbeit verlangte gemeinsame Handgriffe. Einen Sack zu zweit auf den Wagen heben, einen stützen, der auf eine Leiter steigt, einem aufhelfen, an der Hand hochziehen. Man fasste sich an, wenn es gemeinsam etwas anzufassen galt.

Helmut hatte Hannes am Sonntagmittag vor der Andacht schließlich an den Schultern gepackt und auf die niedere Kirchenmauer neben dem Beinerhäusle gedrückt. Hannes, mit den Beinen schlegelnd, konnte sich nicht freischlagen. Um die zwei herum die andern. Eine Minute vor dem letzten Rucker des großen Zeigers der Kirchenuhr drängten sie durch den hinteren Kircheneingang. Die Uhr schlug halb zwei. Helmut rannte zur Tür, das Hemd und den blauen ärmellosen Pullover gerade ziehend. Von der Frauenseite aus hatte sicher die eine oder die andere Helmut gesehen. Er musste sich eine Erklärung für die Mutter ausdenken, wenn sie die Meldung im Laden morgen anhören musste. Noch nie hatte Helmut einen andern so lange gehalten, die Hände um die Oberarme von Hannes, sein Gesicht vor dem Gesicht des andern. Im Bus, wenn alle Sitzplätze belegt waren, stand man oft dicht gedrängt. Je enger es wurde, desto mehr Sprüche wurden gemacht, desto mehr musste gelacht werden. Beim Tanzen an Hochzeiten fassten sich die Leute an, am heftigsten bei der Fasnet, bei der Helmut nie gesehene Griffe erschreckt sehen musste.

Auf dem Bahnhof in der Stadt sah Helmut, viele Jahre später, wie eine Gruppe von Schülern sich von den Gastschülern aus Frankreich verabschiedete mit Umarmen,

Küssen, Ansichdrücken, wieder Küssen, Umarmen. Auch der Vater eines Jahrgängers war dabei. Er konnte es fast wie die Jungen, das Umarmen, Ansichdrücken, auch das Wangeküssen, mehrfach, hin und her und her und hin. Helmut wollte sich nicht eingestehen, was ihm durch den Kopf ging. Als hielte sich das Vielarmige gegenseitig mit sanfter Gewalt fest, zumindest leicht verzweifelt und für kurze Sekunden. Vater und Mutter, alle Väter und Mütter hatten sich nie in der Öffentlichkeit geküsst. Verliebte und Verlobte gingen am Sonntag Hand in Hand spazieren. Verheiratete hatten bald ein Kind zwischen sich.

»Ich habe sie mit Nivea eingeschmiert.«

»Eincremen« war nicht im Gebrauch, »salben« war das Vorrecht der Sünderin Maria Magdalena, die Jesus die Füße, benetzt von ihren Reuetränen, wusch, mit ihren langen Haaren trocknete und mit einer kostbaren Salbe salbte. Franz Klett hat seiner Mutter die Stirn und die Wangen und das Kinn eingesalbt. Da die Mutter, überreich an Schmerzen, und da ihr verlorener Sohn Franz.

Klett geht zurück in sein Zimmer und schaltet den Fernseher ein. Die Mutter geht gleich mit, »sitzt bei mir«. Die Zwei trinken einen Krug vom frisch angestochenen Most, »Musch mag ihn sehr.«

Durch den Flecken gehen Mutter und Sohn immer allein. Die kurzen Wege geht Klett zu Fuß. In die Stadt fährt er mit dem Schlepper, manchmal sitzt die Mutter auf dem Sitz über dem rechten Hinterrad, in schwarzen Kleidern und mit einem dunklen Kopftuch. Zu zweit fahren Sohn und Mutter aufs Feld und heim vom Feld.

Im Tagebuch vom Montag, den 1. Dezember, steht, Graham Hill sei »tot, abgestürzt«, drei Tage später: »Holland drei Geiseln erschossen«. Daheim aber, in der kleinen Welt des Fleckens, im eigenen Haus, ist die Mutter »total verrückt, sitzt bei mir, werde auch bald verrückt«, auch am

Tag darauf »total verrückt, bis jetzt bei mir in der Stube«. Die Mutter will bei dem Sohn sein.

Zum zweiten Mal trägt Klett ein, dass er geträumt hat, zum ersten Mal kommt ihm in seinem Traum seine Schwester zu Hilfe. »Habe von meiner Rosa geträumt, ich darf nicht dran denken.« Die Schwester ist »seine Rosa«. Seine letzte im und vom Traum ihm herbeigerufene Retterin?

Klett haut wieder ab nach Stuttgart. »Im Zug mit Dame gesprochen, war ihr behilflich beim Umsteigen.« In Stuttgart dann das bekannte »Übliche«, schon öfters abgelaufen, einprogrammiert in Kletts Lebens- und Todeslauf.

Die Verwandten wollen helfen. Klett notiert, eine habe »Weihwasser, Milch und Bratwürste gebracht«. Hat er die Reihenfolge absichtlich so gruppiert? Zuerst Weihwasser, dann Milch, dann die im Dezember bereits raren und guten Bratwürste? Zuerst das fürs Seelenheil nötige Weihwasser, dann die irdischen Lebensmittel. Oder gilt jedes gleichviel, eine Bratwurst so viel wie ein halber Liter Weihwasser? Oder gibt ihm die Verwandte die Sachen in der aufgeschriebenen Reihenfolge? Zuerst das Weihwasser, das habe er am nötigsten. Dann die Milch und kein Bier, schließlich das Paar Bratwürste, auf der Bühne auf Stroh in großen Getreidesieben getrocknet. Weihwasser, Milch, Würste – eine stumme Predigt für den fast verlorenen Sohn der Mutter.

Erkenne dich im Kasten

Das bekannte »Übliche«. Klett sieht fern: »Dalli Dalli«, »Hitparade«. Klett sieht fern und schreibt ins Heft: »Lembke, ›Was bin ich?‹ Ein Seckel???« Beim Abtippen stockte Helmut. »Was bin ich? Ein Seckel???«

Helmut schrie sein Lachen heraus. Klett machte einen drastischen Witz über sich selber. Was bin ich? Klett, was bist du? Klett, du bist, auf den Punkt gebracht, ein Seckel. Ein Seckel bist du. Ich bin ein Seckel. Das ist mein Leben, und das ist die reine Wahrheit. Ich war und ich bin ein Seckel. Klett – von Beruf Seckel, Alter 41 Jahre. Machen Sie eine typische Handbewegung, Klett! Klett! Greif dir an die Stirn oder, Klett, gleich an die Gurgel! Klett, der Seckel. Klett, der Seckel des Fleckens.

»Was bin ich? Ein Seckel!!!«

Fleckenrunde

Nach dem Fernsehen »ein Spaziergang durchs Dorf«. Es ist November und schon lange dunkel. Von seinem Haus aus geht Klett nach rechts auf die Oberdorfstraße, am »Hirsch« vorbei, hoch bis zum Sportplatz, unter ihm der ganze Flecken, der einem Menschen, der auf dem Rücken liegt, gleicht. Der Kopf, das ist die Kirche und das alte Schulhaus, der linke Arm sind die Häuser vom Wagges bis zum Ortsausgang Richtung Stadt, der rechte Arm die Häuser an der Straße Richtung Hemmendorf, der rechte Fuß streckt sich hoch bis zum Sportplatz, der linke dehnt sich eben Richtung Tal. Und der Leib des Fleckens liegt links und rechts vom Bach. Klett probiert die Flecken- und Menschenform aus, sich dehnend und streckend.

Von der Höhe des Sportplatzes dann zurück und rechts hinunter zum Bach. Auf das niedere Eisenrohr gestützt, schaut er lange ins Wasser, das am Rande dünne Eisstreifen hat. In einem strengen Winter waren die Eisenrohre mit einer dünnen weißen Eisschicht überzogen, man konnte mit der Zunge hängenbleiben, wenn man nicht vorher ein Stück Eis weggehaucht hatte. Vorbei an der Absturzstelle des Flugzeugs, vorbei an der Bäckerei, am Laden. Wäre ihm einer begegnet, so hätte Klett außer einem »Abend« nicht eines von den vielfachen Zeichen erwarten können, dass man auch dazu gehört, dass man drinnen ist und nicht draußen. »Bist auch noch unterwegs? Ja, gibt's dich auch noch? Will man noch ausgehen?«

Franz ging über die mittlere Brücke, schaute lange ins Wasser, dann an der Backküche vorbei, das Steigle hoch und über den Hof zu seinem Haus. Das Licht bei der Mutter war gelöscht.

Und dann?

Helmut wusste nur zu genau, dass er vor dem nächsten Heft am liebsten Reißaus genommen, sich auf französisch von ihm verabschiedet oder sich selber überzeugend hinterlistig ausgetrickst hätte. Man könne das ewige Einerlei nicht Tag für Tag ertragen. Man sollte eine Auswahl treffen und nur die bekannt kritischen Tage, Samstage und Sonntage, abtippen. Oder könnte man nicht eine Zufallsauswahl treffen, jeden vierten, jeden siebten Tag herausfiltern? Oder die großen Festtage im Jahresvergleich nebeneinander stellen: Ostern 1975 gegen Ostern 1976 gegen Ostern 1977. Dazu Weihnachten, Fronleichnam, den Geburtstag von Klett, den Namenstag der Mutter, den Todestag des Vaters und so fort. Und warum nicht die Tagebücher von hinten nach vorne durchgehen? *Sub specie mortis.* Im Religionsunterricht hatte der Pfarrer von Franz von Assisi erzählt, wie er mit seinem »und dann?« jeden besiegte. Einen Reichen brachte er dazu, dass er alle seine Reichtümer verkaufte und Mönch bei Franz von Assisi wurde. Ich bin reich und werde immer reicher ... und dann? ... Dann kaufe ich das und das auch noch ... und dann? Dann baue ich einen Palast ... und dann? Dann heirate ich eine schöne Frau und werde viele Kinder haben ... und dann? Dann werde ich die Stadt regieren wie ein guter Fürst ... Und dann werde ich lange leben ... Und dann ...

169

werde ich hoch geehrt sterben ... und dann? Keine Antwort. Und dann?

Ein großer radikaler Heiliger wie Franziskus durfte diese radikale Methode praktizieren, Helmut aber musste weiter abtippen.

Die Wahl der Methode, Helmut wusste es genau, ist nicht das Mittel, ein Problem zu lösen und den Weg Richtung Wahrheit zu finden. Eine neue Methode eliminiert die ganz einfachen Schwierigkeiten. Am wenigsten kann man sich selber mit einer schicken Methode umgehen. Helmut tippte ab, jedes Wort und Wort für Wort, auch unverständliche und schwer lesbare, versah diese mit Fragezeichen oder notierte mögliche Varianten. Was ihm unabweisbar bei der Arbeit einfiel, versuchte er gering zu halten, zu verscheuchen, abzuweisen. Daher tippte er, ohne eine Pause zu machen, die Seiten ab, daher sprach er, beim Lesen und beim Abtippen, die Wörter leise mit. Aber auch dieses Verfahren beantwortete nicht jede Frage, die wichtigste schon gar nicht.

Anzeichen

Die Einträge in Heft Nr. 4 beginnen am 9.12.75 und enden, nach zwei Monaten, am 11.2.76. Helmut stockte des Öfteren beim Abtippen wegen Kletts Schreibfehler, die immer häufiger wurden. Fehler korrekt abtippen ist schwerer als Korrektes übertragen:

Ochsenmalsal nach (noch) gepenn bis 8.30 Krombiraschnit(z) ketzt, yetzt (jetzt) gien (ging) fort ... in Niernau (Niedernau) bei Gartenbau ... in Pg (Parkgaststätte) versumpf(t) Sofafaf geschlaf Konfütüre.

170

Klett kürzt die Wörter, fast nur dem Schreiber verständlich. »Steinhäger – Stein – St. Unheimlich viel Geld gebrau ... wer(de) schreiben ans Arbeitsamt Schnee ger(äumt).«

Die Mutter. Schmerzh.

»Musch in Stadt. Weggental Schmerzh.« Wenn einer nicht mehr weiß, wo er hin soll und wie's weitergehen soll, geht er ins Weggental. Die Mutter fährt mit dem Bus in die Stadt, geht vom Bahnhof die Straße hinab zum Neckar, hinauf zum Marktplatz, links am Dom vorbei und am Joos-Beck, hinaus zum Sankt Klara, am Bach entlang, hinauf zu den Kreuzwegstationen. Hinter den Bäumen muss das Gefängnis sein. Sie durfte den eingesperrten Sohn nicht besuchen. Er ließ es ihr verbieten. Der erste Bildstock. Schräg hängt er im Hügel, das Bild verblasst, der Sandstein ausgewaschen. Der zweite Bildstock ist in der Mitte mit starkem Draht umwickelt und an den drei, vier grünen Büschen mit dicht stehenden Nadeln festgebunden. Waren früher nicht mehr Stationen da? Vor der nächsten Station bleibt die Mutter stehen und schaut durch das schwarze Gitter.

Nimm dein Kreuz auf dich
Und folge mir nach.

Die Mutter ruht sich auf der Bank neben der Station mit dem Kreuz tragenden Heiland aus, schaut über die Bäume und Buchenhecken hinweg auf die Apfel- und Kirschbäume, auf die steilen Rebstockreihen des gegenüber liegenden Hügels, gekrönt von einem hohen schwarzen Kreuz. Die Mutter geht in die Wallfahrtskirche im Weggental, zur Schmerzhaften Mutter Gottes mit den sieben Schmerzschwertern in der Brust. Dort betet sie den schmerzhaften Rosenkranz und die Litanei von der schmerzhaften Mutter Gottes.

Du schmerzhafte Mutter – bitt für uns … durch
deine Armut im Stalle zu Bethlehem – durch deine
schmerzliche Begegnung auf dem blutigen Kreuzwege –
durch deinen Todesschmerz bei Jesu Sterben – in all
unseren Trübsalen – bitt für uns – in allen Ängsten und
Gefahren – bitt für uns – in der Stunde unseres Todes –
bitt für uns.

»Musch in Stadt. Weggental. Schmerzh.«

Klett irrt sich mehrfach im Datum. Das Jahr 1976 datiert er zurück ins Jahr 1974. Statt So. 7.12. schreibt er So. 9.12. Das bisher verlässliche Datieren gerät ins Wanken. Die Fahrten mit dem Zug nach Stuttgart werden seltener. Nach einer Pause von vier Wochen aber fährt er am Samstag und gleich wieder am Sonntag. Die Kosten sind hoch: »2 F. Sekt zu 93 Mark, Taxi 84 Mark.«

Daheim registriert er jeden Pfennig:

Hagelversicherung	5.50 DM
Kaminfeger	9.60 DM
Wasserbescheid	9.11 DM
Friseur	7.50 DM

Der Lottoeinsatz fällt jede zweite Woche aus. Eine Steuermahnung kommt per Post. Das Heizöl ist verbraucht. Klett heizt mit Holz. Jeden Morgen spaltet er die nötige Tagesmenge für zwei Ofen, den einen in Mutters Zimmer, in seinem Zimmer den andern. Auch die Briketts für den Herd in der Küche sind ausgegangen. »Verheize Kinderschuhe, ist eine Schande, aber egal, alles futsch.« – »Musch gefüttert, Musch angezogen, ich vertrag allmähl. ihr Irrsein, schimpfe nimmer, gehe nur noch weg.«

Bade Musch

Helmut traute seinen Augen nicht.

Vor Monaten hatte Klett die Mutter »mit Nivea eingeschmiert«. Und nun soll er sie gebadet haben. Helmut las
wieder und wieder: »Ganzen Tag Bade Musch.«

Aus den Aufschrieben der folgenden Tage klärt sich der
unglaubliche Fall. Klett selber badet häufiger, »mich juckt's
am ganzen Ranzen, weiß nicht warum ... gebadet ... T. mich
geschrubbt und einbalsamiert, es roch wie in einem Puff.« –
»Ganzen Tag Bade Musch 2 Leberwürste gebracht.« Klett
badet, die Mutter holt bei Verwandten etwas zum Essen.
Leberwürste, eigene, noch vom Metzgen im Winter, in der
Bühne auf Stroh in großen Sieben oder Reitern gelagert.

Wieder musste Helmut erfahren, dass Klett nicht für
andere seine Einträge macht, nicht schreibt, um von andern verstanden zu werden, gar um Mitgefühl zu erregen.
Klett schreibt für sich. Klett ist der einzige Leser von Klett.
Klett schreibt sich selber.

Einmal besteht Klett nur aus der Tätigkeit des Schreibens: »9.20 Uhr raus werde gleich schreiben, habe geschrieben.« Klett kommt aus dem Bett, das Heft liegt auf
dem Tisch, Klett schreibt hinein: »Werde gleich schreiben.« Er wäscht sich und nimmt wieder den Stift: »habe
geschrieben.«

Halblebig

Klett hält zwar den Stift, aber manchmal führt ein anderer
ihm die Hand. »T. mich geschrubbt und einbalsamiert.«
Klett hat die Mutter mit Nivea eingeschmiert, T. hat ihn
einbalsamiert. Aus dem Religionsunterricht weiß Klett genau, wer einbalsamiert wurde. Tote. Klett sitzt in der Ba-
dewanne und lässt sich den Rücken schrubben. Ihm geht's
gut. Dann wird er mit Creme eingerieben. Ihm geht's bes-

ser. Nicht mehr lange, das weiß Klett insgeheim, und er ist reif fürs »Einbalsamieren«. »Lass dich einbalsamieren!« ist im Flecken die übliche Aufforderung, rasch, wenn nicht für immer, zu verschwinden. Immer häufiger heißt Kletts »Jetzt«-Diagnose:

> Keine Lust, nicht viel Lust, habe zu nix Lust, weiß noch nicht, was ich heute anstelle, mal sehen, was ich noch mache, zu faul nach Tübingen, wollte zum Arzt, aber nix Lust. Schon 7 Uhr raus, aber dann wieder Bett bis 9 Uhr.

Der gestiegene Verbrauch von Korn und Most macht ihn lahm, er bleibt daheim, er hat den »Datterer«. Sein Selbst-Befund im Ganzen: »Habe überhaupt keine Energie mehr. Schmerzen in der Brust.« Das sonst häufig im Flecken gebrauchte »halblebig«, sei's im Ernst oder im Witz, trifft Klett im Kern, er ist, nach eigener Einschätzung, »halblebig«, nur zur Hälfte lebendig.

Immer wieder geht er in den Schuppen und startet seinen Schlepper, lässt ihn eine Zeitlang laufen, gibt probeweise Gas, schaltet die Zündung aus. Schon im Januar montiert er den Pflug an den Schlepper, ein paar Tage später kommt der Pflug wieder weg. Leerlauf und Übungen im Leerlauf. 29.12.75: »Heut vor 15 Jahren war's mir wohler wie heute, Knast vorbei.« Begann bereits am 29.12.1960 der allmähliche Sog nach unten? Mit 26 Jahren?

Fünfzehn Jahre dauerte dann schon der Anfang vom Ende.

Den letzten Eintrag bilden vier Unterschriften. »Franz Klett« in lateinischer Version, »Franz Klett« in deutscher Version, je zweimal. Der Schwung und die Schnörkel der Unterschrift aus dem ersten Heft sind verschwunden.

Die Beispiele für die nachlassende Konzentration bei der Rechtschreibung, bei der Datumsangabe und die zunehmende Verkürzung der Wörter stammen zum Teil aus Heft Nr. 5, das vom 12.2. bis zum 21.5.76 reicht. Klett braucht immer weniger Platz für seine Einträge, die immer einförmiger werden. Die Einträge von Gründonnerstag bis Ostermontag gehen auf eineinhalb Seiten.

Do. 15.4.

9 Uhr raus, mich beißt's, Feuer, Zeitung usw., jetzt 11 Uhr, weiß nicht was tun, gepennt bis ½ 3 Uhr, dann Bodelshausen, Lotto und eingeklauft Fischstäbchen, dann Hirsch 3 B und Rössle iB 1 B mitgenommen, 19 Uhr zu Haus, abends Suppe gemacht u Fernsehn ½ 11 ins Nest bis Karfreitag 16.4.

f gelesen bis 8.30, dann Nest bis 12 Uhr, Fisch gemacht u Feuer, schönes Wetter, Fisch gefressen, viel gepennt, ich bald Nest.

Karsamstag 17.4.

6 f raus dann Nest bis 12 Uhr Musch Hirsch 1 KB, ich Holz gespalten, Mutter Brot und Wecken gekauft, noch 1 KB, bis 0.40 Fernseh

Ostern 18.4.

trocken, schönes Wetter. Ich lesen, Feuer, Musch kocht, ich am Fernsehen Kirche aus Bonn gut 11.40 Uhr Stimmung wie's eben ist. Musch Essen total angebrannt, sie ist dann total verrückt 3 St Garten gesessen, dann mir Ziggr. geholt, ich 2 St gepenn, Musch mit Werktagsmantel Friedhof, habe Ei und Wecken gegessen jetzt 21.20 Radio 24 Uhr Nest f

Ostermontag 19.4. ½ 9 Uhr raus Feuer Lesen u saufen nix gekocht auch egal wann wir

175

Alle diese Kinder dein

Der »Weiße Sonntag«, der Tag der Erstkommunion, geht vorbei. Klett gehört nicht zu den hartnäckigen Nicht-Kirchgängern, die einmal wenigstens im Jahr den Weg in die Kirche finden. Am »Weißen Sonntag«, am Tag der »unschuldigen« Kinder.

Lass die Kinder zu mir kommen
Ihrer ist das Himmelreich.
Wer den Himmel will erwerben,
werde diesen Kleinen gleich.

Die regelmäßigen Kirchgänger akzeptierten an diesem Tag die Nicht-Kirchgänger. Vielleicht spürten beide Sorten von Kirchgängern ganz ähnliche Erinnerungen, angeregt durch das Lied. Das Lied lässt, für die Dauer der gesungenen Strophen, die Augen der Männer, je älter sie sind, umso feuchter werden. Jeder war ein Erstkommunikant beim ersten großen Fest des Lebens. Der erste Anzug, bei dem Hose und Jacke aus dem gleichen Stoff waren. Die erste große Kerze mit einer großen Schlaufe, hinter der die kleine Hand verschwand. Ein eigenes Gesangbuch mit Goldschnitt. In den vier vordersten Reihen der Kirchenbänke waren am vorderen Rand des Pultbretts runde Löcher vorgesehen, in die selbstgeschnitzte, tannenartig spitz zulaufende Holztürmchen gesteckt wurden, darauf dann die Kerze. Der erste eigene Rosenkranz mit weiß glänzenden Perlen. Der vorderste Platz in der Kirche. Dotte und Dette, Väter und Mutter, Ehne und Ahne auf den Ehrenplätzen.

Und das Lied, von allen laut und innig, je lauter desto inniger gesungen, meinte alle Erstkommunikanten und jeden einzelnen.

Lass die Kinder zu mir kommen
Ihrer ist das Himmelreich.

Seit dem Aufstehen fuhr Helmut mit der Zunge über die Zähne und durch die Zahnlücken auf der Suche nach Resten. Brotreste, Wurstreste, Reste überhaupt. Jede Brosame war eine Gefahr, konnte das heilige Mahl ungültig, ja zur Sünde, zur schweren Sünde machen. Helmut zog, von hinten nach vorn, die oberen Zähne über die nach oben gekrümmte Zunge, einumsanderemal. Die Schneidezähne zogen einen weißen Schleim vor sich her.

Diese Worte, diese Liebe
lass sie heut erneuert sein.
Guter Jesu, komm und segne
Alle diese Kinder dein.

Helmut war rein an der Seele, er hatte gebeichtet, sogar Sünden bereut und bekannt durchs hölzerne Gitter des Beichtstuhls, die er gar nicht begangen hatte, Helmut wollte sicher gehen, alles sollte weg von der unreinen Seele. Helmut war bei der Beichte eine Reue gelungen, wie er sie noch nie gespürt hatte. Er glühte vor Reue. Es war ein Glück, so inwendig glühen zu können, zu brennen vor Schmerz über die begangenen Sünden, auch über die nicht begangenen. Wer nichts zu beichten hätte, wäre eigentlich übel dran. Helmut war es schmerzlich glücklich zumute, gerade wie bei einem Aufsatz, in den er rasch hineinfand mit den richtigen Worten. Andern genügte es, den Reuetext im Gesangbuch zu lesen, Helmut erhitzte sich mit seinem eigenen Reuefeuer. Der Mund und die Zähne aber waren nicht ganz rein zu bekommen.

Sieh, zu deinem Liebesmahle
Kommen sie mit heilger Lust
Steig herab in ihre Mitte
Nimm sie all an deine Brust.

Am Morgen des Erstkommunionstags hielt es Helmut auf keinem Stuhl aus, er rannte durchs das kleine Wohnzimmer, in dem der Tisch und sechs Stühle, das Sofa, der Schreibtisch des Vaters, der Kohleofen wenig Platz für ein paar Schritte ließen. Wer im Wohnzimmer war, saß im Wohnzimmer. Die Mutter trug das Morgenessen herein. Heute bekam nur der kleine Bruder eine große Tasse Milch, in die er Kranz einbrockte, auf den er Zucker, Löffel um Löffel, häufte, um dann, wenn Kranzbrocken und Zucker, vollgesogen mit Milch, nach unten sanken, diese mit dem Löffel wieder heraufzuholen, schließlich die Tasse an den beiden Ohren zu fassen und den Rest schmatzend auszuschlürfen. Noch nie hatte der kleine Bruder so langsam zu Morgen gegessen, für den nüchternen Erstkommunikanten vorgegessen. Helmut rannte mit dem Knie gegen die rechte Schreibtischtür von Vaters großem Schreibtisch aus Eichenholz, der Schlüssel, der nie abgezogen wurde, brach ab. Die Mutter hob das abgebrochene Stück rasch auf und zog das restliche Stück aus dem Schlüsselloch. Der Vater hätte auch an einem andern Tag nichts gesagt und den Reserveschlüssel aus der oberen Schublade gezogen. Der größte Tag im Leben der Kinder war auch der Tag der Narrenfreiheit.

Lass sie ruhn an deinem Herzen
Liebster Jesu, sie sind dein!
Sprich den Segen, sprich zum Himmel:
Vater, Vater, sie sind mein.

Helmut konnte nichts für den abgebrochenen Schlüssel, er hatte es nicht mit Fleiß getan, aber der Schlüssel war kaputt. Ein schlimmes Zeichen. Helmut zog wieder und wieder die Zunge durch die Zähne.

Nimm sie hin, die jungen Herzen
Die dein treues Volk dir weiht.
Sie sind dein – o heilige Stunde!
Nimm sie hin in Ewigkeit.

Weißer Sonntag 25.4.
Regentag ½ 9 Uhr raus, Feuer gemacht usw. dann ich gekocht prima mal wieder richtig gefuttert. Hab Musch auch Feuer gemacht jetzt 15.25 Uhr Radio und lesen habe Eier 7 St bei Hennen geholt habe Appetit ok. Abends Fernsehen. Carrell.

Gerichtet

»Meine Mutter hat mich schön hingerichtet«, hatte Helmut in einem Aufsatz über seine Verkleidung für den Fasnetsumzug geschrieben. Die roten Striche der Lehrerin hielt Helmut für falsch, traute sich aber nicht, es der Lehrerin zu sagen. Das Essen konnte die Mutter hinrichten, auch die Stube, den kleinen Bruder, die Haare, auch die Kirche, und die Altäre an Fronleichnam wurden immer schön gerichtet. Und wenn das schön und richtig war, dann galt sein Fasnetssatz erst recht. Aber die Lehrerin kannte nur hochdeutsch.

»Habe sie gerichtet«, schreibt Klett am Tag nach dem »Weißen Sonntag« über die Mutter. Was hat Klett mit der Mutter gemacht? Hat er sie, wie schon einmal, an den Oberarmen gepackt und geschüttelt? Hat er sie mit Worten angegriffen? Für etwas, was die Mutter ihm nachgemacht hatte? Geschlagen hat der Sohn seine Mutter nicht. In keinem Fall. Helmut wusste das mit sicherer Gewissheit. Am Sonntag, den 21. Sept. 1975, hatte sich Klett, nachdem er im »Rössle« von den jungen Kerlen fertiggemacht, also gerichtet worden war, in seinem Heft vorgenommen, »keine Beiz mehr im Flecken« zu besuchen. Am 28. April steht im Heft Nr. 6: »1. Wirtschaft dieses Jahr.«

Über sieben Monate hatte er zu nagen an seiner Demütigung, an seiner öffentlichen Hin-Richtung.

Am Mittwoch, den 19. Mai 1976, notiert Klett, dass »heute vor drei Jahren« seine »Alte« fort sei. Klett vertut sich deutlich. Die Frau hat ihn vor rund einem Jahr verlassen. Ist der dreifach gedehnte Zeitraum zu erklären aus Kletts gegenwärtiger Verfassung? Liegt für ihn die Trennung nicht erst ein frisches Jahr, sondern vielmehr schon drei lange und immer noch frische Jahre zurück? Das sachliche »heute vor drei Jahren« gibt Kletts Verfassung nicht preis.

Wie selbstverständlich, also nicht weiter verwunderlich, kommt die nächste Katastrophe. Am 1. Mai ist die Mutter nach dem Essen in den Garten gegangen. Die Mutter fällt von ihrem in den Garten hinausgetragenen Stuhl. Der Sanka bringt sie in die Neurologische Klinik nach Tübingen, der Sohn macht weiter mit Saufen. Zum ersten Mal kommt er mit seinem Schlepper von der Straße ab und fährt in den Straßengraben. Weitersaufen mit anderen. Dabei schießt ihn einer mit einem Luftgewehr in den Finger. Die Füße sind immer noch geschwollen, der ganze Körper juckt. Die Schmerzen in der Brust werden ärger. Für den vor einem Jahr gestorbenen Väter lässt er eine Messe lesen. Klett fährt mit dem Schlepper nach Tübingen, geht in die Klinik, spricht mit einer Ärztin, fährt zurück. Und dann, nennt man's Galgenhumor?, schreibt er am nächsten und letzten Tag von Heft Nr. 5:

»Nest bis 8 Uhr f gemoststückt.« Fehlerfrei und ohne Abkürzung »gemoststückt«.

Schlag auf Schlag

»Sa. 22.5. fange Nr. 6 an.« Fünf Hefte sind geschrieben, weitere werden folgen. Das weiß, hofft und fürchtet Klett. Das Tagebuch Nr. 6 ist wie die Nr. 1 ein weinrotes Oktavheft, der »Taschenkalender für Hof und Feld« von der Landwirtschaftsbank. In den Umschlagdeckel ist ein Loch, eineinhalb Zentimeter im Durchmesser, hineingeschlagen. Mit einem Kugelschreiber muss Klett häufig auf den geschlossenen Kalender eingeschlagen haben, mit großer Wucht, immer wieder, ist doch der vielfache Abdruck der blauen Mine auf dem ersten weißen Blatt zu sehen. Vier weitere kleinere Einschläge durchlöchern den weinroten Kalenderdeckel.

Klett hat in den Tagebüchern eins bis fünf von keinem einzigen Angriff gegen eine Person oder ein Tier oder einen Gegenstand berichtet. Aber an den Oberarmen hatte er die Mutter gepackt und ein paarmal geschüttelt. Am Montag, dem 26. April, hat er die Mutter, als sie aus der Stadt mit dem Taxi zurückkam, ohne Arznei für die geschwollenen Beine, geschüttelt, als sie in der Stadt ein Viertel Wein oder ein Glas Bier in einer Wirtschaft, vielleicht beim Joos, getrunken hatte und später als üblich zurückkam, nicht mit dem Bus, sondern wohl zum ersten Mal in ihrem Leben mit einem Taxi, als sie also das, was der Sohn schon hundertfach vorgemacht, einmal nachgemacht hatte, da hat Klett seine Mutter an den Oberarmen gepackt und ein paarmal heftig geschüttelt. Nein. Geschlagen hat er die Mutter nicht.

Klett schlug also auf seine Tagebücher ein. Täglich saß er vor seinen Heften und Kalendern, gleich nach dem Aufstehen, und mehrmals tagsüber machte er seine kurzen, gleichförmigen Einträge, täglich dokumentierte er seine Niederlagen. Die Schläge mit dem Stift galten ihm selber.

Heft Nr. 6 beginnt wie Heft Nr. 1 mit einer Abrechnung. In Heft Nr. 1 auf Seite 1 summierten sich die Kosten für die Beerdigung des Vaters auf 1116,36 DM. In Heft Nr. 6 sind auf der Rückseite des ersten Blattes nur die Geldempfänger für die Beerdigung der Mutter notiert, der Pfarrer, der Beerdigungsunternehmer, der Gärtner, die Fahnen- und der Kreuzlesträger, der Schreiner, ohne einen Betrag zuzuordnen. Das zweite Blatt beginnt mit dem ersten Eintrag.

Sa. 22.5.
fange Nr. 6 an. ½ 8 Uhr raus, f, schlechtes Wetter heut, Feuern müssen, jetzt 10 Uhr, lese Zeitung, 12.30 Schlepper, ein Brot, Ziggr., Nudeln, ½ Pf Tomaten, 2 Bratwürst, koche eben. Werde gleich essen. Essen ok. Fußball geschaut, D – Spanien 2:0, Tore Hoeneß, Toppmöller, ein wenig gepennt, abends Fernsehen. Etwa 11.30 Uhr Nest.

Überraschen kann einen das im Text versteckte, zum Teil neue Verhalten von Klett. Mit dem Hanomag hat er für das Mittagessen eine Einkaufstour durch den Flecken gefahren vom Bäcker über den Kolonialwarenladen zum Metzger. Daheim kocht er die Nudeln. Während des Kochens geht er vom Herd zum Küchentisch, holt Heft Nr. 6 aus der Schublade und schreibt hinein, was er gerade tut: »Koche eben.« Dass er in ein paar Minuten essen wird, kommt auch ins Heft, »werde gleich essen.« Als Kind hat er mit dem Vater und der Mutter und dem Josefvetter vor und nach dem Essen gebetet. Jetzt schreibt Klett vor und nach dem Essen. Am folgenden Sonntag bindet er die geschwollenen Beine mit elastischen Binden fest ein, gegen das Jucken hilft vorerst eine Schicht Nivea. Später fährt er mit dem Zug nach Tübingen, trinkt am Bahnhof drei Biere, besucht die Mutter, die seit dem 1. Mai, also schon drei Wochen, in der Klinik liegt: »Furchtbarer Anblick«, fährt wieder zurück, ein Bier im Bahnhof, bereits um acht Uhr geht er ins Bett. Es ist noch hell. Das Betläuten um halb neun hört er nicht mehr.

Auf früheren Seiten hatte Klett behauptet, er »vegetiere« nur noch. Nun ist er dem Vegetieren sehr nahe … liegen … auf … raus … fressen … saufen … liegen …

Sterben und erben

In den ersten 26 Tagen von Heft Nr. 6 dokumentiert Klett das, was er schon oft dokumentiert hat: »Bin am Ende.« Was er noch hat, sind seine Hefte. Er flüchtet zu seinen Heften, als könnte das vor dem völligen Vegetieren helfen. Er schreibt nur für sich und nicht für einen späteren Leser. Der Schreiber Klett ist der Leser Klett, und Klett schlägt mit dem Stift auf das Geschriebene ein.

Am nächsten Sonntag um dreiviertel sieben erfährt Klett durch die Pfarrköchin, die Mutter liege im Sterben. Klett fährt nach Haigerloch. Die Mutter ist tot. Für die Beerdigung bekommt er von der Nachbarin ein Hemd ihres verstorbenen Mannes.

Die Trauer um die Mutter hat keine Worte im Heft. Klett äußert sich anders. Nicht mit Papier und Stift. Sondern mit sich selber. Auf den Tod der Mutter folgt das »Übliche«, heftiger als üblich und länger als üblich.

»Die. 29.6. Das Übliche.«

Klett verkauft eine Pumpe.

9.7.   Post vom Gerichtsvollzieher

12.7. Trauerfeier Bonn Heinemann

17.7. Olympia-Eröffnung raus rein

19.7. 4 Uhr raus, Bier gefroren, musste auftauen

23.7. rein u raus

26.7. nur daheim gesoffen

27.7. immer dasselbe

28.7. am Ende

29.7. 2 Uhr raus gelesen usw. jetzt 4.45.
       Habe nichts mehr getan da aufgehört
       mit Tagebuch

30.7. weiß nicht was gemacht auch egal

18.8. das Übliche

20.8. immer dasselbe

23.8. Notar Alleinerbe ok

Am nächsten Tag wird der erste Kaufvertrag gemacht. Der große Garten ist verkauft. Ein Wagen wird verkauft. Besichtigung mit Interessenten von den Grundstücken: »Brühlacker, Härle, Au, Schelmenlöchle, Häuble, Breitle.«

Klett kauft eine Kreissäge, einen Waschautomaten, einen Plattenspieler, eine Bohrmaschine, einen Farbfernseher, eine Taschenlampe, ein Mofa.

Fleckenrunde

Nachts um halb zwölf fährt Klett mit dem neuen Mofa eine Fleckenrunde. Es springt nicht an, er schiebt, sich mit beiden Beinen vom Boden abstoßend, bis zum Steigle, der Motor springt bergab an. An der Backküche vorbei, auf den Wagges, rechts weiter am Bach entlang. Hinter ihm hupt einer. Ein großer Mercedes fährt, bei herabgelassenem rechten Fenster, neben ihm her. Ein Alterskollege. Klett schaut geradeaus, gibt Gas, der Mercedes bleibt auf gleicher Höhe. Ob's pressiere? Ob man sich nicht mehr kenne? Der stolze Besitzer! Ein nagelneues Mofa! Da müsse aber Geld da sein. Klett hält an, der im Mercedes auch. Klett dreht auf Vollgas im Leerlauf. Ganz langsam fährt der Mercedes weg, dreimal kurz hintereinander das Signalhorn setzend.

Der ganze Flecken macht an Fronleichnam seine Fleckenrunde mit Musik und Böllern und vierfachem Segen mit der Monstranz. Die Fußballmannschaft marschierte schon zweimal durch den Flecken mit Musik und Hipphipphurra, und der Pfarrer grüßte die Meistermannschaft von der Kirchenmauer herab. Der Trompeter der Feuerwehr fährt seine Runde. Und als der Sepper den ersten Sportwagen mit Weißwandreifen gekauft hatte, fuhr er, ganz langsam, seine Fleckenrunde, eine nach der andern, am glockhellen Tag, an einem Werktag, an dem die Arbeiter um sechs Uhr aus dem Bus stiegen. Klett fährt mit seinem Mofa nachts und allein durch den Flecken, ohne Zuschauer und ohne Musik, aber er fährt.

Heft 6: Vier Monate, von Mai bis September. Die Mutter ist gestorben. Klett ist Alleinerbe. Er verkauft und kauft, er kauft und verkauft. »Geld geht wahnsinnig weg.« Das bekannte »Übliche« stellt sich wieder ein. Das Leben geht weiter. Kletts Leben geht weiter wie bisher. Erben und kaufen und verkaufen haben den Alltag von Klett nicht verändert. Das nächste »Bin am Ende« wird kommen. Aber Klett ist noch nicht am Ende.

Es geht weiter

Immer wenn du glaubst, es geht nicht mehr, dann … wo die Not am größten ist, da … wer nur den lieben Gott lässt walten und auf den Allerhöchsten traut, der … Den Trost im Angebot der Sprüche – kannte Klett ihn aus dem Religionsunterricht oder schon aus dem Kindergarten? Von der Schwester mit dem bodenlangen schwarzen Kleid und mit der zweiflügligen und weiß gestärkten und spitz hochgetürmten Haube? Nicht von den Schwestern mit den einschüchternden, eine Heilige voraussetzenden Namen wie Ehrentrudis oder Bonifatia, sondern mit dem zu einer Kinderschwester passenden Namen Gisela. »Lieberjesus mach mich fromm, dass ich zu dir in Himmel komm.« Diese Perspektive nach drüben und droben half über große und kleine Wehwehs hinweg. Wer sprach Klett von weit her Trost zu? Die tausendfach gesungenen Kirchen- und Volkslieder und die stets zum Einsatz parat liegenden Redensarten?

Nichts werde so heiß gegessen wie ... schlechten Leuten gehe es immer ... und gestorben sei daran noch ... und Unkraut, wie bekannt, verderbe ... zwar sei verreckt wie verfroren, aber so schnell verrecke man nicht, und Klett sei alles andere als ein Verreckling, und erst am Schluss werde zusammengezählt, und wer lacht am besten? Wer?

Klett war noch nicht am Ende.

Zweierlei Leser

Im Lesebuch hatte Klett die Geschichte vom »Kannitverstan« nicht gefallen. Nicht die Hauptperson, der Handwerksbursche, ein typischer Faulenzer, wie sie heute ab und zu noch im Flecken Essen zusammenbettelten mit ihren breiten Hüten und Hosen. Auch kam er bloß aus dem nahen Tuttlingen und nicht weiter wie die andern Männer: der Bergführer am Pilatus, der Zugführer auf der Brück am Tay, John Maynard auf dem Eriesee und die im Gotthardtunnel oder in der Savanne und im Urwald, in Benares, am Nanga Parbat und tief in der Mandschurei.

Kannitverstan war nichts im Vergleich mit Veit Stoßberg, der das alte Horn aus der Lade nahm. Gegen Veit Stoßberg war Kannitverstan ein Feigling. Nicht einmal das holländische »Kannitverstan« verstand er, das schon ein Erstklässler kapiert hätte. Und dem Tuttlinger geht's nur gut, weil's dem Kannitverstan schlecht geht trotz seiner Häuser und Schiffe.

Helmut gefiel die Geschichte, aber er konnte Klett nicht erklären, warum. Helmuts Behauptung, der Dichter habe einen schönen Namen, leuchtete Klett nicht ein als Beweis für seine Geschichte von einem, der von nichts eine Ahnung hat. Helmut las anders als Klett. Helmut las die Geschichten von hinten. Nicht weil er aus Ungeduld den Schluss der Geschichten nicht erwarten, sondern weil er sich einen Anfang für die Geschichte ausdenken konnte. Die Hermesburgeschichte war eine einfache »Schluss – Anfang Geschichte«. Am Schluss donnert und blitzt es, und der Garbenwagen kommt rechtzeitig in die Scheune; folglich muss am Anfang das Gewitter drohend heraufziehen. Oder die Geschichte vom Belsazar, der zuletzt von seinen Knechten umgebracht ward. Natürlich hielten die Knechte anfangs zu ihm, lautstark zu ihm – »die Knechteschar ihm Beifall brüllt«. Das Lesebuch schlug Helmut zuerst hinten auf, beim Inhaltsverzeichnis. Schon die Namen der Dichter kündigten ihm an, was für Geschichten er von ihnen zu erwarten hatte. »Johann Peter Hebel« – ein Dichtername, der Schritt für Schritt daher kam. Johann und Peter hieß man auch im Flecken, und Hebel und Schlegel passten auch zueinander. Johann Peter Hebel, der Name lief von allein wie die hiesigen zwar langen, aber genauen Namen; man wusste, wer gemeint war. Lehrersantonesrosa, Eugenvettersemil, Meßmerdoneskarle, Sautermateswilli. Andere Namen gingen nach einer anderen, gelenkigeren Melodie: Hoamalochkarle, Fridolinadolf, Annabeimadler, Annaobemadler und auch das tägliche Jesusmaria-undjosef, knapper Jessmatjosef.

Die andern Vornamen der Dichter im Lesebuch: Friedrich und Josef, Ludwig und Johannes, Hermann und Anton, Paul und Heinrich, Martin und Gottfried, Matthias und August und Emmanuel, den er vom Gesangbuch kannte, waren ihm vertraut. Zu den schönen Vornamen passten oft die Nachnamen nicht, zum Beispiel Rückert, Löns, Geißel, Seidel, Keller, Stolz. Einer hieß Flörike, ein anderer Mörike.

Nicht echte, sondern sicher von den Dichtern erfundene, zu ihren Geschichten und Gedichten passend gemachte Namen waren: Anton Gabele, Kasimir Rebele, Emil Frommel, August Lämmle, Ludwig Finckh, die alle über die Achalm und über Enten, über den Altweibersommer, den Föhn und das Schweineschlachten, über die Stubenfliege und die Sommernacht, auch über das »Schwobeland« und andere bekannte Sachen sich etwas ausgedacht hatten. Joseph von Eichendorff, Johann Wolfgang Goethe, Johann Peter Hebel, Nikolaus Lenau, Peter Rosegger, Matthias Claudius, Heinrich Hansjakob mit seinem Hermesbur – das waren Namen, die für sich selber sprachen, die in sich selber schwangen, auf sie und ihre Geschichten war Verlass.

Bei Max Jungnickel musste Helmut abwarten. Auch der Ehne in Hemmendorf hieß Max. Auch seine Geschichte »Nur ein Bauernknecht« fing gut an, obwohl man einen Aufsatz nie mit diesem Wort beginnen durfte. »Und sie begruben einen Bauernknecht« war klar besser als das korrekte »Sie begruben einen Bauernknecht«.

»Und sie begruben einen Bauernknecht. – Es war ein armes Begräbnis.

Ein paar Blumen lagen auf dem kalten Sarge. Und …« Schon wieder begann der Satz mit »und« – »Und hinterher lief, im Kopftuch, die alte Mutter des Knechtes. Und der

Pastor sprach am Grabe: ›Ein heimlicher König ist gestorben. Am Morgen fühlte er den Tau, der in seine Haare fiel. Und wenn er abends hinter seinem Pfluge her ging, und wer ihn aus der Ferne sah, dann war's, als ob er ins Abendrot hineinpflügte, in die ausgebreiteten Arme Gottes. Ein heimlicher König.‹«

Klett hätte von seiner hinteren Bank geschrien, das könne nicht sein, das stimme nicht, nie im Leben stimme das. Am Morgen werde gepflügt und nie am Abend. Am Abend hole man Futter mit dem kleinen Wagen. Ausnahmsweise hätte Helmut Klett zugestimmt. Auch der Schluss vom Dichter Jungnickel war schön unmöglich: »Vögel flogen herbei, ließen sich hüpfend am offenen Grabe nieder und blickten neugierig auf die weinende alte Bauernfrau. Der Pastor holte aus seiner Tasche eine halbe Scheibe Brot, zerbröckelte sie, und die Vögel haschten flatternd und singend nach den Brocken.«

Nie im Leben singen Vögel, wenn sie etwas schnappen oder haschen wollen. Vögel singen im Sitzen wie der Kirchenchor bei einer Beerdigung im Stehen. Das letzte Gedicht auf der Seite 100 passte zu »Wandrers Nachtlied«, auch von Johann Wolfgang von Goethe oder von Johann Wolfgang Goethe, wie er im Inhaltsverzeichnis hieß. »Ein Gleiches«, allein die Überschrift stimmte nicht ganz, konnte Helmut nach zweifachem langsamen Lesen auswendig, leicht zu lernen mit den »Gipfeln« und »Wipfeln« und »spürest du« und »Ruh«. Das Gedicht reimte sich wie von allein. Nur dass die Vögelein im Walde schwiegen, stimmte nur zum Teil, gaben sie doch um diese Zeit auch im Garten, im Starenkasten und in den Schwalbennestern keinen Ton von sich. Allerdings, das musste Helmut zugeben, hätte nicht gepasst: »die Vögelein schweigen im Starenkasten«, dafür waren die Stare einfach zu groß. Die »Vögelein« wollte Helmut im nächsten Aufsatz unterbringen.

Und Klett war noch lange nicht am Ende. Die Maus hatte noch einmal ein Loch gefunden. Es ist Mitte Oktober, und Klett ist's wie am Heiligen Abend. »Sitze hier wie Junge vorm Christkind.« Ein ungebräuchlicher und schräger Vergleich, aber eindeutig in seiner Seligkeit und Zuversicht. Klett, das alte Kind, hat ein Geschenk im Haus. Das bisher Übliche ist gestoppt. Eine Frau ist da und schafft und putzt und stellt das Haus auf den Kopf. »Sauwohl« ist es ihr, sie singt »wie die Staren«. Im leeren großen Haus ist jetzt eine Bäuerin, und der Bauer Klett fährt aufs Feld und sät im »Seefeld«; den Fruchtsack umgehängt, mit der rechten Hand in weitem Bogen die Körner verteilend. In den Fruchtsack, auf das Feld, immer wieder, in den Fruchtsack auf das Feld. Nicht lernen musste er die Bewegung, nur in den Schritt-für-Schritt-Rhythmus musste er nach und nach wieder finden. Er glich dem Sämann im Lesebuch, wenn auch der »Säerspruch« unter dem Bild ihm nicht gepasst hatte, erst recht nicht der Name des Dichters unter dem Bild: »Peter Bauer« – wer so sich nannte, war noch lange kein Bauer, auch wenn er »Ackerland« auf »unsre Hand« gut reimen konnte. Klett ist der letzte Bauer seines Jahrgangs. Die andern gehen in die Fabrik oder haben ein eigenes Geschäft, aufs Feld geht man nach Feierabend.

Klett ist noch nicht am Ende.

Der Bauer Klett wird heute noch eigenes, seit langem wieder einmal selbst gemachtes Brot auf dem Tisch haben.

Sa. 11.12.
3.15 Radio, lese noch, verkehrte Welt. ½ 8 Uhr, Nest trocken, ich ½ 9 raus, 11 Uhr Teig gemacht, dann 2 Laibe. 2 Teller Suppe gegessen, ok, Holz gesägt. Wieder eigenes Brot. 22.30 Uhr Nest.

So. 12.12.
½ 9 Uhr raus, schön warm hier. A. hat Schnee ge-
räumt, dann 11 Uhr in Kirche mit Mutters Klamotten, wir uns gewogen, ich 120 Pfund, 20 Pfund abgenommen. Schnitzel, Spätzle, grüner Salat. Sehr
gut. A. war Friedhof, Weihwasser gebracht. Jetzt 13.35
Radio.

Klett schreibt ins Heft: »A. ging in Nahkampfsocken und
Hose in den Wald, ›der wilde Mann‹, holte Tannenzweige,
sie ist so ein richtiges Urviech.« Das Heft lässt Klett offen
liegen, die Frau soll, wenn sie vom Wald zurückkommt, die
neueste Tagebuchnotiz lesen. Dann geht Klett ins Bett.
    Die Frau liest im Tagebuch. Sie schreibt hinein, lässt es
Klett lesen, er schreibt weiter im Text, dann sie. Ein stum-
mes Hin und Her oder ein Her und Hin mit viel Gelächter? Das Spiel ist ernst.

    Sie ist so ein richtiges Urviech.
    SIE: Der alte Ochse hat wieder mal gepennt. Na ja,
wer schläft, sündigt nicht. Wenn wir wieder mal Lust
haben, geht's vielleicht auch noch mal, na ja, man wird
langsam alt.
    ER: Überhaupt, wenn man so einen Haudegen wie
ich als Hausdrachen hat, aber wenn ich denk, ich
kann u. dann wirklich kann, dann ist sie eben dran,
u. sie kanns.
    SIE: Ist ja nur komisch, dass die Wurst nach dem
Erhitzen (siehe baden) so sehr zusammenschrum-
pelt.
    ER: Wir sind heute ein wenig ausgelassen. Mein Ve-
hikel will Most holen. Schade, dass ich nicht portra-
rieren (Sie korrigiert: porträtieren) kann. Diese Vi-
sage ist wie ein frischmelkig Bulldozer.

Klett schreibt und merkt, dass A. möglichst bald wieder selber ins Heft schreiben will. Das schreibt Klett auf.

ER: Wie ein frischmelkig Bulldozer, aber er wartet direkt auf contra. Gebe ab.
SIE: Na ja, jedenfalls sind Bulldozer ganz nützliche Sachen. Jedem das Seine.
ER: Aber es gibt Nieten, die nicht mal auf dem Acker einen Bulldozer fahren können, aber ist ja bald Weihnacht.
SIE: Diese Strapaze macht mein Franzi auch durch wie schon Schlimmeres.
ER: *Ora pro nobis.*
ER: Diese Sirene will unbedingt Händchen reichen. Aber mir reichts, bin im Krankenstand, von B...serei uk gestellt, brauche mal wieder junges zartes Filet, habe genug von Methusalemfleisch.
SIE: Von wegen, Methusalem!!! Ha, ha! So alte Eunuchen sind auch nicht immer die schönsten. Junge Hirsche sind manchmal nicht zu verachten, man muss sie dann nur anlernen. Jede Sache muss Freude machen! Wie sagt man: »Spaß an der Freud.«

Klett schreibt das Datum und die Uhrzeit unter das Er-Sie-Spiel: 12.12.76. 21.53. Klett holt Stempel und Stempelkissen und setzt einen Stempel: »Franz Klett«. Die Frau setzt ihren Namen darunter. Ende des Heftes Nr. 7. Das Heft ist ordentlich mit Stempel und Unterschrift beglaubigt, als handele es sich um einen öffentlich zu dokumentierenden Sachverhalt. Er, Franz Klett, geb. am, wohnhaft in, und die Frau A., geb. am, wohnhaft in.

Geben zur Kenntnis, dass sie glücklich sind. Beglaubigt von ihm selbst und von ihr selbst. Und den Stempel drauf.

Weihnachten dreifach

In knapp zwei Wochen wird Heiliger Abend sein. Ist zu erwarten, dass er wie »ein Junge vorm Christkind« sitzen wird, wie er vor zwei Wochen im Oktober sich beschrieben hat? Das letzte Weihnachten stand so im Heft:

Heiligabend 1975 (mehrfach kräftig unterstrichen) 1 Uhr, lese noch, Stimmung na ja, geht, erst ins Bett, wenn mir die Augen zufallen, Sofa gepennt, ganze Nacht Radio, jetzt 8 Uhr f werde Feuer machen usw. Musch alle Läden abgeklappert bezw Christkind, nix, 1 Korn gebracht, noch 1 K Bier, Korn gesoffen u ab 16 Uhr gepennt bis Weihnachten 2 Uhr Radio weiter gesoffen dann wieder gepennt bis 9.30 dann gekocht Essen ok Mittags Radio Fernsehen und Schlafen abends ½ 11 ins Nest ok.

Ein Jahr später, 1976, also in zwei Wochen, wird er geschrieben haben:

Heiligabend 10 Uhr trocken raus Feuer gemacht gesoffen 3 Postkarten von E. G. O. 1 KB 1 Pakett Zigr abends gefressen Nudeln Schnitz Salat jetzt 20 Uhr Ferns ich könnte heulen vor mich hingesponnen 21.40 Uhr Radio habe noch gefressen gehe bald Bett Stube 24 Uhr Nest.

Der 25. Dezember wird dem 24. Dezember gleichen. Am Stefanstag wird Klett schreiben: »Ist mir alles Wurst 13.50 muss feste heizen eben 1 Wecken Wurst gegessen Radio Musik gut.« Klett wird in den Schuppen zu seinem Schlepper gehen. Der Schlepper läuft nicht an. Er geht wieder in die Stube hinauf und schreibt um 14.25 Uhr: »14.25 Uhr eben Schl. laufen lassen ok.« Klett bleibt vor dem Heft sitzen, blättert hin und zurück, starrt an die Wand, auf das Kreuz im Herrgottswinkel, zum Fenster hinaus. Er merkt nicht, wie die Zeit vergeht. Er legt den Kopf auf die Tischplatte, schläft ein, schreckt auf. Die Schläge vom nahen Kirchturm haben ihn geweckt. Er schreibt: »Eben 16 Uhr.«

Dann fegt er die Stube aus und schreibt: »Stube gefegt.« Klett trinkt Schnaps aus der Flasche in langen Schlucken, ohne abzusetzen. Er hat Übung im Flaschenleeren. Er legt sich aufs Sofa, wacht auf und schreibt: »Bis 19.30 gepennt Sofa dann gevespert jetzt 20 Uhr bleibe hier heute.«

Klett bleibt auf, schaltet den Fernseher ein, wechselt zwischen den Programmen, trinkt, starrt an die Wand, auf das Kreuz im Herrgottswinkel, zum Fenster hinaus. Er merkt nicht, wie die Zeit vergeht. Er legt den Kopf auf die Tischplatte, schläft ein, schreckt auf. Die Schläge vom nahen Kirchturm haben ihn geweckt. Klett schreibt: »24 Uhr Nest.«

Am nächsten Tag probiert er schon um 10.30 Uhr, den Hanomag zum Laufen zu bringen, dann fährt er mit dem Taxi in die Stadt, dann mit dem Zug nach Tübingen, dann nach Stuttgart, in Stuttgart das übliche Programm, er trifft seine Alte, am nächsten Morgen fährt er mit dem Zug zurück und dann mit dem Taxi vollends heim.

Stuttgart Hauptbahnhof. Je später der Abend, desto weniger Reisende kommen von, noch weniger gehen zu den Zügen, aber die ehemals an den Zäunen und Hecken Lebenden versammeln sich. Einmal hat sie Helmut, leer von einer langen Zugfahrt und vom vielen Reden, beneidet. Kurz vor Mitternacht war hier noch Leben und nicht nur umsteigen, einsteigen und nichts als heim wollen. Die waren hier daheim. Drei Männer und eine Frau und ein

Hund, der ruhigste unter den vier Schwankenden *wir werden niemals auseinandergehn* einer, Martin zu sich selber sagend, Ich, Martin, sage euch, stand in Predigerhaltung vor den andern *wir werden immer zueinander stehn* Martin schwankte vor, die andern ihm nach, nicht der Hund, der ruhende Pol in der bewegten Viererformation *mag auf der großen weiten Welt auch noch so viel geschehn* Martin hatte punkrot gefärbte Haare, eine biegsame Figur in einem noch nicht ganz erloschenen, edelgrau glänzenden schwarzgestreiften Zweireiher *wir werden niemals auseinandergehn* Helmut hätte gern zu Martin und den seinen gehört, samt Hund und für einen seligen Augenblick. Hier im Stuttgarter Hauptbahnhof. Kurz vor Mitternacht.

Die drei letzten Tage im alten Jahr und die zwei ersten Tage im neuen Jahr bleiben ohne Eintrag.

Nicht mehr normal

Klett liegt unruhig im Bett, er träumt, steht auf, er hat die Mutter gehört, er ruft ihr, sie kommt nicht, sie soll zum Bäcker, in den Laden, es riecht nach angebranntem Essen, die Frau A. poltert in der Küche, singt, Klett ruft ihr, sie kommt nicht, die Mutter und die Frau lachen überlaut. Klett steht auf, er weicht vor seinem eigenen Schatten zurück, wirft eine Flasche um, Flaschen, überall Flaschen, sie stürzen auf ihn ein, begraben ihn, er schnappt nach Luft, Schnaps läuft über ihn, er glaubt zu ersticken, es wird ihm eng um die Brust, der Wecker schlägt laut und frisst die Zeit, Sekunde um Sekunde, Klett schreit, die Mutter kommt und lacht, Klett schwimmt im Schnaps, im »Rössle« singen sie, »Ich möchte so gern ein' Biersee, so groß wie der Schliersee«, Klett geht im Schnaps unter, das Herz rast, Klett hört seinen eigenen Pulsschlag, er taucht auf und taumelt die Treppe hinab zu seinem Schlepper, der Schlüssel passt nicht, er schlägt auf den Hanomag ein, fällt vor das Hinterrad, der Hanomag fährt an, ganz langsam, Klett schreit.

Klett liegt vor dem Bett, er will seiner Mutter rufen, bringt keinen Ton heraus. Klett zieht sich an der Bettlade hoch, setzt sich aufs Bett, draußen ist es hell.

Klett reißt sich auf, taumelt zum Tisch, zum Heft, findet endlich einen Stift und schreibt mit verrutschenden Buchstaben: »Bin nicht mehr normal, glaube immer, ich sei nicht allein, hatte die nächsten Tage furchtbare Träume, war sehr krank.«

Klett schreibt in den paar Stenogrammsätzen auf, was er bisher noch nie von sich gesagt hatte. Bisher schrieb er, wenn er daheim saß, ohne zu wissen, was er mit sich anfangen sollte: »Sinniere … spinne herum … Depressionen … vor mich hingebrütet … komme mir verrückt vor.« Jetzt konstatiert er: »Bin nicht mehr normal.« Im Flecken ist jeder normal. Wer es nicht ist, gehört nach Zwiefalten. Und er benennt die Symptome seiner Anormalität: »Glaube immer, ich sei nicht allein.«

Die Mutter, seit einem halben Jahr ist sie tot, geistert durchs Haus. Für Klett lebt sie, er hört sie, er spricht mit ihr. Die Frau A. war vor einem Monat eines Morgens verschwunden. Die Tagebuchschreiberin ging ohne einen Kommentar weg. Klett hört sie in der Küche, in der Stube, auf der Treppe, sie geht in den Wald, kommt vom Friedhof, kocht und singt. Klett ruft ihr, beschimpft sie, und sie schreit zurück. Ein Zweiergeschrei.

Auch die »Alte« ist da. Er will auf sie los, er flieht vor ihr. Der Schlepper springt an. Der Schlepper lacht wie die Mutter, schreit wie die Alte. Klett bricht mit dem Schlepper durch die zwei Holzflügel des großen Scheunentores und schreckt auf.

Klett glaubt, er sei nicht allein im Haus. »Hatte die nächsten Tage furchtbare Träume.« »Furchtbar« bedeutet bei Klett furchtbar. »Furchtbar nett sei es gewesen« – den Satz könnte er nicht sagen und nicht schreiben. Statt »furchtbar geregnet« stünde im Heft von Klett: »Regen« oder »viel Regen, starker Regen«. Mehrmals schreibt er, die Stube sehe »furchtbar« aus, das heißt, sie sieht tatsächlich zum Fürchten aus.

Bisher schrieb Klett von Schmerzen im Auge, in den Beinen, in der Brust, nein, er schrieb nicht von Schmerzen, sondern »Scheiße mit Auge«. Mit diesem, nicht wie gewohnt funktionierenden Auge ging er nicht zum Augenarzt, sondern deckte es mit einer Augenbinde zu. Das Auge ist versorgt, wozu hat er ein zweites. Das schmerzende Bein verschwand unter einer elastischen Binde. Wer Schmerzen hat, ist noch lange nicht krank. Es gehe einem nicht besonders, man sei leicht angeschlagen, es könnte einem besser gehen, aber krank sei man noch lange nicht. Helmut stand eine Bedienung vor Augen, die auf der Terrasse einer Wirtschaft auf der Schwäbischen Alb zwischen den Tischen mit einem Tablett, gut bestückt mit schäumenden Weizenbieren, den linken Fuß vom Knöchel bis unters Knie stramm mit elastischen Binden umwickelt, mehr hin und her humpelte, als lief. Dem mitfühlenden Blick wurde, bevor ein Wörtlein gesagt werden konnte, knapp und lachend mitgeteilt, alles halb so schlimm, man habe ja noch einen zweiten Fuß und dem sei's pudeleswohl.

Den Körper, seinen Körper hatte man, wie man andere Dinge auch hatte. Für »Körper« gab's kein Wort. Ranzenweh – da tat's einem im Bauch weh; irgendwo, es fahre einem im Ranzen rum, da stimmte etwas mit dem Magen nicht. Der eigene Ranzen und alles, was dazugehörte, hielt ein Leben lang. Machte ein Teil nicht mehr mit, dann gab's für ihn viele Mittel: einreiben, warme Umschläge,

Schmalzwickel, gurgeln. Blutwurzeln mit Schnaps angesetzt und Schnaps pur konnten kleine sofortige Wunder wirken. Wie an einem Leiterwagen nutzte sich an einem selber durch den täglichen Gebrauch manches ab und musste ersetzt werden, zum Beispiel eine Wagenschelle oder eine Reihe Zähne oder eine Hüfte, Hauptsache: Die Achse und das Fahrgestell blieben stabil, die Räder drehten sich weiter, ein neuer Eisenreifen, ein neuer Beschlag – und man konnte weiter traben. Es lief nicht schlecht, es ging einem eigentlich ganz gut.

Klett schrieb: »War sehr krank.« Fünf Tage allein im Haus, ohne Telefon, ohne Besuch, mit Schmerzen in der Brust und in den Beinen, ohne Essen, mit reichlich Schnaps, heimgesucht von den Gespenstern Toter und Lebender.

»Furchtbare Träume« haben bei Klett Furcht und Schrecken verbreitet in den letzten drei Tagen im alten Jahr und in den ersten zwei Tagen im neuen Jahr.

Die Selbstdiagnose schreibt er am dritten Tag im neuen Jahr auf.

Das pauschale und auf den ersten Blick radikale »bin am Ende«, das Klett schon ein halbes Dutzend Mal benützt hatte, ist einer genaueren Charakterisierung seiner Lage gewichen: »Denke immer über mein Leben nach, gelebt ist das ja nimmer, saufe nur noch, um zu vergessen, bin körperlich total groggi.«

Und was hilft gegen die erstmals erwähnte Schlaflosigkeit? Natürlich Schlaftabletten. Dann wieder ist zu lesen, ihm sei »ganz komisch und leicht, habe einen richtigen Vogel, Stimmung wie in früheren Tagen, darf nur nicht an Misere denken, treibe es zu bunt«. Ein paar Monate früher hätte Klett nach diesen Befunden sein »bin am Ende« gesetzt, nun, nach knapp eineinhalb Jahren mit fast täglichen Heft- und Kalendereintragungen, schreibt Klett zum ersten Mal: »Bevor ich sterbe.« – »Sterben« ist härter und genauer als das einschüchternde und gerade wegen seiner Radikalität beruhigende und keine Gegenwehr herausfordernde »Verrecken«.

Aber Klett ist noch nicht am Ende, nicht an Weihnachten 1975 und 1976 und 1977.

> 24. und 25.12.1977
> Fröhliche Weihnachdt 6 Uhr raus gut gepennt f Zigr geholt habe warm Wetter ist Mist 7 Uhr habe Fleisch gemacht u Tomatensalat Schnaps leer gemacht u gepennt ist 21 Uhr Restessen auf Ofen Platten laufen lassen bis 24 Uhr dann mein Nest ok. Hatte einen netten Schwibs, aber gut geträumt und durchgepennt.

Was will Klett mehr als eine »fröhliche« Weihnacht, einen »netten« Schwibs und »gute« Träume? Im Ganzen ist die Lage, so seine Selbstdiagnose, »mies«, aber nicht katastrophal mies, sondern »normal mies«. Das sonst vereinzelt auftretende miese Gefühl ist jetzt das Normale.

> 27.12.
> Charki Chapplin tot 88 Jahre.
> Silvester 0.10 Uhr es wird noch geknallt, sehe noch fern. Schluss mit diesem Buch. Jetzt war mein mindestes Jahr seit ich weiß, obwohl ich gesundheitlich letztes Jahr noch viel schlimmer stand. Gott sei mit mir Ende.

Vergleicht man die Einträge der Jahresbilanzen, so kann man dem Urteil von Klett nur zum Teil zustimmen. Das vergangene Jahr war das übelste, das »mindeste« Jahr in seinem Leben, aber gesundheitlich ging es ihm letztes Jahr nicht »noch viel schlimmer«, vielmehr steht im Tagebuch von Silvester letzten Jahres: »Habe gute Laune heut naja weiß noch nicht was ich heute anstelle.«

Die Logik, mit der man sich selber leicht täuschen kann, ist einfach. Ging es mir letztes Jahr schlechter als jetzt, dann geht es mir heute besser als letztes Jahr, also relativ gut. Damit kann man leben. Alles halb so schlimm.

Klett ist noch lange nicht am Ende.

Klett, der in der Schule Gescheiteste, lernt nichts im Leben. Er lernt nicht aus Fehlern. Er sucht nicht nach den Ursachen, den Gründen seiner Misere. Er macht weiter mit allen Fehlern, als könne ihm nichts etwas anhaben. Nicht der Schnaps, nicht ein Leben ohne Regel und Regelmäßigkeit, Tag für Tag ohne Maß und ohne Ziel. Klett macht weiter und glaubt, dass es immer so weitergeht. Vorzeichen, Anzeichen nimmt er nicht zur Kenntnis, lässt sich nicht warnen, er sorgt nicht vor, schützt sich nicht, lässt sich von niemandem etwas sagen. Er macht weiter. Der Gescheiteste ist der Dümmste im Flecken.

Kletts Unglück schreitet nicht schnell, sondern schleicht langsam. Keine Katastrophe sorgt für Dramatik, kein einmaliger, einen aus der Bahn werfender Schicksalsschlag zwingt ihn nieder; ein stehender Untergang, ein Daueruntergang ist Kletts Misere. Er lebt immer so fort, als ob er nicht selber auf dem Spiele stünde. Kein Bauer geht so mit seinem Vieh und seinem Sach um wie Klett mit sich selber. Der Gescheiteste ist zum Dümmsten im Flecken geworden.

Helmut tippte ab, Seite um Seite, Tag für Tag, den Klett rekapituliert. Helmut glaubte, er brauchte gar nicht mehr Seite um Seite, Tag für Tag abzuschreiben – er fühlte sich in der Lage, die noch ausstehenden Tagebücher aus dem

Kopf in die Maschine tippen zu können, er hatte sie inzwischen intus, wie Klett seine Tausende von Flaschen – die Klett-Perspektive ist, so glaubte Helmut, zu seiner eigenen Perspektive geworden.

Helmut hatte sich getäuscht. Klett und sein Verhalten sind noch nicht ganz vorhersagbar.

Vor und zurück

Es ist wieder mal Sonntag im März. Das Übliche. Spät abends noch Fernsehen. Und dann: »23.40 Uhr, bin gespannt auf morgen.« Er nimmt, wie inzwischen gewohnt, zwei Schlaftabletten und geht um ein Uhr ins Nest. Das mit Spannung erwartete Morgen heißt »Arbeit«.

Mo. 7.3.
5 Uhr raus, 2 B und Tee, mit Mofa nach Bodelshausen, Arbeit mal wieder angefangen, schwer. Mittags Fenster angeschlagen, gut, aber Kreuz weh, nur 2 B. getrunken, war kurz nach ½ 7 Uhr zuhause, müde, ist 21.50, gehe bald Nest.
Di. 8.3.
½ 6 raus, Tee, iB Mit Schl, ins Geschäft, ging heute schon besser, mittags Wirtschaft Gulaschsuppe und Nudeln, nicht viel Appetit, abends musste ich wegen der Nato wieder umkehren und über Hemmendorf fahren, Hirsch 1 KBier geholt, gleich 23 Uhr, gehe bald Nest.
Mi. 9.3.
5.15 raus, 2 B, dann Schl, über Hemmendorf ins Geschäft, unterwegs 1 B. Bild und Ziggr gekauft, Geschäft ok, mir Knöchle, ist 21 Uhr Radio 22 Uhr Nest mit Radio.
Do. 10.3.

½ 6 raus, Frühstück, über Hemmendorf ins Geschäft, Geschäft alles ok, komme schneller klar, als ich geglaubt hätte, abends noch Rössle, dann Wald runter, bin bald ins Nest.
Fr. 11.3.
Mit Schl, zur Arbeit, alles ok, Mittags Hirsch, gegen Abend Linde, dann ich noch Rössle, war angeh. Etwa 8 Uhr heim, gleich Nest, habe Schlüssel nicht gefunden, zum Stall hinein, bald Nest.

Eine Woche Arbeit liegt hinter Klett. Am Samstag läuft die Waschmaschine zweimal. Er zieht ein Resümee: »Ich fühle mich ganz wohl.«

Klett bleibt am Samstagabend daheim.

Heft Nr. 9 geht also offensichtlich gut zu Ende. Wird es gut weitergehen?

Auf das Arbeitsamt wurde Klett regelmäßig einbestellt. Bei ein paar der angebotenen Arbeitsplätze stellte er sich vor und wurde regelmäßig abgelehnt. Gründe sind in den Heften keine genannt. Bei andern Stellen blieb er weg, erfand Ausreden, wendete seine Tricks an. Das Fahrgeld kassierte er jedes Mal.

Über den Samstag nach der Arbeitswoche berichtet Heft Nr. 10 ein zweites Mal, teilweise mit anderen Geschehnissen.

Die Frau A. ist wieder weg, »weiß nicht aus welchem Grund A. nicht wiederkam, auf eine Art egal, andrerseits fehlt sie mir.« Vor kurzem hätte die Reaktion von Klett sein können: istdochmiregal.

Nun denkt und fühlt er zweifach.

Am Sonntag zieht er wieder ein positives Resümee. »Fühle mich ganz wohl hier, bin froh, dass ich nicht wegfuhr, auf morgen alles gerichtet, ist 21.20, höre Radio und lese, habe heute schon Schlepper getankt.«

Am Mittwoch ins Geschäft und früh ins Bett, am Donnerstag ebenso. Klett legt los, kommt hoch, es läuft, auch im Tagebuch:

Fr. 18.3.
½ 7 raus und zakzak ins Geschäft. Schef fragt wie es klappt, muss jetzt nach Prämie spurten … bald heim und ins Nest, die Arbeit schlaucht mich halt doch.

Der zweite Samstag, 2 Kubik Holz hat er geschenkt bekommen.

So. 20.3.
Einfach Scheiße so allein zu sein pennen Holz abladen pennen bald ins Nest.

Am folg. Montag fährt er durch den Wald ins Geschäft, kehrt beim Gockeler Kreuz um, es ist ihm nicht gut, »gehe morgen Arzt«. Das Gockeler Kreuz kennt jeder im Flecken. Es steht am Scheitelpunkt der Waldhöhe auf dem Weg nach Bodelshausen. Der goldene Christus am Holzkreuz ist durchbohrt von vielen Löchern. Französische Besatzungssoldaten, Marokkaner seien es gewesen, hatten eine Zielscheibe für ihre Schießübungen gefunden. Klett fährt nach Tübingen, trifft Frau A., Bier um Bier, die Frau ruft im Geschäft an, entschuldigt Klett. Kneipe um Kneipe, mit andern, Klett ist nicht mehr allein. Bei den andern sein oder täglich ins Geschäft fahren? Nicht nur der Schnaps, auch die andern in den Kneipen wirken auf Klett wie eine Droge. Der Arzt kommt, schreibt ihn krank. Es folgt: das Übliche. Frau A. ist wieder da.

Am Freitag kommt vom Geschäft die Kündigung. »Auch egal.« Klett hat schnell verlernt, dass eine Sache mindestens zwei Seiten hat. Er ist nach zwei Wochen Arbeit in die bekannte Spur zurückgefallen. Er bleibt in der alten Spur.

Mofa Stadt Schnaps Zug Stuttgart Nulltarif Taxi

Statt der Behandlung in der Haut- und Nervenklinik nimmt Klett die Strecke:

Mofa Stadt Schnaps Zug Stuttgart Nulltarif Taxi

Klett kriegt nicht die Kurve, die zurück in ein anderes Leben führt. Es geht weiter mit ihm abwärts, sachte abwärts.

Ein logischer Schluss

Wieder hat Klett den Ranken nicht gekriegt. Wieder liegt er im Graben, wie vor ein paar Wochen mitsamt seinem Schlepper. Man hat ihm geholfen, den Schlepper mitsamt ihm herausgezogen. Man wird ihm wieder helfen, aber man hat ihn aufgegeben. Er hätte es anders haben können, aber, so die Schlussformel: Wer nicht wolle, habe gehabt oder rückübersetzt in die schlagkräftige Routine des Fleckens – wer it will hot ghett.

Aber es könnte doch auch sein, dass, wer nicht will, nur jetzt gerade nicht will oder etwas anderes möchte oder es sich nochmals überlegen muss, ob er denn will oder nochmals gebeten sein möchte oder gar andere Wünsche hat, ganz andere Dinge will. Nein, das sind Ausreden. Es gilt: Wer it will hot ghett.

Im Garten sägt einer mühsam einen Zwetschgenbaum um. Du kannst meine Waldsäge haben. Nein? Auch gut. Wer it will hot ghett.

Den Acker, diese Wiese verkaufe ich. Ein Angebot! – Nein? Auch gut. Wer it will hot ghett.

Ein kurzer Schluss gegen die, die nicht gleich ja sagen. Eine Auskunft, eine letzte Auskunft für die, die keine Hilfe wollen.

Nicht zum Verzweifeln, sondern zum Lachen ist es, wenn ein »Dir helf ich gleich« nicht als freundliches Angebot, sondern als unmissverständliche Drohung verstanden werden muss.

Es soll sogar der Fall vorgekommen sein, dass ein abgelehntes Heiratsangebot, von welcher Seite aus, von Seiten der möglichen Braut oder des zukünftigen Bräutigams, das lässt sich nicht mehr entscheiden, zurückgewiesen worden sei mit der bekannten Formel: Wer it will hot ghett.

Andrerseits ist nicht von der Hand zu weisen, dass man auch ein Angebot zur Hilfe machen kann, weil man nur zu genau weiß, dass der andere die Hilfe mit Sicherheit ablehnen wird. Da lässt sich leicht ein Scheinangebot machen, um dann noch leichter den Fall zu erledigen mit einem

Wer it will hot ghett.

Weiter im Text

Helmut tippte die Klett-Wörter und Klett-Sätze ab, die knappen Sätze und Wörter, immer häufiger ohne Punkt und Komma hintereinander gesetzt. Er kopierte mit dem Stift die nicht oder nur zum Teil lesbaren Wörter, malte die Kringel ab, notierte die einfachen und vielfachen Unterstreichungen, die Schläge, mit dem Stift gegen die Heft- und Kalendereinbände geführt.

Die Hefte enthielten von Anfang an nicht nur den geschriebenen Text, sie waren selber ein deutliches Zeichen für die Verfassung des Schreibers, für die Stimmung beim Schreiben. Die Schläge galten dem, was da stand, dem selbst verursachten und nicht beendbaren üblen Dauerzustand. Die Zeugnisse seiner Misere hat Klett angegriffen, aber nicht vernichtet und verheizt, wie beispielsweise die Schuhe seiner Kinder. Man verheizt keine Kinderschuhe, auch wenn sie nicht mehr passen. Kletts Protokolle seiner Lebensniederlage lagen griffbereit in der Brotschublade des Tisches in der Stube. Regelmäßig, wie zu üblichen Essenszeiten das Brot, mutete sich Klett die Papiere zu, die ihn nicht ernährten, die er aber auch nicht satt kriegte.

Helmut wollte es zunächst nicht glauben, wehrte sich dann aber nicht gegen die gemachte Erfahrung beim Abtippen:
Unglück sorgt für Zufriedenheit. Unglück eines andern, macht, in Maßen, den zufrieden, der es sieht und kommen sieht.
Kletts vorhersehbare tägliche kleine Katastrophen gehorchten einer eigenen Regel: So wie heute war es gestern und wird es morgen auch wieder sein wie es vorgestern war. Klett dreht immer die gleichen Runden, mal langsam, mal schneller, mal fällt er hin, mal kann er sich ausruhen, dann stürzt er schwer, steht auf und läuft wieder weiter; zur unerwarteten Überraschung läuft Klett mal eine andere, in die umgekehrte Richtung führende Strecke, die führt aber nach ein paar Metern wieder in die alte Bahn zurück. Klett dreht seine Runden, die zu keinem Ziel führen, die nicht nach einer gewissen Distanz zu Ende sind; nie wird der Dauerläufer Klett die Ziellinie passieren.
Das Immergleiche der Tage ermüdete Helmut und machte ihn zugleich munter, er drehte sich mit im Kreis, der Sog hatte ihn am Wickel, er hatte den Text intus, war auf den Klett-Ton eingestimmt und stoppte sich selber, wenn er in zwei Stunden die geplante Menge auf zwei Schreibmaschinen hatte.
Helmut drehte sich mit dem Text nach dem Gesetz von Kletts Lauf ins Unglück.

In der Kirche, beim Beten einer Litanei oder beim gemeinsamen Beten des Rosenkranzes, bei einer Prozession oder beim Gang auf den Friedhof betete man wie von allein, man sprach und murmelte die bekannten Texte mit, *Ora pro nobis bitt für uns erbarme dich unser bitt für uns ora pro nobis*, man begutachtete die Äcker, bei wem die Frucht gut stand. *Ora pro nobis bitt für uns erbarme dich unser bitt für uns ora pro nobis.* Der Zacher sorgte für geordnetes Beten und Gehen bei den Schülern. *Wollet ihr in Reihen laufen heilige Maria Mutter Gottes wollet ihr beten jetzt und in der Stunde unseres Todes Amen.*

Die Litanei- und Rosenkranzbeter schwangen in einundderselben Melodie und im einunddemselben Rhythmus. Keiner fiel, auch wenn er für ein paar Takte aussetzte, aus dem Singsang. Die Perlen des Rosenkranzes, des Paternosters, des Nusters wurden vom Daumen über das untere Glied des Zeigefingers geführt, hinab in die Handfläche, eine nach der andern im gleichen Abstand, sie kamen über die äußere Handfläche zum zählenden Daumen wieder herauf. *Gegrüßet seist du Maria der für uns Blut geschwitzt hat voll der Gnade der für uns ist gegeißelt worden der Herr ist mit dir der für uns ist mit Dornen gekrönet worden du bist gebenedeit unter den Weibern der für uns ist gekreuziget worden* Der Nachbar links, der Nachbar rechts, wer vor und hinter einem ging, war im gleichen Strom und im gleichen Wasser. *Heilige Maria Mutter Gottes bitt für uns arme Sünder jetzt und in der Stunde unseres Todes Amen.* Eine Litanei dauert ein paar Minuten, ein Rosenkranz eine knappe halbe Stunde. Das Amen am Schluss. Man ist wieder bei sich und in seinen eigenen Atemzügen.

Klett schien wie verflucht, seine leeren Runden, eine nach der andern, abzuspulen in alle Ewigkeit, trotz der vielen »Jetzt«. Kletts Lauf unterbrach kein Amen.

Aber Klett war noch nicht am Ende. Noch lief Klett seine Rundenstrecke.

Durfte Helmut, Wort für Wort abtippend, dem zuschauen?

Die Leute schauen gern zu, wenn einer gewinnt, aber der eine Besiegte oder die Geschlagenen sind meist sehenswerter. Meist gibt es einen Sieger und viele Geschlagene. Das Siegerlächeln, der Siegertriumph sieht aus, wie so ein Sieger in Pose auszusehen hat. Wie vielfältig sind dagegen die Möglichkeiten, die den Verlierern zu Gebote stehen, wenn sie zeigen können, wie knapp sie verloren oder wie vernichtet sie am Boden liegen. Und sie können, und zwar nur sie allein, den strahlenden Siegern so gratulieren, dass deren Strahlen für Momente noch dauerhafter glänzt und ihr Lächeln noch bezaubernder blüht.

Klett gehörte lange zu den Siegern. Auch jetzt, Niederlage um Niederlage hinter sich, Niederlage um Niederlage vor sich, wollte Klett nicht wahrhaben, er sei nichts als der Verlierer. Das Bild vom interessanten Verlierer war Helmuts Einfall. Helmut war kein Dauerverlierer. Er konnte es sich leisten, über die interessante Gefühlslage von Verlieren zu phantasieren, folgenlos. Klett aber fiel und fiel. Und Kletts Fällen war in keinem Fall Helmuts Fall.

Das Rad, der Stein

Klett war vom Rad seines Vaters abgesprungen, das Rad krachte auf den Brunnen und ging zu Boden. Klett hatte uns eine Antwort gegeben auf die Behauptung von Edy, er wolle weg von hier und auf die Oberschule in der Stadt.

Helmut erinnerte sich, wie Klett noch schneller zugeschlagen hatte, nachts im Oberdorf, in der Nähe von Ludwigs Haus, wo die Straße links weggeht Richtung Sportplatz und rechts zur Kirche und zur Schule. Es war dunkel, neblig, ein paar standen zusammen. Glühwürmchen glühten, wie der junge neue Pfarrer die Zigaretten getauft hatte, vielleicht kamen wir aus dem »Löwen«, vielleicht von einer

Theaterprobe für Weihnachten. Auf einen Schlag nahm Klett einen faustgroßen Stein und schleuderte ihn gegen das Fenster im ersten Stock des Eckhauses. Der Stein schlug durch das Mückengitter und fiel mit der splitternden Scheibe des einen Fensterflügels auf den Boden der Kammer. Eine Frau schrie einen langen Schrei. Wir waren im Nu ums Eck verschwunden. Klett trat unter das Licht der im Nebel schwach leuchtenden Straßenlampe. Durchs Mückengitter hindurch drohte die Frau Klett, der nur ein paar Häuser weiter wohnte, sie werde es seiner Mutter sagen. Er sei's nicht gewesen, sagte Klett ruhig, wäre er's gewesen, wäre er doch wohl verschwunden wie die andern. So blöd sei er nicht. Die Frau wiederholte, sie werde es seiner Mutter sagen. Klett schrie ein Schimpfwort zum Mückengitter hinauf. Auch das werde sie seiner Mutter sagen. Klett zündete sich eine Zigarette an und kam zu uns ums Eck. Zu fragen, warum er den Stein geworfen hätte, fiel keinem ein. Es passte zu Klett.

Klett hatte Helmut im Schülergottesdienst, die ganze Oberklasse war auf der Orgelempore, von hinten so gestoßen, dass er dem dirigierenden Lehrer vor die Füße fiel. Helmut bekam zu Beginn des Unterrichts vier Tatzen, rannte in seine Bank und setzte sich auf die schmerzenden Finger. Was Klett wolle, fragte der Lehrer. Er habe Helmut gestoßen, schrie Klett. Klett erhielt keinen einzigen Tatzenhieb.

Nur die Geschichte mit dem Rad am Brunnen wollte der junge Klett von Helmut erzählt wissen, nur die.

Weiter im Text

Helmut machte Bilanz, eine erste Zwischenbilanz. Neun Hefte ergaben 97 abgetippte Schreibmaschinenseiten und deckten exakt 22 Monate ab. Von 623 Tagen lagen abgetippte Eintragungen vor, über 40 Tage blieben ohne Notizen. Pro Tag käme man auf durchschnittlich 8 Zeilen – ein Rechenexempel, das keines ist, denn für einen Tag reichten Klett mal eine Zeile, mal fünf Zeilen, und manche Tage sind erst mit 40 Zeilen aus- und zu Ende notiert.

Helmut liebte es, Bilanz zu ziehen. Schon früh, im Religionsunterricht, hatte man gelernt, sich selber zu erforschen, morgens einen oder mehrere gute Vorsätze zu fassen und abends die Tagesrechnung in Soll und Haben aufzumachen. Die erforderlichen Gebetsleistungen am Morgen, vor dem Essen, nach dem Essen und vor dem Zubettgehen waren der größere Teil in der Schlussabrechnung, zusätzlich schlugen Kurzgebete zu den vollen Stundenschlägen zu Buche. Eine eigene Sparte bildeten die zusätzlichen guten Taten neben dem Gebetspflichtprogramm, zum Beispiel freiwillig Holz holen und Stiegen fegen; nicht aufgerechnet werden konnten Futter holen für die Hasen oder Hausaufgaben machen für die Schule, denn das war sowieso zu erledigen.

Noch vier Hefte blieben zum Abtippen, noch über 500 Tage für rund 80 Seiten. Die grobe Schätzung wollte Helmut Heft für Heft präzisieren.

Die zwei letzten Hefte waren nicht mehr da. Helmut schoss eine Vermutung durch den Kopf. Helmut fing an zu suchen. Er nahm sich Zeit, legte sich auf den Boden und schaute zur Decke hinauf. Nichts verschwindet für immer. Man musste dem Verschwundenen Zeit lassen, sich wieder zu melden. Helmut schaute zur Decke hinauf. Die Hände lagen flach auf der Brust, die Zeige-, Mittel- und Ringfinger leicht ineinander gefächert, er hielt sich gleichsam umspannt, wie man die Arme um ein Kind legt, das einem auf dem Schoss sitzt.

Die zwei Hefte liegen im Tagebuchstapel weiter oben. Sie liegen im Ordner mit den abgetippten Seiten. Im Papierkorb, in den zwei verschnürten Paketen mit dem Altpapier.

Der Vater hatte als Lehrling beim Ulrich Adam Knapp in Reutlingen ein mehrfach verschnürtes Paket vor den Augen einer vornehmen Kundin und auf Anordnung von Ulrich Adam Knapp, dem Eisenwarengroßhändler und Millionär, wieder aufschnüren müssen, weil zwanzig Zentimeter Schnur am Schluss übrig geblieben waren. Der Lehrling musste eine neue Schnur abmessen. Zuerst die Schlaufe, dann die Schnur einmal um die Mitte des Pakets geführt, dann zweimal die Länge, von oben links nach oben rechts, am zu verschnürenden Paket abgenommen, ein kleines Stück zum Verknoten zugegeben. Der Lehrling hatte, vor Zeugen, etwas für den Dienst am Kunden und somit fürs Geschäft und somit fürs Leben ein für allemal gelernt. Später lernte es Helmut vom Vater.

Helmut schnürte die exakt verpackten Altpapierpakete auf, sortierte in Stapel, leerte den Papierkorb, sortierte, füllte den Papierkorb.

Die zwei letzten Hefte waren weg.

Hatte Helmut die Hefte verlegt oder weggeworfen, ohne es selber zu merken?

Nach einer Woche geordneten Suchens und gelegentlicher Nebenbeistichproben wusste Helmut, dass die zwei Hefte für ihn verschwunden waren und verschwunden bleiben würden. Die Schlussaufzeichnungen vor dem Ende von Klett werden nicht mehr auffindbar sein.

Helmut hatte eine neue Methode parat, schon wieder. Er wollte das nächste Heft durchgehen unter dem Aspekt, wie Klett sich wehrte gegen das geahnte Ende, wie er aus dem Kreisel von Bier und Schlepper und Stuttgart herauskomme. Helmut merkte insgeheim, dass er selber aus dem Abtippen Tag für Tag nicht herauskommen konnte. Er machte weiter wie bisher.

Helmut liebte es, Bilanzen zu ziehen. Zwei Zettel für jeden Tag. Zettel Nummer eins: Aktivitäten im Haus. Zettel Nummer zwei: Aktivitäten außer Haus. Indoor. Outdoor. Ein Tag, auf zwei übersichtlichen Zetteln schon im voraus probeweise gelebt, konnte nicht mehr misslingen. Jeder erledigte Posten wurde auf dem Zettel ausgestrichen. Wurde ein Posten zusätzlich erledigt, verschaffte sich Helmut das mit Nachsicht inszenierte Vergnügen, den nicht vorgeplanten Posten nachträglich auf einen der Zettel zu setzen, um ihn dann als »erledigt« sofort durchstreichen zu können. Die Aufgabe stellen und die Aufgabe lösen fielen in einem Augenblick zusammen.

Weiter im Text

So. 1. Mai
Vaters Nest f gepennt 9 Uhr raus, Wetter geht heute, jetzt 11.45, abends Taxi Tübingen Pg, dann Bären, Uhr ausgelöst viel Geld verpulwert, Taxi heim großer Mist meine Schuld.

Klett hatte bisher dieses naheliegende Wort noch nie benutzt. Er notierte, was er tat, was er ausgab, wo er hinfuhr, auf welchem Acker er arbeitete. Er schrieb von mieser Stimmung und von bösen Träumen. Nach dem Warum und Woher fragte er in Heft und Kalender nicht. Klett suchte die Schuld auch nicht bei anderen, bei Frauen und Freunden, bei der Mutter, bei den Leuten aus dem Flecken, die ihn, von seltenen Beleidigungen abgesehen, in Ruhe ließen. Die Leute vom Flecken kommen in Heften und Kalendern vor, wenn jemand starb und beerdigt wurde.

Und weiter im Text

Mi. 15.6.
6 Uhr raus, mit Bus in Stadt Regenwetter Bahnhof
2 B Tübg Bahnhof 2 B mit Taxe Landgericht, mit
U. gesprochen und ihm Ziggr. gegeben Mittags bis
18.30 Uhr Gericht beide 6 Jahre Knast bekommen
heim Radio Nest bald eingepennt bis ½ 4 Uhr
Sa. 18.6.
Raus Zeitung lesen ist 10 Uhr Wetter gut Zeitung u
Taback u Milchbrot 2 Bratwürst 1 Schn u Tomaten
Ziggr war Gewitter habe gewaschen ist 18.40 Uhr,
eben ein wenig gegessen u Feuer gemacht bleibe hier
allein heute von U. kam heute ganzer Krampf in der
Zeitung 6 Jahre ist lang bin ½ 8 Uhr Nest 10.15 raus
wieder rein Trocken.

Helmut nahm sich vor, die Zeitung im Archiv zu lesen. Er
war sicher, den Artikel mit den sechs langen Jahren zu finden. Auch ein paar andere Daten wollte er überprüfen,
auch die würden stimmen.

In den folgenden fünfzehn Tagen fährt Klett mit dem
Mofa jeden Tag in die Stadt. Er geht auf die Bank, in verschiedene Wirtschaften, die er namentlich aufführt, wie
auch die Posten seines Konsums an Essen und Trinken.
Einmal trifft er einen vom Flecken und hat kurz mit ihm
gesprochen. Andere, die ihn auch gesehen haben müssen,
gehen ihrer Wege. Kletts Programm ist jeden Tag das Gleiche in der Stadt, und mit dem Mofa hatte er einen weiteren
Radius als mit dem Schlepper, in Grosselfingen und Ran-
gendingen: »Mofa Stadt Wirtschaft trinken, kaum essen,
mit Mühe mit dem Mofa heim.«

Die Alpträume kommen wieder.
Er macht, zum ersten Mal, Tee.

Er holt täglich Schnaps im Laden.

Er muss sich schon morgens übergeben.

Vom Arbeitsamt kommt eine erneute Ablehnung.

Die erwartete nächste Katastrophe kann, mit Verzögerung, kommen.

Brot erobern

»Hast du etwas erobert?« fragte die Mutter, der kleine Franz stand neben ihr, den Josefvetter, wenn er aus der Stadt zurückkam. Natürlich sagte die Mutter zu ihrem Bruder nicht »erobert«, sie verlängerte das »erobert« zu »eroberet«, dem man die Mühe anmerkte, mit der etwas in der Stadt erworben sein wollte. »Eroberet« – das war mehr als gekauft. An jedem ersten Montag im Monat fuhr der Josefvetter, wenn es auf dem Feld nichts zu tun gab, also selten, mit dem Bus in die Stadt. Der Dreiviertelachtuhr-Bus kam von Hirrlingen über Hemmendorf, hielt auf dem Wagges und fuhr über Weiler in die Stadt. Den Busfahrer kannte man; wer schon drinnen war und wer mitwollte, kannte sich. Beim Bahnhof stieg man aus, ginge am liebsten gleich in den »Prinz Karl« oder ins Hotel »Farger«, dann könnte man in aller Ruhe auf den Bus am Mittag warten, um wieder heim zukommen. Man ging vom Bahnhof hinab zur mittleren Neckarbrücke und die leichte Steigung hinauf zum Marktplatz und zum Dom. Die Mitfahrer aus Hirrlingen, Hemmendorf und Weiler sind ihre eigenen Wege gegangen, ein Paar Schuhe einkaufen, ein Rezept in der Apotheke vorlegen, nach einem Kommunionkleid schauen. Der Josefvetter brauchte nichts, er bog nach der Neckarbrücke bald rechts ab zur Wirtschaft, die einer vom Flecken betrieb. Beim Eugen sitzen in der Mehrzahl Leute, die man kennt, die meisten kommen aus dem eigenen Flecken und den Nachbarorten, ein paar aus der Stadt. Man ist unter sich und hat ein Thema: den eigenen Flecken, den man mit den andern Flecken vergleicht und auf den man nichts kommen lässt. Die einen haben den höchsten Kirchturm, die andern die schönste Kirche, die einen die meisten Wirtschaften, die andern die höchste Einwohnerzahl, die einen den Pfarrer, der am schönsten singen kann, die andern den Meister im Fußball, und alle haben die schönsten Mädchen. Und jeder Flecken unterscheidet sich vom andern durch die Art und Weise, wie man in ihm spricht. Wo ein Fremder nicht den kleinsten Unterschied hätte ausmachen können, da wussten sie sich himmelweit auseinander. Helmut kannte besonders die Hemmendorfer Eigenheiten, war doch die Mutter Zeit ihres Lebens nicht bereit gewesen, so wie hier im Flecken zu reden. Zu grob kam es aus den hiesigen Mündern. Zu grob das hiesige »iatz« gegen das feine »jetzet«, nicht aus-zusprechen das breite »i woas« und »du woascht« gegen das helle »i woss« und »wossches«, gemeinsam aber konn-ten beide »mir wisset« sagen. Gut, in Hemmendorf »boll-ten« die Hunde, hier »bellten« sie – aber »bellen« war wie Hochdeutsch und auch kein Argument gegen die Mutter, die meinte, vom Hochdeutschen gelte es doch, sich zu un-terscheiden. Helmut hat nie ein Wort Hemmendorferisch geredet, hier nicht und über der »Höhe« drüben, drei Ki-lometer weiter, erst recht nicht. Sonst hätte er gleich zum selbstverständlichen »Ball« »Kugel« sagen müssen, eine lä-cherliche Vorstellung, sonst nichts. Mit einer »Kugel« Fuß-ball spielen? Nicht auszudenken. Gegen eine Karte aller-dings war kein Stich möglich: Die Hemmendorfer hatten ein prächtiges Haus, ein Schloss aus alten Zeiten, als die Johanniter im Ort vor vielen hundert Jahren eine Komen-tur oder Kommandantur, also eine Niederlassung, hatten, praktisch alter Adel und die Hemmendorfer als Nachfah-ren der Johanniter selber ein bisschen abgefärbte Adlige. Die-ser Einbildung konnte man nur mit der abfällig klingenden

Verballhornung von Komentur oder Kommandantur bei-
kommen und alle Hemmendorfer zu »Kommedurischen«
erklären. Das klang fast so übel wie »Kommunisten«.

Der Beweis für die Überlegenheit unseres Sprechens kam
dann von Melchior, unserm Nachbarn. Jeden Mittag langte
Helmut ihm die Zeitung über den Gartenzaun, die er am
Abend, wenn er sie, bei schönem Wetter unter dem großen Birnbaum sitzend, ausstudiert hatte, zurückgab mit der
immergleichen Feststellung, »es steht nix drin«. Vielleicht
war dieser Satz Melchiors Art danke zu sagen oder vergelts-
gott, aber wegen einer Zeitung konnte man nicht den Herrgott bemühen. »Danke« gehörte in die Stadt und sein Zwil-
ling auch – »danke – bitte«.

Es steht nix drin. Wir sagten zu »nichts« ein schweres
»nonz«, die Hemmendorfer, die abgefärbten Altadligen,
ihr leichtes »nix«. Melchior entschied den Streit zwischen
»nonz« und »nix« mit Hilfe des Papstes. Der Papst, seine
Kardinäle, die Bischöfe, die Pfarrer, nicht aber der Pfarrer
Sebastian Kneipp und die Franziskaner im Weggental, denn
die lebten, wie Jesus in der Bibel und Karl Marx im »Kom-
munistischen Manifest« es verlangt und vorgelebt hatten,
ohne Besitz in Armut und trugen wie Jesus Sandalen. Aber
der Papst, seine Kardinale, die Bischöfe und fast alle Pfarrer gehörten zur Gruppe der »schwarzen Lumpen«, die
Melchior, bedingt durch sein starkes Stottern, doppelt als
schwarz betonte. Die »schwaa – aaze Lompa«. Und dass
Melchior recht hatte, ließ sich leicht beweisen. Denn was
war eigentlich ein Nuntius? Ein Nuntius war ein Nonzius,
ein Nichts, rein Nichts war ein päpstlicher Nuntius, ein
reiner Nonzius war der Nuntius. Dem konnten die Hemmendorfer in ihrer Sprache nichts entgegen setzen. Der
Papst ist kein Nixius. Ein Nonzius ist er.

Ein kleines Bier beim Eugen langte dem Josefvetter eine
gute Stunde. Man redete oder ließ es bleiben. Der Josefvetter fühlte sich beim Eugen mehr daheim als im »Hirsch«

oder im »Löwen« oder im »Rössle« oder im »Adler«, weil in der Stadt, in der Fremde, das Eigene deutlicher zu spüren war. Der Josefvetter hängte seinen Hut an einen Haken. Bestellen brauchte er nicht, der Eugen stellte ein kleines Bier auf den Tisch. Gegen Mittag langte es für ein paar Bratwürste mit Kartoffelsalat und viel Soße. Der Josefvetter ist gestärkt und gerüstet für den Gang durch die Stadt. In der Stadt kennt man keinen, die Leute laufen aneinander vorbei, als wären sie gar nicht da. Jeder Hund nimmt vom andern Witterung auf. In der Stadt gelten andere Gesetze. Lauf deines Wegs und mach nicht muh und nicht mäh. Im Flecken wird registriert, wer wo und wann und wohin geht. Daheim hat man seinen Lauf und vermeidet es, an manchen Häusern vorbeizukommen oder geht schnell daran vorbei. In der Stadt kann man, ohne dass es einen interessierte, dahin und dorthin, muss nicht aufpassen, dem oder der zu ver-kommen, also zu begegnen.

Fast jedes Haus in der Stadt ist ein Geschäft, nicht vor jedem kann er stehenbleiben, vor Modegeschäften mit Damenkleidung und Damenunterwäsche schon gar nicht. Noch bevor er daheim wäre, hätte im Flecken die Runde gemacht, dass der Josefvetter in der Stadt ausgiebig Rosaspitzenwäsche studiert habe. Seit wann der Josefvetter sich für Rosadamenspitzenunterwäsche interessiere. Vor einer Eisenwarenhandlung blieb der Josefvetter stehen. Was im Schaufenster lag, hatte er daheim. Nägelpakete, Türbänder, Hämmer, Beißzangen, Beile und Äxte. Er brauchte nichts. Er wollte auch nichts einkaufen, was man daheim zum gleichen Preis kaufen konnte. Aber heimbringen muss er etwas, sonst hätte er ja gleich daheim bleiben können. Der kleine Franz wird ihn als Erster fragen.

Im Schaufenster der Eisenwarenhandlung erkannte der Josefvetter einen, dem er im Flecken aus dem Weg ging.

Hier in der Stadt drehte er sich um und sagte: »Auch in der Stadt?« – Ja, von Zeit zu Zeit müsse es sein. Mit welchem Bus er heimfahre? Um Mittag. Da saßen die zwei dann auf weit voneinander entfernten Plätzen. Beim Adesagen merkte der Josefvetter, dass er seinen Hut beim Eugen hatte liegen lassen. Er ging zurück und wurde erwartet wie der verlorene Sohn. Der Hut lag mitten auf dem Tisch. Man habe auf ihn aufgepasst. Einer wollte dafür ein Bier. Der Josefvetter nahm vom Tisch seinen Hut, grüßte in die Runde und machte sich auf die Suche nach der verlangten Eroberung.

Am Wagges wartete der kleine Franz auf seinen Josefvetter. Der Josefvetter stieg als Letzter aus und holte aus der rechten Kitteltasche für den kleinen Franz einen Wecken. Sie gingen an der Backküche vorbei und das Steigle hoch zum Haus. »Josef, bist wieder da. Was hast eroberet?« Der kleine Franz zeigte seinen Wecken. Bei fremdem Brot merke man erst, wie gut das eigene sei, sagte der Bruder der Mutter. Das habe er das letzte Mal auch gesagt. Ja, das stimme. Dann hätte er nicht in die Stadt fahren müssen, das wisse man auch so, dass das eigene Brot das beste sei. »Schon recht«, sagte der Josefvetter, dafür sei kein Weg zu weit, dass man das merke. Jetzt durfte der kleine Franz seinen Wecken essen. Der schmecke viel besser! Der Josefvetter und die Mutter nickten einander zu.

Knapp vorbei

Die. 7.7. Bin mit Mofa in Stadt 1 Brezel 1 Bier dann ohnmächtig geworden erwacht im Spital dann weiß ich nix? mehr.
Die. 12.7. Erstmals wieder richtig bei Bewusstsein kam Station A Nervenklinik Zi. 6 viel Spritzen Blut Infusion usw. bin am Tod vorbei.

Das Essen »quer durch den Garten« schmeckt Klett nicht, Zigaretten lässt er sich heimlich holen, eine halbe Zigarette raucht er nachts. Am vierten Tag geht er in Tübingen zum Frisör und in eine Wirtschaft. Am fünften Tag schaut er in der Stadt nach seinem Mofa, trinkt zwei Biere in einer Wirtschaft und fährt zurück in die Klinik – »nix gemerkt«. Am sechsten Tag haut er wieder ab, fährt heim, gießt die Blumen, fährt mit dem Taxi in die Klinik, »wurde ausquartiert, von Ärztin angequatscht, musste pusten bin dann abgehauen, Brückle 20 Uhr 35 DM gewonnen, Taxi heim«. – »Mi. 20.7. Raus f Wecken viel im Nest Kutteln und Blumenkohl Bauerndank, kl. Fl.«

Sterben und Erben

Wies um Klett steht, weiß man inzwischen im Flecken. Einer kommt vors Haus, ruft zum Fenster hinauf, ob jemand daheim sei, ein zweites Mal durch die halb geöffnete Haustüre, ob niemand da sei, ist interessiert an einem Acker, man wird sich einig, ein Notartermin findet sich innerhalb von acht Tagen. Das Geld bekommt Klett bar auf die Hand.

Klett fährt am Abend eine Fleckenrunde.

Nach der ersten Runde fährt er an seinem Haus vorbei und Richtung Friedhof. Zum Grab von Vater und Mutter. Zu der späten Zeit ist niemand mehr da. Die Gräber sind mit frischen Blumen geschmückt. Klett hat keine Arbeit zu verrichten auf dem Friedhof, wie er schon des Öfteren aufgeschrieben hatte. Er wird kurze Zeit vor den Gräbern von Vater und Mutter, die noch ein Holzkreuz haben, stehengeblieben sein. Das Grab der als Kind früh gestorbenen Schwester ist abgeräumt, eingeebnet und auf Gemeindekosten mit einem dichten Rasen bepflanzt. Die Gebeine der Toten werden nicht mehr ausgegraben. Die planierten Gräber sind kostengünstiger. Wo früher wer begraben war, lässt sich bald nicht mehr ausmachen. Man geht über die alten Toten hinweg.

Klett schrieb nur »noch Friedhof«. Wie andern Leuten auch wird ihm der Schlussakt jeder Beerdigung eingefallen sein, den der Pfarrer einleitete: »Lasset uns nun beten für den, der als Nächster aus unserer Mitte scheiden wird. *Vater unser, der du bist im Himmel.*«

Ein paar Wochen später ist Klett, ohne eine Arbeit dort zu haben, wieder auf dem Friedhof. »Friedhof, ich Kapelle mit Weibern gesungen.«

Monate später geht Klett zur Beerdigung der Person, für die man bei der letzten Beerdigung gebetet hatte, einer alten Frau, die bei der Kirche wohnte und mit der er nicht verwandt war. Das Weihwasser von der Verwandtschaft kann er jetzt brauchen. Weihwasser, Milch, Bratwürste. Das Weihwasser reicht noch eine Weile.

Nach der Beerdigung badete er seinen immer deutlicher schmerzenden Arm, rieb ihn ein und band ihn mit einer elastischen Binde fest ein. »Weiß warum Hand schmerzt.«

Klett, der immer Klartext schrieb, saufen saufen, kotzen kotzen und schließlich auch sterben sterben nannte, deutet nun etwas an, bringt etwas nicht zur Sprache: »Weiß, warum Hand schmerzt.«

Helmut musste das »saufen kotzen sterben« nicht kommentieren, er verstand, was schwarz auf weiß in Heft und Kalender stand, er hatte Klett nicht zu beurteilen, schon gar nicht ihm nachträglich gut gemeinte oder auch gute Ratschläge zu geben, er hatte Klett im Laden bedient, ihm samstags die verlangten Ziggretten und den »Bauerndank«, die kleine oder die große Flasche gegeben, er hatte sich gegen Klett verhalten wie alle andern auch, er hatte Klett auch nichts abgekauft, nicht beleidigt, nicht übersehen, zu einem »Tag« hat's jedesmal gereicht, die Mutter hatte auch einmal einen Scheck über 100 Mark akzeptiert, der nicht gedeckt war und lange später erst eingelöst wurde, Helmut hatte Klett nichts getan, er ihm auch nicht, man war quitt.

Aber was Klett verschwiegen hat mit seinem »weiß, warum Hand schmerzt«, das hätte Helmut gern gewusst oder herausgekriegt oder gesagt bekommen. Klett muss nach der Ursache für seine Schmerzen gesucht haben. Er muss den Grund herausgefunden haben. Aber er schrieb die Ursache des Schmerzes nicht hin. Bisher schrieb Klett auf, was er Tag für Tag getan hatte. Manchmal hat er vom Ende, das heißt meistens vom Ende seines Geldes, aber auch vom Ende seines Lebens geschrieben. Die Gründe dafür waren ihm bekannt. Er brauchte sie nicht aufzuschreiben. »Weiß warum Hand schmerzt.« Helmut kam nicht hinter den Sinn des Satzes. Auch das Lachen von Klett verstand er nicht. Die Leute und Helmut lachten, wenn sie mit etwas einverstanden waren; wer lachte, stimmte zu. Klett sagte »nein«, wenn er lachte, kurz auflachte, mit dem Kopf ruckte, als wolle er etwas weg haben. Klett lachte andere weg. Helmut lachte sich selber weg. Griff ihn einer an oder machte einen Witz über ihn, lachte Helmut. So musste er den bösen Witz nicht für wahr nehmen. Helmut lachte, wenn ihm etwas misslang, so musste er sich nicht ärgern über das Misslingen. Fiel ihm ein Glas, ein Teller aus der Hand, lachte er, und so waren Teller und Glas nicht ganz verloren, fast wieder ganz, zumindest wie frisch geklebt.

Es spricht sich rum: Der Klett verkauft, was er hat. Zuerst die Äcker und die Wiesen, die bringen am meisten. Plötzlich will man mit Klett reden. Er ist wieder wer. Man zahlte den üblichen Preis. Man wollte sich nichts nachsagen lassen. Dass das Geld dann verpulvert und verklopft wird, weiß man, geht einen aber nichts an. Jeder muss selber wissen, was er tut. Wer keine Felder mehr hat, braucht auch keine Feldgeräte mehr. Man fragt nach und bekommt sie, da sie in keinem guten Zustand sind, zu einem günstigen Preis:

die Egge, den Pflug, den Motormäher, der im Hof steht. Alles geht seinen gewiesenen Weg. In der Nacht nach dem Handel wird der Motor aus dem Mäher geklaut, der Rest hat Schrottwert.

Klett verkauft den Schlepper. Klett verkauft seinen Schlepper. Seinen Tok Tok. Seinen Hanomag. Den Tok Tok Hanomag Tok Tok. Sechs Kilometer pro Stunde zugelassene Höchstgeschwindigkeit. Der Schlepper in der Scheune war wie eine Kuh im Stall. Tag für Tag ist er zur Zeit des Säens und Erntens mit dem Schlepper aufs Feld gefahren zum Pflügen, Eggen, Kartoffeln stecken und Kartoffeln rausfahren, zum Apfelkisten und Säcke-mit-Mostobst-Holen. Eine Bande Kinder fuhr einmal auf dem Anhänger mit. Gleich oft, eher öfter fuhr er mit dem Schlepper in die Stadt und nach Tübingen, in die Wirtschaften, manchmal aufs Arbeitsamt. Er stellte ihn am Bahnhof ab, fuhr nach Stuttgart und holte ihn tags darauf wieder ab. Mit dem Schlepper fuhr er ein paar Tage durch den Wald oder über Hemmendorf zur Arbeit in Bodelshausen. Wie der Bauer nach seinem Vieh schaute Klett im Winter, manchmal zweimal am Tag, nach seinem Schlepper. Auch an Weihnachten. Eine Frau nennt er grobzärtlich »Bulldogg«. Nur für den Schlepper, seinen grünen Hanomag, hat er ein kindlich freundliches »Tok Tok« bereit. Ohne Schlepper ist die Scheune leer, einer will sie mieten als Lagerplatz, um ein paar Mark. Äcker und Wiesen sind verkauft, der Schlepper und die Zusatzgeräte sind aus dem Haus. Ohne Baumwiese, rechnet man sich aus, braucht der Klett auch keine Mostfässer mehr, die leer und unnütz im Keller liegen. Zwei Fässer sind leer, eines halb voll. Die leeren werden verkauft, das dritte wird gleich mitbezahlt, bleibt aber im Keller, bis es auch leer ist. So ist beiden geholfen.

Klett notiert, wie die Musikkapelle am Haus vorbeimarschiert zur Sichelhenke auf dem alten Sportplatz. Der

Ausverkauf des Bauern Klett in Haus und Hof und Feld ist zu Ende. Mit Musik zu Ende.

Klett bleibt das Mofa. Auch die Kreissäge ist noch im Schuppen.

Die Wochen des Verkaufs haben im Heft direkte Spuren hinterlassen. Die Schrift taumelt, die Fehler häufen sich, die Abkürzungen desgleichen, die Sätze sind gestammelt. Klett betrinkt sich noch mehr als bisher.

Seine Hefte hat er noch. Zu jeder Zeit, nachts, morgens, mittags, abends holt er sie aus der Tischschublade, schreibt, torkelt, schreibt torkelnd und taumelnd. Am Stift, den er kaum mehr halten kann, hält er sich fest. Haut er den Stift ins Heft, ist sein Halt stärker, für einen Augenblick. Dass sich jemand für seine Hefte und Kalender interessieren könnte wie für seinen Schlepper oder gar für seine Wiesen und Acker, kann Klett nicht in den Sinn kommen.

Gepennt viel zuerst Zeitung gelesen dann Kippen geraucht gesoffen u Nest bis 15 Uhr Laden Taback Blättle Metzger 2 Leberwürst »Salami Gulaschsuppe« ein wenig gevespert geheizt hat geschneit 19 Uhr Geld 18 DM am Ende mein Gott hilf mir darf nicht dran denken Stube warm ok ich arme dumme Sau alles vollends egal bin 23 Uhr Nest

Kyrie eleison

Erbarmen, könnte man denken, ist für Gott reserviert. *Gott erbarme dich, Herr, erbarme dich.* Einem Menschen geht es im schlimmsten Fall erbärmlich, im allerschlimmsten Fall gottserbärmlich. Dreimal dreifach sagen Pfarrer und Gemeinde: *Herr erbarme dich, Christus erbarme dich. Kyrie eleison* singt der Pfarrer, die Buchstaben spaltend, der Chor antwortet: *Kyrie ele-ison. Christe ele-ison Christe eleison.* In den Litaneien bittet die Gemeinde einumsanderemal: *Erbarme dich unser, miserere mei.* Man senkt den Kopf, schlägt mit leicht geballter Faust an die Brust, die Ministranten werfen sich auf die Altarstufen. *Domine miserere mei.*

Erbarmen ist die Sache Gottes, hunderttausendfach in jeder Kirche erfleht, Tag für Tag.

Auf dem Schreibtisch des Pfarrers steht ein kostbares Kunstwerk, renoviert vom Restaurateur in der Stadt, ein sogenannter Erbärmdechristus. Zwei Spannen hoch passt er besser ins Zimmer des Pfarrers als in die Kirche. Der Erbärmdechristus aus Holz sitzt auf einem Stein, die Dornenkrone neben sich, das Kreuz auf den zerschundenen Knien. Dem Schmerzensmann ist eine Pause verschafft auf dem Kreuzweg mit den vielen Stationen. Die Dornenkrone ist vom Kopf, das schwere Kreuz von den Schultern genommen. Der Pfarrer und die Besucher können sich beim Betrachten des kleinen Kunstwerks des Leidenden erbarmen, damit dieser dann auch ihrer sich erbarme. Der Pfarrer erklärt den jungen Leuten beim Brautunterricht, wie selten das Motiv des Erbärmdechristus sei.

Am Karfreitag fallen die Messe und ihr dreimal dreifaches *Kyrieeleison Christeeleison* aus, aber die Bitten ums Erbarmen nehmen zu. *Erbarm dich meiner Gott und sei mir gnädig Herr wasche mich von meinen Missetaten denn reuevoll erkenn ich mein Vergehen doch sieh in Missetat bin ich geboren in Sünd empfing schon meine Mutter mich Bespreng mit Hyssop mich dass rein ich werde und ich gereinigt weißer sei als Schnee Lass mich das Wort der Freud und Wonne hören dass mein Gebein von Sündenschuld zerschlagen aufs Neu frohlock in diesem Freudenwort.*

Das »Erbarm dich meiner«- und »Miserere«-Lied hat Helmut in der Fasten- und Passionszeit und vor allem in der Karwoche, und da am Karfreitag, am liebsten gesungen. Er hat es, hier passte ein Wort aus einem anderen Lied, das Helmut nur singend kannte, »voller Inbrunst« gesungen. Zum einen waren die im Gesangbuch schräg gedruckten Silben auf einem höheren Ton deutlich länger auszuhalten als die andern Silben der Wörter, die, auf ein und demselben Ton auszuhalten und mit beschleunigtem Tempo auf den hohen Ton zu zu singen waren, zum andern konnte er der von sich selbst verlangten Reuestimmung mit diesem Lied am besten entsprechen und Gefühle durch Worte hervorrufen, die er in keiner anderen Situation benutzen konnte: *Meine Sünde schwebet stets vor mir des Herzens Redlichkeit und Wahrheit mein Gebein, von Sündenschuld zerschlagen Herr meine Lippen wollst du mir eröffnen … und meine Zunge preist verkündigen wird dann mein Mund dein Lob frohlock in diesem Freudenwort.* Zur Reuestimmung trugen auch fremde Wörter bei, wie das weißer als weiß reinigende »Hyssop« und der unverständlichste Vers »in Sünd empfing schon meine Mutter mich«. Schön zu singen und schwer zu verstehen und, den Reuedruck erhöhend, die Voraussetzung für das im hohen Kirchenraum sich grenzenlos weitende Gefühl nach Beichte und Absolution. Helmut fühlte sich als neuer, genauer als neu geborener Mensch, wie das Kirchenlied es vorschlug. Er tat, was er nie in der Kirche getan hatte, denn außer dem für alle verbindlichen Hinknien, Aufstehen, knapp Hinsitzen, Händefalten, sich an die Brust schlagen, sich Bekreuzigen war nichts erlaubt. Helmut breitete, im Glauben, er wäre allein beim Beichten und in der Kirche, seine Arme aus, weit streckte er wie der Pfarrer, der auf diese Art die Gebete sang, seine Arme zur Seite und nach oben und schaute zur Decke empor. In dieser anstrengenden Haltung konnte er nicht lange bleiben, musste sich auch umschauen, ob er wirklich allein in der Kirche sei; die alte Frau weit hinten machte keine Anstalten, ihm zu zeigen, ob sie ihn bei dieser speziellen Übung gesehen hatte. Helmut war erleichtert, diesmal mehr erleichtert als nach der Absolution durch den Pfarrer.

Das Erbarmen war die Sache Gottes. Erbarmenswürdig sein Sohn in der Karwoche, *mit Schmach gesättigt, von der Lanze durchbohrt, ein Mann der Schmerzen, von allen verlassen, mit Angstschweiß überronnen, verhöhnt und geschlagen, mit Galle und Essig getränkt. Miserere nobis.*
Klett hat ein paarmal in seinen Tagebüchern, schreibend und vielleicht weinend und betend, Gott zu Hilfe gerufen. Eine Handvoll Stoßgebete um Barmherzigkeit. Von der Bitte um Hilfe und Erbarmen an ihm bekannte Menschen weiß kein Kalender und kein Heft. Auch kein Hilfsangebot an Klett ist verzeichnet. Vielleicht will er auch keine Hilfe, er kennt die Gründe, die ihn davon abhalten: So hat er's haben wollen. Dem ist nicht zu helfen. Er muss wissen, was er tut. Man verkauft ihm Bier, Schnaps der Marke »Bauerndank«, Zigaretten der Marke »Overstolz«. Wer zahlt, bekommt, was er will, auch eine Zeitlang auf Pump. Zu seinem Glück kann man niemanden zwingen. Zu seinem Unglück auch nicht. Von einer Nachbarin kommt eine Metzelsuppe mit Kraut und einer Leberwurst und einem großen Stück Kesselfleisch, eine andere hat eine gebrauchte Hose für ihn übrig. Der eine hilft ihm beim Abladen, der andere zieht den Schlepper aus dem Graben, der gibt ihm den Gruß, ohne Vornamen und ohne Nachnamen, kurz und knapp und ohne leichtes Heben des Kopfes. »Tag.«
»Verhärteten Herzens« zu sein sei eine Todsünde, Helmut hat das nicht verstanden. Vielleicht war das nur für Erwachsene gedacht. Durch »Unterlassung sündigen«, das zu verstehen war schwer genug. Schuldig werden durch etwas, was man nicht getan hatte. Wer einen Ertrinkenden

nicht von Hand aus dem Wasser zieht oder, so vorhanden, einen Rettungsring zuwirft oder auch ein verfügbares größeres Stück Holz – wer das unterlässt, sündigt durch Unterlassung. Nur war der Bach im Winter zugefroren und im Sommer so flach, dass er keine Gelegenheit bot, etwas zu unterlassen, nur bei Hochwasser hätte man tätig werden können, aber Hochwasser gab es nur alle paar Schaltjahre. »Unterlassung durch Schweigen« war leicht verständlich – nur, wie sollte er den fluchenden Maurer von seinem vielfach ausgestoßenen »Haalandzack« und »Kreizkrabbasack« abbringen durch nichts als durch Reden? Helmut war ratlos, ihm war nicht zu helfen.

Zahlen, Namen, Fakten

Helmut war sich sicher: Klett hat nicht gelogen. Was in den Kalendern und Heften steht, das stimmt. Das Datum vor jedem Eintrag, die Namen aus der Zeitung und dem Fernsehen und das, was er vom Tag und von sich aufschrieb, alles das stimmte und wäre überprüfbar. Warum sollte sich Klett selber etwas vormachen, sich betrügen, ihn, den Schreiber und einzigen Leser seiner knappen Wörter? Er wusste, wie es um ihn stand, er machte sich nichts vor, er hoffte auch nicht auf einen wundersamen Wechsel in der Zukunft, einen Wechsel zum Guten. Er hatte sich nichts vorzulügen.

An keiner Stelle hat er einen Eintrag korrigiert, an keinem Tag den vorhergehenden Tag verbessert, gar beschönigend widerrufen. Was er geschrieben hatte, hatte er geschrieben.

Beim häufigen Wiederlesen hat er kein Wort unlesbar gemacht, kommentiert, anders gedeutet. Was er von sich lesen musste, entsetzte ihn oft, aber er ließ das Entsetzliche stehen. Die Sätze, die er wieder und wieder las, machten ihm

Angst und weiteten ihm vor Entsetzen die großen dunkelbraunen Augen.

In der Schule hatte Helmut einen dröhnenden Lehrer über die »Gewalt des Wortes« reden hören, wieder und wieder. Die Worte der großen Dichter führten beim Leser und Zuschauer zu Erschütterungen, hätten Furcht und Schrecken und Mitleid zur Folge. Die lauten und nur behauptenden Lehrersätze sollten Eindruck machen und Respekt vor dem Dichterwort produzieren. Furcht und Schrecken und Mitleid. Helmuts Banknachbar Reinhold holte weit aus und schlug sich an die Brust. Der Lehrer lachte. Da hätte der Reinhold was Richtiges kapiert. Auch Reue gehörte ins Repertoire von der »Gewalt des Wortes«.

Helmut hatte das Bild aus einer Theateraufführung des Sportvereins an Weihnachten vor Augen. Vor einem Försterhaus zwei Wilderer, bereit, den Förster zu erschießen. Stille in der Nacht. Aus dem Försterhaus kommt die Stimme eines Kindes, das Nachtgebet sprechend. Die Räuber stehen erschüttert und lassen ab von der geplanten Gewalt. »Gewalt des Wortes.«

Gerade von den Gefühlen, fuhr der Lehrer fort, die einen bedrängten, könnten einen die Dichterworte reinigen, indem sie diesen Gefühlen zum Wort und Ausdruck verhülfen. Die Gewalt des Wortes. Helmut fragte den Lehrer, der ein Mann der Zitate war und bei Helmut und Reinhold nur »Zitatterich« hieß, ob der Dichter beim Schreiben selber auch erschüttert und von seinen bedrängenden Gefühlen gereinigt werde. »Rasch fertig ist die Jugend mit dem Wort«, sagte der Lehrer. Auch Reinhold fragte nach. Der Lehrer zitierte einen der großen Dichter, dessen Namen er gerade nicht parat habe: Schreiben sei gleichsam das Schlagen mit einer Axt in das Eismeer in der eigenen Brust. Die dröhnend präsentierten Sätze gingen Helmut auf die Nerven. Reinhold holte nochmals zu seinem Reue-Brustschlag aus, unterbrach die Bewegung und setzte sie fort durch ein maßvolles Handheben. Der Lehrer übersah die Hand.

Der Schreiber Klett notierte häufig Daten und Namen. Was er in der Zeitung gelesen und im Fernsehen gesehen hatte, kam ins Heft, hauptsächlich Katastrophen und die Todesfälle von Prominenten, nicht deren Affären, die er aus der »Bunten« und anderen Blättern vom Bäcker kannte. »Franco tot, Graham Hill tot, Sepp Herberger tot.« So notierte er auch die Todesfälle und Beerdigungen im Ort.

Helmut wollte die Daten und Namen aus den Kalendern und Heften im Archiv des »Tagblatts« überprüfen, mit der Gewissheit, Übereinstimmungen zu finden, und in der Hoffnung, per Zufall Zusammenhänge zwischen Klett und der Welt draußen zu entdecken.

18.7. Amis und Russen gekoppelt im All.

18.7.1975 Russen und Amerikaner schütteln sich die Hände. Fast auf die Minute pünktlich zum Rendezvous im Weltraum. Aus dem All kamen nur Flüche.

Nicht von Interesse war die Meldung auf der gleichen Seite:

DGB nennt ›Todesschuss‹ Todesstrafe durch die Hintertür.

»Do. 20.11. 7.33 laut Radio Franco tot egal.« Im Archiv fehlt eine Kopie der Zeitung vom 19.11.1975, dem Todestag von Franco. Klett hatte an diesem Tag, einem Mittwoch, nicht sein übliches »Zeitung gelesen« notiert. Über den Mittwoch steht im Heft:

Sitze immer noch hier. 0.45 wenn nur mal alles vorbei wäre, ich komme allmählich um den Verstand im Nest gewacht bis etwa 4 Uhr dann 9.30 raus Feuer gemacht.

Am Tag darauf hört er morgens die Meldung vom Tod Francos: »Franco tot egal.« Nicht vermerkt ist die Überschrift der ersten Seite vom 20.11.1975:

Schweres Unglück in Grundremmingen. Arbeiter im Kernkraftwerk von radioaktiven Dämpfen verbrüht.

Mo. 1.12. Graham Hill tot.

1.12.1975 Graham Hill flog in den Tod London (dpa) Großbritanniens ehemaliger Automobilweltmeister Graham Hill (46) und fünf andere Insassen sind am Samstagabend beim Absturz eines Sportflugzeugs in der Nähe von London ums Leben gekommen.

Do. 4.12. Holland 3 Geiseln erschossen.

4.12.1975 Zweiundsiebzig Menschen in der Hand von fünf Terroristen. Geiselzug von Panzern und Scharfschützen umstellt. Befiehlt holländische Regierung Sturmangriff? – Passagiere in Panik.

Sonntag Nachrichten Geiselnahme Östreich.

Am Montag, den 22.12.1975, steht im »Tagblatt«:

Revolutionäres Kommando überfällt Konferenz der dreizehn OPEC-Länder in Wien. Öl-Minister in der Gewalt von arabischen Terroristen.

13.4. Trauerfeier Buback angesehen.

13.4.1976 Heute Trauerfeier für Terroropfer Schiess bleibt dabei: Buback wollte keinen besseren Schutz.

Am 2.6.1976 steht Klett »etwa 8 Uhr« auf, will nicht nach Tübingen, geht wieder ins Bett, isst um zwei Uhr Kartoffelbrei und ein Ripple. Per Post hat ihm die Gemeinde mitgeteilt, er müsse das Grab seiner jung verstorbenen Schwester abräumen, das macht er am gleichen Tag, vom »Hirsch« holt er drei Flaschen Bier und Zigaretten, dann schaut er »Spiel ohne Grenzen« an. In der Zeitung vom Tage war zu lesen:

Wieder Bombenterror in der Bundesrepublik. Sechzehn Verletzte in Frankfurt. Anschlag in Hamburg vereitelt.

Gleich häufig wie Meldungen aus der Politik stehen Sportereignisse in den Kalendern und Heften. Fußball, Boxen, Olympisches. »Di. 1.7. 4 Uhr bis 5 Uhr Boxkämpfe angeschaut Ali – Engländer. Ali Punktsieger«

30.6.1975 Das Erste Programm des Deutschen Fernsehens überträgt am morgigen Dienstag den Weltmeisterschaftskampf im Schwergewichtboxen ab 2.55 live aus Kuala Lumpur.

Der »Engländer« hieß Joe Bugner. Nicht notierenswert für Klett sind die Meldungen des »Tagblatts« vom gleichen Tag:

Anzeigen gegen Klinikärzte wegen Untreue und Betrug Portugiesen jagen Ex-Peiniger Heckenschützen beherrschen Beirut Mutmaßliche Terroristin an Brustkrebs gestorben 11,1 Prozent höhere Rente Ich hätte den Anarchisten eine Bombe bringen können. Seltsame Erfahrungen nach zwei Tagen Haft in Stammheim.

Eine kurze Einschätzung des Wetters gehörte ins Klett-Schreibprogramm vom Tage: »29.5. Fronleichnam klasse Wetter.« Am Vortag, am 28.5.1975, stand im »Tagblatt«:

Wie wird das Wetter? Freundlich. Morgen: mäßig warm, störungsfrei und vielfach Sonne.

Nicht notierenswert ist die Meldung auf der ersten Seite vom selben Tag:

Trotz Abwehrerfolgen mehr Terroranschläge. Die Zahl politisch motivierter Gewaltakte ist in der Bundesrepublik 1974 im Vergleich zum Vorjahr trotz erheblicher Abwehrerfolge gestiegen. Linksextreme Terroristen verübten 104 Terroranschläge (1973: 70) und töteten dabei zwei wehrlose Menschen.

Vielleicht hat Klett sich über eine Meldung aus der Region, die zum Fronleichnamstag passte, gewundert:

Keine Blumen-Prozession in Hüfingen. »Gefahr, dass es nur Rummel ist«, sagt der Pfarrer.

Klett hat für den Fronleichnamstag den Hof gemäht. Zieren mit Blumen und Girlanden aus Tannenreisig wird er aber nicht, obwohl er das nicht für »Rummel« halten könnte. »Mi. 29.10. Wetter wie im Frühling.«

28.10.1975 Vorhersage: Heute und morgen in den Niederungen neblig trüb mit leichten Aufheiterungen am Nachmittag. Höchsttemperaturen zwischen 5 und 8 Grad. Nächtliche Tiefsttemperaturen im Allgemeinen zwischen 0 und plus 4 Grad, stellenweise leichter Frost oder Bodenfrost. Nur geringe Luftbewegung.

»Wetter wie im Frühling« passt nicht so recht zur amtlichen Wettervorhersage. Fühlte sich Klett wie im Frühling und passte er das Wetter seiner inneren Verfassung an?

Mi. 29.10.
Scheußliche Nacht kaum geschlafen ½ 8 Uhr raus dann wieder rein bis ½ 11 Uhr diesmal geschlafen Rente bekommen dann Garten gewesen Wetter wie im Frühling wenn nur das Husten nicht wäre.

Am 19. September hatte Klett im »Rössle« seinen Schwarzen Freitag erlebt. Eine Handvoll junger Kerle hatte ihm, dem Spitzenschüler, eine Lektion erteilt, die er schnell und schmerzhaft zu lernen hatte. Am 20. September 1975 hat Klett keine politische Neuigkeiten eingetragen. Die Demütigung in der Wirtschaft ließ dafür keinen Platz.

Friderichs warnt Gewerkschaften. Acht Prozent sind absolut nicht drin. IG Metall fordert kürzere Arbeitszeit. Schwangere zum Tode verurteilt. Spanisches Militärgericht geht hart gegen Regime-Gegner vor. – Fünfmal Höchststrafe. Bundesregierung glaubt an einen Aufschwung zum Jahresende. Friderichs: 1976 fünf Prozent Wachstum möglich. Terrorismus gefährlicher denn je.

Am Tag nach der Niederlage im »Rössle« ist kein »Zeitung lesen« vermerkt. Klett ist »nicht ganz da« und hat auch die anderen Nachrichten und Anzeigen im Tagblatt nicht gesehen.

Emanuela Die letzte Nacht des Boris Gruschenko Die rechte und die linke Hand des Teufels Im Liebesgarten

Das Musterländle auf Wassersuche. Im Iran hat Baden-Württemberg eine »Marktlücke« gefunden – Lehrlings-ausbildung made in Südwest.

Die Arbeitslosenquote im Land (3,0) soll 1976 spürbar niedriger sein.

15.50 Tagesschau
18.00 Abendjournal
19.00 Sandmännchen
20.15 Unter Wölfen. Sowjetischer Spielfilm 1973
23.00 Tatort (Wh.) Platzverweis für Trimmel
00.40 Tagesschau

8.20 Schulfernsehen Mathematik 5. Schuljahr
9.10 Schulfernsehen Mathematik 7. Schuljahr
9.45 Schulfernsehen Mathematik 7. Schuljahr
17.25 Schulfernsehen Mathematik 7. Schuljahr

Tagesspruch
Es ist im Leben gar nicht wichtig,
Was macht man falsch, was nennt man richtig?
Und darin liegt der Unterschied,
Durch welche Brille man's besieht.

»Alles ist relativ im Leben« bietet das liberale »Tagblatt« der Universitätsstadt großzügig den Lesern als Tagesmotto an. Wer so spricht und denkt, lebt richtig und kann seine unterschiedlichen Ansichten von Gott und der Welt je nach-dem formulieren. »Alles ist relativ im Leben.« Klett kann nicht so großzügig mit dem Richtigen und Falschen im Le-ben hantieren. Klett hat tausendfach erfahren, was für ein falsches Leben er führt, Tag für Tag. Der Tagesspruch ge-hört, hätte er es zu entscheiden, in die Witzecke.

Ein anderer Schlepper

Am 15. Juni 1977 notierte Klett: »Mit Taxe Landgericht. Mit A. gesprochen u ihm Ziggretten gegeben. Mittags bis 18.30 Uhr Gericht beide 6 Jahre Knast bekommen.«

Drei Tage später steht im Heft: »Von A. und B. kam heute ganzer Krampf in der Zeitung. 6 Jahre ist lang.« Klett kennt sich aus. Knapper und sachlicher lässt sich der Tatbestand nicht kommentieren. »6 Jahre ist lang.«

Schon vor der Gerichtsverhandlung hatte Klett den Tatbestand richtig eingeschätzt: »Di. 1. März Gestern war Kripo hier wegen A. sieht schlecht aus für ihn, hätte ich ihn nur nicht gehen lassen, aber seine Schuld.«

A. und B. waren am 18. Februar bei Klett im Haus, eine Stunde lang. Dann sind sie mit ihrem Schlepper weg gefahren. Klett hat »abends vollends Mainz angeschaut«. Am Freitag vor Fasnet also blieb Klett zu Hause vor dem Fernseher und sah sich die Mainzer Faschingsveranstaltung an, die zwei anderen sind mit dem Traktor unterwegs. In der Nacht vom Freitag auf Samstag ging Klett nachts um zwei Uhr »ins Nest«. Eineinhalb Stunden vorher war es passiert.

Eine Woche nach der Tat steht im Heft: »25.2. 22 Uhr A. und B. in U-Haft haben letzten Freitag Tango Toni k o gemacht.«

Nach der Tat sind genau vier Monate bis zur Gerichtsverhandlung vergangen. Am Samstagmorgen liest Klett in der Zeitung den Bericht, ein »ganzer Krampf«.

Samstag, 18. Juni 1977,
Vor der III. Großen Strafkammer:

»Grenzt an versuchten Mord«

Sechs Jahre Freiheitsstrafe wegen räuberischen Angriffs, Körperverletzung und Aussetzung.

Ein böses Spiel hatten zwei junge Männer, 34 und 24 Jahre alt, in der Nacht vom 18. auf den 19. Februar dieses Jahres mit einem 49jährigen Mann aus Hirrlingen getrieben, und es ist eigentlich nur dem Zusammenspiel »vieler glücklicher Umstände« zuzuschreiben, dass er heute noch am Leben ist. »Das Verhalten der Angeklagten grenzt an versuchten Mord«, charakterisierte G. G., Vorsitzender der III. Großen Strafkammer des Tübinger Landgerichts, die Handlungsweise der beiden. Diese Kammer verurteilte jetzt die Männer zu jeweils sechs Jahren Freiheitsstrafe (Oberstaatsanwalt W. H. hatte sieben Jahre gefordert) und anschließender Führungsaufsicht, den 24jährigen zusätzlich zu fünf Jahren Führerscheinentzug, wegen gemeinschaftlichen räuberischen Angriffs auf Kraftfahrer, tateinheitlich mit Raub, gefährlicher Körperverletzung und Aussetzung eines Hilfsbedürftigen.

Zunächst habe er es nicht glauben können, berichtete jetzt ein Bewohner der im Starzeltal gelegenen Burgmühle bei Frommenhausen dem Gericht, was ihm da der Mann, der im Morgengrauen des 19. Februar blutverschmiert und in total verwahrlostem Zustand, nur mit einem alten Hopfensack spärlich bekleidet, an seiner Haustür geläutet hatte, erzählte: Man habe ihn ausgeraubt und ihm seine Kleider weggenommen; nachdem er sich über eine Stunde nackt durch den Wald geschlagen habe, sei er an der Burgmühle angelangt, und da er niemand habe stören wollen, habe er sich im Schuppen den Hopfensack übergezogen und sich in Sägemehl eingegraben. Der Mann habe ihn gebeten, seinen Onkel in Hirrlingen anzurufen; dieser hatte dann auch den Verletzten abgeholt.

Viel wusste der Verletzte über die beiden Männer nicht, die er kurz vor Mitternacht am Vorabend in einer Gaststätte in Bietenhausen getroffen hatte und die ihn dann auf dem Traktor mitnahmen, zu einer Faschingsveranstaltung nach Trillfingen, wie er glaubte. Aber er wusste immerhin so viel, dass sie bereits am Morgen desselben Tages festgenommen werden konnten, wo auch die gesamte Beute gefunden wurde: 197 Mark, eine Armbanduhr und ein Feuerzeug.

Bereits auf dem Weg von Bietenhausen nach Höfendorf hatte der 34jährige, der auf dem linken Traktorsitz saß – der Jüngere lenkte, da er als Einziger einen Führerschein hatte –, versucht, dem 49jährigen die Geldbörse aus der Gesäßtasche zu klauen, was misslang. In Höfendorf fuhr der 24jährige dann nicht mehr in Richtung Trillfingen weiter, sondern bog rechts nach Wachendorf ab. Etwa 800 Meter vor Wachendorf bog er nach rechts auf den Waldweg Nr. 16 ca. 250 Meter tief in den Wald und hielt an. Alle drei stiegen gleichzeitig ab, und der Ältere begann umgehend, mit den Fäusten auf den Hirrlinger einzuschlagen. Abwechselnd droschen die beiden dann auf den Mann ein, bis dieser, ohne Gegenwehr zu leisten, zu Boden ging. Dort nahm ihm der 34jährige den Geldbeutel und die Armbanduhr ab. Damit der Niedergeschlagene nicht schnell Hilfe holen konnte, rissen sie ihm die Kleider vom Leib, ließen ihn dann, ohne sich weiter um ihn zu kümmern, liegen und fuhren über Wald- und Feldwege zurück. Unterwegs warfen sie, nachdem der Ältere sie durchsucht und das Feuerzeug gefunden hatte, die Klamotten einzeln fort.

Allen drei Männern war um 10 Uhr an jenem Samstagmorgen eine Blutprobe entnommen worden: Nach dem Gutachten des Gerichtmediziners hatten zur Tatzeit um 0.30 Uhr der 34jährige zwischen 1,5 und 2,5 Promille, der Jüngere etwa zwei Promille und der Hirrlinger zwischen 2,4 und 3,4 Promille. Verminderte Schuldfähigkeit oder gar Schuldunfähigkeit wollte den Angeklagten weder Dr. S. noch das Gericht zubilligen. »Sie waren geistig durchaus auf der Höhe und hatten sich in der Gewalt«, so G. in der Urteilsbegründung.

Zugunsten der beiden konnte das Gericht bei der Strafzumessung wenig berücksichtigen, dafür sprach um so mehr ge-

gen sie: Beide waren vorbestraft, der Ältere wegen Körperverletzung, der Jüngere wegen Raubes. Die Tat zeige, »wie men-
schenverachtend sich die Angeklagten verhalten haben«, sie
müsse allerdings »im Zusammenhang mit der Neigung zum
Alkohol gesehen werden«. Da trotz der Freiheitsstrafe »mit
weiteren Straftaten der beiden zu rechnen« sei, erscheine
Führungsaufsicht angebracht.

Klett hat für seinen Schlepper 250 Mark bekommen, bar
auf die Hand.
Das erste Angebot belief sich auf 700 Mark.

Alles stimmt

Kletts Einträge stimmen mit den Zeitungsberichten überein. Fast mechanisch wechselte Helmut die Bänder für die
Lesemaschine im Archiv. Was dabei herauskommen würde,
war von vornherein klar.

Mo. 24.4.
Jetzt Montagsmaler warte auf Film ist 21.10 Uhr,
Penner Film war interessant u erschreckend, da
denkt man erst was ein Haus ist.

ZDF 21.20 Wie man sein Leben lebt. Engl. Spielfilm (1976)

6.8. Papst Paul tot 20.40 Uhr

6.8.1978   Der Papst ist tot. In der Sommerresidenz er-
lag er einem Herzinfarkt.
Der Pressesprecher erklärte wörtlich ... mit tiefstem
Kummer und tiefster Bewegung muss ich Ihnen mittei-
len, dass Papst Paul VI. um 21.40 Uhr (20.40 MEZ) an
diesem Abend des 6. Augusts gestorben ist.

»TSV und VfB verlieren 5:1.« Der TSV in Unter-
jesingen, der VfB in Kaiserslautern.

1:5 Fehlstart zum Bundesliga-Auftakt. Bei den »roten
Teufeln« war der VfB viel zu sanft.

So. 3.9.78 2.30 Uhr gehe jetzt ins Nest meines, um 6
Uhr durch schweres Erdbeben erwacht, dann weiter
gepennt bis ½ 9 Uhr.

Machte Klett, was nicht zu erwarten war, einen Witz? Die
Erde bebt, Klett pennt weiter. Helmut konnte sich an kein
schweres Erdbeben erinnern. Verbarg sich hinter dem Erdbeben ein inneres Beben, Erschütterungen in Klett selber?
Helmuts leichtfertige Vermutung wurde im Archiv vor dem
Lesesichtgerät vom Kopf auf die Füße gestellt. Helmut
versuchte zu lachen, wie Klett zu lachen. Es misslang.

Montag 4.9.1978 Seit 1911 das schlimmste Erdbeben in
Deutschland. Voller Angst stürzten Tausende ins Freie,
in Tailfingen sah es aus wie nach einem Bombenangriff.
Um 6.08 hatte die Erde 25 bis 28 Sekunden lang gebebt
... Stärke 6 der Richterskala.

... durch schweres Erdbeben erwacht, dann weiter gepennt.

Sojus 29 gelandet. Erster Deutscher aus dem All zurück.
Sigmund Jähn wird »Fliegerkosmonaut der DDR«.

Helmut überprüfte noch die Daten und Namen, die er auf
seiner Liste vorgemerkt hatte. Überraschungen waren
nicht zu erwarten. »12.9. O. E. Hasse tot.«

Man sagte O. E., und jeder wusste Bescheid.

Nach Stunden am Lesegerät im Archiv der Zeitung war Helmut keinen Schritt in Richtung Klett weitergekommen. Er wusste, was er schon vorher wusste:

In seinen Heften und Kalendern ist auf Klett Verlass. Die politischen Schlagzeilen, die Naturkatastrophen, die Todesfälle, die Wetterdaten decken sich mit Kletts Kurznotaten. Klett wählte besonders drastische Fälle aus, Terroranschläge und Erdbeben. Dazu die Todestage prominenter Zeitgenossen. Große Sportereignisse kannte er aus dem Fernsehen, das Wetter aus den Prognosen und dem Blick zum Himmel vom Garten aus. Kein in den Heften und Kalendern festgehaltenes Ereignis hat mit Klett unmittelbar zu tun. Was in der Welt passiert, passiert in der Welt. Klett lebte in seiner eigenen Welt. Wie sollte ein Wechselspiel aussehen? Und warum sollte Klett, wenn er über sich und seine Welt ins Heft schrieb, lügen, täuschen, verbergen wollen? Lediglich das Wetter verbindet die Welt und Klett. Die Sonne geht, wie bekannt, auf über Prominenten und unwichtigen Leuten, der Himmel lacht, wie bekannt, über Große und Kleine und weint über beide.

In der Welt passierte Neues, Tag für Tag. Bei Klett passierte das Übliche, Tag für Tag.

Über Jahre war Klett in den Eisen- und Kolonialwarenladen gekommen. Fast jeden Samstag hatte er Zigaretten und »Bauerndank« verlangt. Helmut hatte Klett bedient, immer korrekt und immer mit Tempo, wie unter Druck, wie in einer Not-, ja wie in einer Extremsituation. Helmut war mehr froh, wenn Bestellen und Bedienen und Kassieren und Anstarren und »Ade!« ausgestanden waren. Starre, aber geladene Begegnungen ohne jede äußere Bewegung.

In der Schulzeit hüpften sie auf einem Bein, die Arme wie einen Rammbock vor der Brust verschränkt, gegeneinander, täuschten an, griffen an, wichen aus, um einander aus dem Gleichgewicht zu bringen, sie jagten sich, ließen ab voneinander, jagten sich wieder.

Klett fuhr auf dem Wagges über Ludwig, der gestürzt am Boden lag, mit dem Rad hinweg und nahm mit dem vorderen Schutzblech, der scharfen unteren Kante des Schutzblechs, Ludwigs Nasenspitze mit. Ludwig blieb liegen, ohne Bewegung.

Einen Eintrag hatte Helmut bis zum Schluss nicht überprüft, weil er an die Zuverlässigkeit der Klett-Einträge glaubte. Der Eintrag sollte, gerade weil er so Unwahrscheinliches behauptete, im Zeitungsarchiv überprüft werden und so Kletts Glaubwürdigkeit aufs Schönste belegen: »Mo. 19.7.76 4 Uhr raus Bier gefroren musste auftauen wieder Nest.«

Montag 19.7.1976   Es war heiß – es ist heiß – und es bleibt heiß.
Nach Hitzerekorden nur leichte Gewitter-Kühlung. Wenn der Sommer so weitermacht, wird sogar der Rekordsommer 1947 übertroffen.

Der Klett-Eintrag war falsch, offensichtlich falsch. Das erste Mal stimmten Tagebuch und Zeitungsnachricht nicht überein. Verbarg sich hinter »Bier, gefroren« eine nur Klett verständliche Nachricht? Hatte Klett das geträumt und dann aufgeschrieben? Hätte das gefrorene Bier Kletts Bierkonsum reduzieren sollen? Helmut hielt sich an Kletts Kürzestsprache. Damit hatte er genug zu tun.

Zwischenbilanz

Noch zwei Hefte waren abzutippen, Helmut war erleichtert. Bisher hatte er oft mit Widerwillen das Auf und Ab, das Hin und Her des täglich »Üblichen« notiert, noch öfters sich gescheut, der einzige Beobachter des Klett-Lebens, des Ab-Lebens und des Sich-Ver-Lebens von Klett zu sein. Bisher hatte er gelacht über Kletts Antwort auf die Fernsehfrage »Was bin ich?«, gestöhnt über sein »Istdochmiregal-Geschrei. Endlich konnte Helmut zustimmen: »Frei. 20.50 Uhr, vespere jetzt, habe noch 6 DM, oh Klett!«

Mensch Klett, was machst du, oh Klett! Helmut hätte Klett gern zugesehen, als er das »oh Klett!« geschrieben hat. Hat er gelacht? Hat er die Luft eingezogen und gestöhnt? Oh Klett! Empfand er, vielleicht ein erstes Mal, Mitleid mit sich selber? Der nächste Satz im Heft kippte Helmuts momentane Sympathie:

»Ist wieder ein einsamer und trostloser Sonntag, wie meistens.« Helmut musste Klett zustimmen. Ein »trostloser Sonntag, wie meistens« und eine genau so trostlose Bestandsaufnahme, folgenlos wie immer. Und wieder nötigt Klett mit dem nächsten Satz Helmut in eine andere Stimmung: »Ich glaube, die Angst vor dem Tod ist allmählich gering. Wenn ich nur nicht mehr aufwachen würde.«

Klett hatte Helmut in der Hand und trieb den Abtipper mit seinen Umschwüngen in die Enge. Helmut konnte nicht aufhören, mit dem Abtippen der Tagebücher und Kalender wieder anzufangen.

Am 10.12. notiert Klett, er koche »alles in Stube. Stube ist Schlafstelle, Klo, Aufenthaltsraum und Küche. Egal, wie ich verrecke«.

Helmut muss sich, von Kletts ungewohnter realer und sprachlicher Aufteilung der Stube, das Bild der Vierfach-Stube vorstellen. Eine Matratze liegt, wenn man zur Tür hereinkommt, auf der rechten Seite. Decke, Kopfkissen, Leintuch ungebügelt in der rechten Ecke; vor dem einen Fenster das Fernsehgerät, vor dem zweiten der Holztisch, übervoll mit Geschirr und Besteck, die Tischschublade steht offen, darin die Tagebücher und Kalender, die »Biblische Geschichte« und der Katechismus, der »Schmeil« und zwei Lesebücher. Unter dem Tisch ein verrutschter Stapel Zeitungen und Illustrierte, dicht neben der Matratze. Auf dem Tisch der Elektrokocher mit zwei Platten, eine Pfanne, halb voll mit Nudeln, und ein Kessel darauf. In zwei Suppentellern Knochen, Eierschalen, Zigarettenkippen, so weit als möglich heruntergeraucht. Ein Kasten Bier. Schnapsflaschen in Reih und Glied, zuerst die Dreiviertelliterflaschen, dann die kleinen Halbliterflaschen, beide aus geripptem, starkem Glas. Dann die stinkenden, randvollen Eimer.

Klett hat sich in seinen letzten Raum, in seine einzige und vielfach genützte Stube zurückgezogen. Hier will er, wie ein Tier in seiner Höhle, bleiben bis zum Ende, bis, so schreibt er, zum Verrecken.

Passend zum allgegenwärtigen Dreck: »Mich samt Füßen gewaschen.« Klett bringt Helmut zum Lachen trotz des allgegenwärtigen Drecks. »Samt Füßen« hat er sich gewaschen. Die Extremitäten sind so weit weg vom täglich zu waschenden Zentrum, dem Klett-Kopf, so weit da unten, dass sie nur selten ins seltene Waschprogramm kommen. Fremde Füße.

Oh Klett. Mensch Klett. Oh Klett.

Und Mensch, Helmut, wieso musstest du noch einmal vors Lesegerät im Zeitungsarchiv, um den Eintrag vom 29.9.1975 zu vergleichen?

»½ 5 Uhr Bier gefroren, musste auftauen.«

Ein Teufelsritt

Wozu er überhaupt noch lebt.

Um, zum Beispiel, Mofa zu fahren. Darüber hat Klett seinen längsten Text geschrieben. Sein Mofa, der mickrige

Ersatz für seinen breiten und immer, also auch im Winter, fahrbereiten Schlepper, läuft mal nicht an, hat mal einen Platten. Sein Tok Tok sprang beim ersten Versuch an, beim Mofa reißt er schon beim zweiten Versuch den Gaszug heraus, drückt Löcher in den Schlauch und merkt erst beim Aufpumpen, dass die Luft nicht hält. Einer hilft ihm, das Mofa kann starten. Ihn »reitet heute der Teufel, bin so perfekt mit meinem Mofa«. Im Hof dreht er Runde um Runde, legt einen sauberen Achter auf den frisch gemähten Rasen, nimmt beide Füße vom Pedal und schlittert, wie die Sandbahnfahrer im Fernsehen, mit nach rechts gestelltem Lenker in die Endlos-Linkskurve. Ihn »reitet heute der Teufel«. Es ist wie in den guten alten Schlepperzeiten. Klett ist wieder mobil. Der frisch installierte Gaszug muss nachgestellt werden. Klett bockt das Mofa auf, kuppelt aus und dreht auf Vollgas. Plötzlich »macht der Karren mit Vollgas einen Hopser vom Ständer, Kette runter und ich Füße in Räder gebracht, lag auf dem Boden, es ging noch mal«. Das ist Kletts bisher längster Satz. Er braucht zum Aufschreiben des Malheurs zehnmal mehr Zeit, als der Vorfall gedauert hat.

In der Schule hätte man einen schönen Aufsatz darüber schreiben können. »Wie ich einmal Glück hatte.« Oder: »So ein Pech.« Für beides hätte die Geschichte gepasst. Besonders die des aufgebockten und bockigen Drahtesels, vergleichbar dem schwarzen Füllen vom Jakobvetter aus dem Stall gegenüber, wenn es im Frühjahr neben dem ruhigen Braunen zum ersten Mal am knappen Halfter ausgeführt wurde. »Glück im Unglück.« Nur Helmut hätte spannender und länger als Klett schreiben können.

Der Tag hatte gut begonnen. Um halb vier in der Nacht sah er im Fernsehen den »Boxkampf Spinks – Ali«, um zwölf Uhr der Mofahopser, dann die »Reparatur von Kette und Schutzblech. Mondfinsternis gesehen, mein Zeh tut weh, ist 21.40, Lotto nichts, bin 22 Uhr Nest«. Boxen, Mofa fahren, Mondfinsternis, mein Zeh, Lotto, Glück im Unglück. Unglück im Glück.

»Pechvogel oder Glückskind« musste Helmut einen Nachmittag lang in einem Besinnungs-Aufsatz gegeneinander abwägen, als hinge davon nicht nur seine Note, sondern auch das Wohl der ganzen jungen Generation ab. Helmut entschied sich für das Glückskind, für das selbst verursachte Glück des Schmieds in eigener Sache. Und weil der Lehrer für jede These mindestens drei anschauliche Beispiele verlangte, erfand Helmut zwei und machte sich selber, unter dem Namen eines Verwandten, zum beispielhaften Musterfall für das Glück, das sich jeder selber zimmert. Helmut hätte den Aufsatz auch für die gegenteilige These mit drei gegenteiligen Beispielen zurecht machen können, wählte aber den Glücksfall aus dem allereinfachsten Grund. Der ältere Lehrer, seit einer Woche im Besitz seines ersten Führerscheins und seit zwei Tagen Besitzer eines Kleinstwagens der Marke »Hansa«, hatte den »Plastikbomber« im Schulhof da zum Halten gebracht, wo er bisher sein Fahrrad, Marke »Vaterland«, untergebracht hatte, am eisernen Fahrradständer mit Wellblechdach, der dem Kühler und der Stoßstange des Plastikbombers, Marke »Hansa«, nicht nachgab. Helmut traf den Lehrer, wie richtig vermutet, an seiner momentan schwächsten Stelle und nahm den langen Blick und das hoch hergereichte Heft und die Bestnote wie beiläufig entgegen. Der Lehrer machte Helmut vor der Klasse zum beneidenswerten Glückskind. Helmut hatte richtig kalkuliert.

Mofa nix ich Schmerzen

Auf die lange Mofa-Geschichte folgt eine lange Reihe kurzer Eintragungen, als hätte sich Klett erschöpft in der Schilderung des sich aufbäumenden Fahrzeugs. Der Teufel hat ihn geritten, nun geht er einumsanderemal zu Boden. »Ist 0.30, Fernsehen geht, will sehen, ob ich in einem Jahr noch hier bin. Meine Stimmung normal.« Ohne Mühe ist Klett bisher das Eink(l)aufen gelungen, nun wird er erwischt und muss sich mit Mühe herausreden. Er ist müde, hat keinen Hunger, liegt die meiste Zeit im Bett, »bin immer so schlapp«.

Die Wörter und Buchstaben entgleiten nach unten, mitten im Wort wechselt er den Stift von blau nach rot. Der Dachstuhl brennt, Klett nennt nicht die Ursache, und kann gerade noch von der, von anderen alarmierten Feuerwehr gelöscht werden. In Stuttgart verliert er, wie jedesmal, viel Geld und wird zu Boden geschlagen. Dem Taxifahrer muss er das Postsparbuch als Sicherheit überlassen. Er verkauft das letzte landwirtschaftliche Gerät, seinen Häcksler.

Das geklaute Mofa sucht er eine Woche lang in der Stadt. Die Polizei hat keinen Erfolg. Am Marktbrunnen hat er dann einen der »Kerle geschnappt, einer weg, dann Polizei«.

Zum dritten Mal zeichnet Klett einen Sarg ins Tagebuch, dieses Mal ohne Maßangaben. Der ehemalige Schreinergeselle kennt die eigenen Maße.

Die Häuser im Flecken bekommen neue Hausnummern. Klett verschenkt die alte Nummer, als ob er sein Haus schon aufgegeben hätte.

»Penner Film war interessant und erschreckend, da denkt man erst, was ein Haus ist.«

Die neue zugeteilte Hausnummer (Nr. 68) bringt er nicht an dem Holzbalken über der Tür an.

Zwei Zufallsbekannte aus der Bahnhofsgaststätte nimmt er mit in sein Haus. Er hat, was die nicht haben. Am andern Morgen sind beide verschwunden. Hundert Mark fehlen. Die Kreissäge verkauft er um 225 Mark. Im Lotto gewinnt er drei Mark und setzt sie gleich wieder für ein neues Spiel ein. Klett verkauft seine Quartzuhr.

Für die Schnapsflasche, für die Tomaten mit Reis im Topf hat er eine neue Formel: »Leer gemacht.« – »7 Uhr raus, Schn leer gemacht, wollte Bus Tübg Knöchel angebrochen.« Klett will nicht zum Arzt. Er bleibt da, »dann Adler mit Mofa Sturz Mofa nix, ich Fuß verknackst, Schmerzen. Junge Kerle mich heimgefahren«.

Drei Tage später bindet er den schmerzenden Fuß ein, es geht ihm besser, er fährt nach Stuttgart, fährt mit dem Taxi heim, repariert das Mofa, zuerst das Mofa, der Fuß hat Zeit. Klett sägt Holz. Weitere fünf Tage später bekommt der gebrochene Fuß in der Klinik einen Gipsverband. Er soll nicht zu Fuß gehen.

Er soll nicht. Ein Film über Jesus – »nix extra, sehe jetzt Welt im Krieg«. Die Leidensgeschichte und die daraus abgeleitete Erlösung haben auf Klett wenig Eindruck gemacht. »Welt im Krieg«, unerlöst und ohne Frieden wie eh und je.

Klett übergibt einer Frau, die manchmal ins Haus kommt, sein Testament.

Do.
¼ 6 raus Holz gesägt, Feuer gern Ziggr. geholt bin heute besser dran schon Banane gegessen ist bin 9 Uhr wieder Nest bis 10 Uhr habe mich an Kopf u Finger verletzt, es schmerzt. Muss Dillerium gehabt haben, sah lauter Feuerzungen habe Rohr runter geschmissen u Ofen verrückt dann lese.

Helmut weiß, welches Bild und welche Sätze Klett vor Augen und im Ohr hatte.

*Da entstand plötzlich vom Himmel her ein Brausen, wie
wenn ein gewaltiger Sturm daher führe, und erfüllte das
ganze Haus, worin sie saßen. Es erschienen ihnen Zungen wie Feuer und auf jeden von ihnen ließ sich eine solche nieder. Alle waren voll des Heiligen Geistes und fingen an, in fremden Sprachen zu reden.*

Zungen aus Feuer. Feuerzungen. In der »Biblischen Geschichte« stürzten an Pfingsten Flammen auf die Köpfe von
Maria und die Apostel herab, für jeden eine Flamme, mit
einer oder mit zwei, höchstens drei züngelnden Spitzen.
Helmut hatte mit Bleistift und Lineal Maria eine, den elf
alten Aposteln und dem neuen Apostel namens Matthias,
dem Ersatzmann für den Verräter Judas, je eine Feuer-
zunge zugeteilt. Jede Zunge hatte einen Kopf gefunden.
Klett meldete sich im Religionsunterricht zum ersten Mal
wieder. Ein Jahr hatte er neben der Bank stehen müssen,
weil er eine elektrische Leitung in der Schule mit dem Taschenmesser durchgeschnitten hatte. Klett fragte den Pfarrer, ob die feurigen Zungen durch den Heiligenschein hindurch auf die Köpfe gelangen könnten. Der Pfarrer ging
zur letzten Bank, neben der Klett stand. Er solle sich setzen. Klett setzte sich. Aus ihm, das könne er ihm prophe-
zeien, werde im Leben einmal etwas Rechtes, oder du wirst
ein Verbrecher. Klett stand wieder auf und blieb im engen
Gang neben der Bank stehen.

  Der Pfarrer ging nach vorne und stimmte mit seiner
brüchigen Stimme das Lied für Pfingsten an.

> *Komm Schöpfer Geist, kehr bei uns ein,*
> *Besuch das Herz der Kinder dein,*
> *Erfüll uns all mit deiner Gnad,*
> *Die deine Macht erschaffen hat.*

Große Pause. Die Mittelklasse drängte als erste die zwei Treppen hinab.

Helmut gefiel die Geschichte von Pfingsten mit den rasch herabstürzenden feurig züngelnden Flammen. Das »Reden in fremden Zungen« konnte er nicht begreifen. Der Pfarrer war nach dem Lied, anders als sonst, stehen geblieben und schaute auf den Schulhof hinab. Helmut blieb in der Klasse zurück. Zum ersten Mal traute er sich, eine Frage zu stellen, allein vor dem Pfarrer stehend. Der Pfarrer holte tief aus seiner Soutane ein kleines schwarzes Buch herauf, schmaler als das Gesangbuch, zeigte Helmut die fremden griechischen Buchstaben, schlug eine Seite in der Mitte des schwarzen Buches auf und las Sätze vor, die ähnlich auch in der »Biblischen Geschichte« standen. »Da entstand plötzlich vom Himmel her ein Brausen ... ein gewaltiger Sturm ... erfüllte das ganze Haus ... Zungen wie Feuer ... voll des Heilgen Geistes ... in fremden Sprachen zu reden.« Jetzt komme es, sagte der Pfarrer, jetzt kommen die fremden Sprachen. Der Pfarrer las einen Namen nach dem andern, zumeist fremde Namen. Ein paar kannte Helmut: Galiläer, Ägypter, Griechen, Römer, Araber. Merken wollte er sich die schönen Sprachen der Länder Kappadokien und Pamphylien. Das seien die fremden Sprachen, sagte der Pfarrer. Jeder hätte jeden verstanden. Ob Helmut das verstehe? Helmut nickte.

Klett war nicht in die Pause gegangen, er stand noch neben der letzten Bank in der linken Reihe an der Wand. »Komm, Franz«, sagte der Pfarrer.

Ein Sonntag im August

Wenn einer nicht mehr weiter weiß, geht er ins Weggental. Vor über zwei Jahren ging die Mutter von Klett zur Schmerzhaften Mutter Gottes. Mit dem Bus fuhr sie in die

Stadt, ging dann zu Fuß die Bahnhofstraße hinab, hinauf die kleine Steigung zum Marktplatz, links am Dom und am Joos-Beck vorbei, hinaus nach Sankt Klara, am Bach entlang, links hinauf zum Parkplatz, hinter den Bäumen die Gefängnismauer, hin zu den Bildstöcken des Kreuzwegs. »Maria unter dem Kreuz.« Die Mutter betet ihr erstes »Gegrüßet seist du Maria«. Zum Brunnen vor der Kirche lief die Mutter langsam weiter.

So. 6.8. Radio Wetter gut, Reis u Schnitzel ok, ist 14.10 Uhr, habe mich gerichtet, gehe fort heute, Stadt, Ziggr geholt dann Weggental Rosenkranz ¼ Stunde.

Klett hat das Mofa auf dem Parkplatz abgestellt. Die Gefängnismauer hinter den Bäumen. Rasch geht er weiter, am Brunnen vorbei. Die schwere Eichentüre schiebt er mit der linken Schulter auf, nimmt die rechte Hand aus der Hosentasche, taucht Zeige- und Mittelfinger kurz ins große Weihwasserbecken und macht das Kreuzzeichen. Er will jede Bewegung so machen, als wäre sie ihm neu, aber Weihwasser geben und Kreuz machen gehen wie von selbst. Eine knappe Kniebeuge, der Blick auf den Hochaltar. Klett hält sich gerade, wie immer. Er geht den Altar von oben nach unten durch, als läse er Zeile für Zeile in einem Buch. Die weißen Engel, der Heiland mit dem goldenen Kreuz auf der Auferstehungsfahne, die weißen Wolken. Darunter das dunkle Riesenbild. Golgatha, der Leichnam gleitet auf einer weit geschwungenen Stoffbahn nach unten. Übergroß die Mutter Gottes, wie die Statue in der Kirche daheim. Maria – eine Königin mit rotem Prachtkleid und goldenem Mantel, mit Königskrone und Königszepter. Ihr Sohn ein Königskind mit goldener Krone und goldenem Zepter. Klett hat das Gnadenbild mitten im Altar endlich gefunden. Die

Mutter mit dem toten Sohn auf den Knien, ein zartes Bündel, nicht viel größer als ein Kind. Mitten im goldenen Tabernakel. Eine lange Kerze auf dem Altartisch. Klett hat angefangen, den schmerzhaften Rosenkranz zu beten, halblaut, er muss die Lippen bewegen, er muss sich hören, wie man sich hört inmitten der betenden Gemeinde. *Du bist gebenedeit unter den Weibern.* Alle Mädchen der Oberklasse hießen bei Klett »Weiber«. *Gebenedeit unter den Weibern*, heiße es: Der Lehrer, der die »Weiber« nicht dulden wollte, gab Klett nach.

Der für uns Blut geschwitzt hat.

Die sieben Schmerzen.

Simeons Weissagung: *Auch deine Seele wird ein Schwert durchdringen.*

Klett hört sich beten. Das zweite Gesetzlein des schmerzhaften Rosenkranzes. Er spricht langsamer. Das zweite Gesetzlein. *Der für uns ist gegeißelt worden.*

Die Flucht nach Ägypten. Klett bringt den Rosenkranz und die sieben Schmerzen Marias durcheinander. Die rechte Hand hat er von der geschnitzten Wange der Bank genommen und mit der linken zum Beten verschränkt. Klett hört Leute hinter sich. Die Sorge um das verlorene Kind. Der zwölfjährige Jesusknabe im Tempel. *Kind, warum hast du uns das getan? Siehe, dein Vater und ich haben dich mit Schmerzen gesucht.* Klett kann nicht mehr weitersprechen, seine dunklen Augen füllen sich mit Tränen. Es fällt ihm nicht ein, was der zwölfjährige Jesus seiner Mutter geantwortet hatte. *Kind, warum hast du uns das getan?*

Klett sagt für die Mutter und den Vater ein *Herr gib ihnen die ewige Ruhe und das ewige Licht leuchte ihnen. Herr lass sie ruhen in Frieden. Amen.* Die Gruppe hinter ihm ist lauter geworden. Klett geht nach vorne, zu den ersten Bänken, den Bänken für Kinder. Klett zieht sich in die Bank, stützt sich auf die Ellenbogen und kniet sich hin, langsam, als müsste er die Bewegung neu lernen. Die Gruppe hinter ihm hat angefangen, einen Rosenkranz zu beten. Klett steht auf und setzt sich. Gleich steht er wieder auf, tritt aus der Bank, macht eine knappe Kniebeuge und geht zum Ausgang. Die Gruppe versperrt den Mittelgang, ein paar Männer blättern am Verkaufsstand Heftchen durch, zeigen sich Ansichtskarten. Klett weicht aus und geht auf der linken Seite zum Ausgang, vorbei an der großen Figur der Schmerzhaften Mutter Gottes mit ihren sieben Schwertern im Herzen; als Kind hatte er vor lauter silbernen Schwertern mit goldenem Griff das schneeweiße Gesicht der Mutter Gottes nicht gesehen. Einer lässt sich plötzlich auf die Knie nieder. Er füllt eine Flasche mit Weihwasser aus dem Kupferkessel. Ein älterer Mann spritzt einer Frau Weihwasser ins Gesicht, die wedelt drohend mit dem Zeigefinger, dann bekreuzigt sie sich, leise lächelnd, wie verliebt.

Neben dem Mofa ein großer Bus mit Biberacher Nummer. Der Busfahrer raucht eine Filterzigarette. Klett lässt sich Feuer geben. Der Busfahrer blinzelt Klett zu, er rauche hier seinen Rosenkranz, zumindest zwei Gesetzlein, also zwei Zigaretten. Klett fragt, welchen Rosenkranz er rauche. »Den glorreichen. Der in den Himmel aufgefahren ist«, sagt der Busfahrer, stößt eine Rauchbahn in die Luft und lacht dem rasch startenden Klett hinterdrein. Über Klett ein Schwarm Schwalben, unvorhersehbar die Richtungen wechselnd mit ihren Sichelflügeln.

So. 6.8. Radio Wetter gut, Reis und Schnitzel ok, ist 14.10 Uhr, habe mich gerichtet, gehe fort heute, Stadt, Ziggr geholt dann Weggental Rosenkranz ¼ Stunde dann H. 2 B dann Bild gekauft Bahnhof 2 Gl B bei W. gehockt 17.45 heim jetzt Fernsehn Knöchle r getan. Habe noch 20 DM 1 Knöchle gevespert,

Schallplatten gehört, Papst Paul 20.40 Uhr gestorben Fernsehen u Radio alles Trauermusik außer 3 Programm ½ 11 Nest.

Helmut hörte auf mit Abtippen. Klett, so wünschte er, hätte doch mit dem Gang ins Weggental und dem Rosenkranz den Hefteintrag beenden können. Land wäre wieder in Sicht gekommen. Klett trug aber ein, was stimmte. Gleich nach dem viertelstündigen Rosenkranz kamen die beiden ersten Flaschen Bier, dann die »Bild«-Zeitung, dann zwei Glas Bier. Es folgten die sattsam bekannten Knöchle und Schallplatten und, ohne den Ton anzuheben, die Nachricht des Tages vom Tod des Papstes. Klett schaltete auf S 3, wo er vor der veranstalteten medialen Trauer sicher sein konnte.

Wieder einmal musste Helmut merken, wie anders Klett seinen Tagesablauf und Lebenslauf wahrnahm. Als Nebeneinander, Bier und Papst und Rosenkranz in einer Reihe unterschiedslos nebeneinander. Aber Klett schrieb und las seine eigenen Kalender und Tagebücher anders als jeder andere Leser. Klett erinnerte sich beim Lesen an die Gespräche beim Bier, er wusste, wie's ihm im Weggental gegangen war. Helmut musste auf den Trost einer Perspektive, auf eine ihm Trost gebende Perspektive verzichten.

Aus dem Lesebuch, aus der »Biblischen Geschichte«, aus der dicken Heiligenlegende daheim und aus den Theaterstücken an Weihnachten im »Adler« kannte er nur Geschichten, die von oben nach unten oder, und das war fast die Regel, von unten nach oben führten. Als er es am schlimmsten getrieben hatte, wurde aus einem Saulus schlagartig ein Paulus, aus der verruchten und langhaarigen Sünderin Magdalena die reuige Büßerin Maria Magdalena, der junge adlige Lebemann Franziskus aus Assisi nahm die Kutte und den Strick, Franz blieb Franz. Den rauhen Wilderer verwandelte das Gebet eines Kindes in einen friedfertigen Heiligabend-Menschen. Klett aber blieb Klett. Das Wunder, die Wende, die Kurve zurück auf den geregelten Weg blieben aus.

Zum Abtippen blieben noch ein paar Seiten.

Am folgenden Montag steht im Heft: »Filbinger zurückgetreten.«

Am 12.9.78 »O. E. Hasse gestorben.« – Am 16.10. »Jetzt Radio neuer Papst 1 Pole Paul Johannes II ist 22.15 Eben Rettich Knöchle 2 Wecken gegessen ist 22.45 neuer Papst Fernsehn ist sympathisch Schn leergemacht 2 Uhr Nest f.« Die drei Nachrichten über einen Politiker, einen Schauspieler und den neuen Papst sind die letzten, die Klett im Heft notiert hat. Dazu die Knöchle, die Wecken und der leergemachte Schnaps – die alten Bekannten. Helmut tippte weiter ab.

»5.9. 1 Birne gegessen, mal wieder wie früher. 12.9. ½ Apfel. 17.9. Esse Apfel.« Wie früher isst Klett eine Birne vom eigenen Birnbaum im Garten, einen Apfel von einem der Apfelbäume. Sicher keine kleine, den Mund zusammenziehende Mostbirne, sondern eine große saftige, goldgelbe Birne, vom Ast heruntergelangt, den Stiel herausgedreht und langsam samt dem kleinen bitteren Kernenhaus bis auf den Butzen gegessen und den süßnassen Mund mit dem Arm abgewischt. Der Apfel, auch wenn es eine fein schwarz gestreifte Gewürzluige war, konnte da nicht mithalten. Klett warf den halben Apfel an den Stamm des Birnbaums. Er traf noch.

»Habe altes Lesebuch hier.« Das Lesebuch liegt vor Helmut, in starkes braunes Packpapier eingebunden. Vor- und Zunamen stehen auf dem zweiten Blatt, mit Tinte rasch und eckig hingeschrieben, rasch das Buch wieder geschlossen, der spiegelbildliche Abdruck auf der folgenden Seite.

Auf der nächsten Seite eine weitere Unterschrift, mit Vornamen und Nachnamen. Der letzte Buchstabe des Nachnamens, der Querstrich des t fährt weit nach oben. Am Ende des Querstrichs setzte Klett von neuem den Stift an und zieht eine Linie steil nach unten, kurvt nach rechts und zurück und wieder nach rechts und zurück und wiederholt die liegende Acht ein weiteres Mal. Das hieß »seinen Servus drunterhängen«. Je schwungvoller und unleserlicher, desto gelungener. Vorbild war die Unterschrift des Doktors aus Niedernau auf den Rezepten.

»Habe altes Lesebuch hier.« Helmut, wie gewohnt, schlug das Inhaltsverzeichnis auf, die letzten Seiten des Lesebuchs für das dritte Schuljahr, beginnend mit »Alles mit Gott!« und endend auf Seite 234 mit »Schläft ein Lied in allen Dingen«. Ein paar Lesestücke waren angekreuzt, eines war angekreuzt und unterstrichen.

»Ein Schulausflug.« Helmut tippte die Geschichte ab:

»An einem schönen Julimorgen trat der Lehrer in das Schulzimmer und kündete seiner siebenten Knabenklasse an: Buben, in der nächsten Woche machen wir unsern Schulausflug. Wir fahren zuerst ein Stück mit der Bahn. Dann wandern wir zu Fuß auf den Bussen. Da brach der Jubel los. Die Buben sprangen vor Freude hoch, fuchtelten mit den Armen und hatten hundert Fragen an ihren Lehrer. Nur ein Junge blieb still, fast traurig in seiner Bank sitzen. Es war Adolf Klett.«

Der eigene Name. Klett kam im Lesebuch vor. Der Name war fast durchgestrichen, so häufig war Franz Klett unter dem Namen »Adolf Klett« mit Bleistift hin und her gefahren.

»Es war Adolf Klett. Vor Jahren war er an Kinderlähmung erkrankt gewesen. Seitdem konnte er sich nur mühsam, auf zwei Stöcke gestützt, fortbewegen.«

Helmut, der glaubte, Klett über die Lesebuch-Geschichte ein Stück näher zu kommen, war wieder einmal, das merkte er rasch, auf der falschen Spur. Ein behinderter Schüler passte nicht in die Zeit, in der Klett in das dritte Schuljahr gegangen war. Helmut bemerkte erst jetzt den Namen der Schwester von Klett, klein und oben auf dem zweiten Blatt sorgfältig hingemalt. Rosa Klett. Sie war viele Jahre nach ihm geboren und gestorben vor Vater und Mutter.

Klett hatte also in dem Lesebuch der Schwester gelesen, seine Unterschrift aufs zweite Blatt gesetzt und in der Geschichte mit dem eigenen Namen diesen kräftig unterstrichen. Klett kam in einem Buch vor. Er allein von allen Schülern.

Helmut fuhr die Bögen und Ecken der Klett-Unterschrift nach, zuerst hoch hinauf, dann hinab zu den liegenden Achten, die langsam ausliefen.

Helmut tippte langsam die Sätze der letzten Seiten im letzten Tagebuch ab, die Sätze vom Essen und Trinken, vom in die Stadt Fahren, vom Fernsehen, die bekannten Dinge, das Mofa, ein Sterbefall im Flecken, die Zigaretten, das Feuer machen, das Lotto einzahlen, Zeitung lesen, Tagebücher lesen und so weiter, so wie bereits am ersten Tag vor über vier Jahren.

Fr. 6.10.
21 Uhr sitze hier und sinniere oh ich Arschloch.

Oh Klett! Was bin ich für ein Seckel.
Oh Klett.
Oh ich Arschloch.
Mensch Klett.

Und wieder die Biere, das Wetter, die Knöchle, Zigaretten, die letzte Fahrt nach Stuttgart, Fernsehen, der Platten im Mofa, das Geld, die Biere, Tagebücher lesen … Tag für

Tag bis zum letzten Sonntag und zur letzten Seite im letzten Heft, das links neben Helmuts Schreibmaschine liegt.

So. 29.10.
1.40 Uhr Bett Stube Ofen aus (mit blauem Stift, weiter mit schwarzem Stift) 8 Uhr raus Feuer um 11 Uhr bis ½ 2 Uhr Nest, ist schön Wetter gleich 16 Uhr koche jetzt (weiter mit blauem Stift) Essen ok Fernsehn ist ½ 12 Uhr lese noch Tagebücher Ofen aus, gehe bald Nest, gez. FK gezeichnet: Franz Klett.

Über vier Jahre führte er Buch, vom 12. Mai 1975 bis zum 23. September 1979. Das letzte Heft, das Helmut abtippte, endete mit dem Eintrag zum Sonntag, dem 29. Oktober 1978.

Die zwei letzten Hefte blieben verschwunden.

Franz Klett brach Ende Sommer seines letzten Lebensjahres auf der Straße, unweit seines Hauses, zusammen. Er wurde in die Klinik nach Tübingen gebracht und von dort nach ein paar Tagen in ein Sanatorium im Schwarzwald verlegt. Franz Klett starb am 3. November. Per Telefon wurde der Tod einer Frau aus der Verwandtschaft mitgeteilt. Herr Klett sei, so hieß es am Telefon, aus dem Delirium nicht mehr aufgewacht.

Der Sterbeeintrag auf dem Standesamt trägt die Nummer 564/1979.

Teil III

Helmut konnte die Geschichte nicht ändern.

Klett hatte das Rad des Vaters auf den eisernen Brunnentrog krachen lassen. An einem Samstagmittag. Der Vater war von der Arbeit in der Mühle in Niedernau schon zurückgekommen und mit dem Fuhrwerk aufs Feld gefahren.

Klett hatte von dem Vater keine Schläge bekommen. Jeder Vater schlug. Auf den Hinterkopf, rechts und links ins Gesicht, aufs Gesäß mit beiden Händen oder lieber mit einem Stock, das brachte die Hände nicht zum Glühen. Der Kopf war zwischen die Oberschenkel des Schläge Austeilenden festgeklemmt, wie mit Schraubzwingen. Näher kamen sich Vater und Sohn nie. Einer schlug einen Schulkameraden schon morgens vor der Schule, denn im Lauf des langen Tages würde mit Sicherheit etwas Strafwürdiges vorfallen. Schläge auf Vorrat. Schläge auf Kredit. Was am Morgen weh tut, ist am Mittag bereits vergessen, und die angesparten und bereits gespürten Schläge mussten am Abend nicht kassiert werden. Also war übler dran, wer erst am Abend, nach dem Bericht der Mutter, für die Untaten des Tages vom Vater die verdienten Schläge kassierte. Der eine schlug mit der Hand, der andere nur mit dem griffbereit aufgehängten Stock, einer mit einem Riemen, dem ledernen Gürtel, der schnell aus den Schlaufen der Hose gezogen war, noch einer mit einem Fahrradschlauch.

Ludwigs Vater schlug nie, er lenkte seine vier Buben mit den Augen. In Helmuts Kopf saß die Mutter mit ihren Regeln und Verboten, und die dirigierten Helmut viel geradliniger, als Mutter und Vater ihn mit Schlägen hätten ausrichten können. Klett bekam nie Schläge, nicht vom Pfarrer und nicht vom Lehrer, von der Mutter oder vom Vater erst recht nicht.

Der Lehrer und der Pfarrer brachten die Mutter von Klett so weit, dass er in die Oberschule in der Stadt sollte.

261

Ihr Bub sei mehr als gescheit, eine Sünde wäre es, sein Talent zu vergraben. Die Mutter sagte ihrem Franz, was der Pfarrer und der Lehrer gesagt hatten. Der Vater stand daneben und sagte, die Mutter habe recht.

Klett fuhr am ersten Schultag mit dem reparierten Fahrrad des Vaters in die Stadt. Der Vater lief die paar Kilometer am Bach entlang durch die sieben Täler nach Niedernau in die Mühle.

Klett schaute sich von der niederen Schulhofmauer aus an, was einen Morgen lang im Schulhof der Oberschule passierte. Große Schüler standen in Gruppen zusammen, Jungen und Mädchen beieinander, ein paar rauchten, die Zigaretten in der Handhöhle rasch hin und her bewegend, jüngere spielten Fangen, die Mädchen bissen von den dunklen Broten kleine Bissen ab, das Einwickelpapier für jeden Bissen extra zurückschiebend; nicht alle trugen Zöpfe, sondern ein paar auch kurze Frisuren, wie die Flüchtlingsfrau, die im Schulhaus einquartiert worden war. Klett hätte hier, obwohl er groß war, zu den Kleinen gehört. Mittags um zwölf Uhr fuhr Klett wieder heim. Einem langsam fahrenden Lastwagen mit Holzvergaser hängte er sich an die hintere Pritsche und ließ sich fast bis nach Weiler hochziehen.

Wie es gewesen sei, ob er mitkomme, ob man ihn verstehe. Und ob er anständig gewesen sei, wollte die Mutter wissen. Klett war kurz angebunden. In der Stadt sei es auch nicht anders als hier.

Am zweiten Tag fuhr Klett wieder um sieben Uhr in die Stadt. Oben am Gelben Kreidebusen lehnte er das Rad gegen eine Telefonstange und setzte sich auf einen Stein. Vorne die Morizkirche mit ihrem hohen Turm, gedeckt mit blauschwarz glänzenden Ziegeln und der ein wenig nach rechts hängenden Turmspitze, rechts und weiter hinten der Dom, hoch oben das Gefängnis und ganz hinten das Weggental. Klett blieb sitzen auf seinem Stein. Er wollte nicht hinab, und er ging nicht hinab. Um zwölf Uhr fuhr er heim.

Tag für Tag fuhr Klett mit dem Rad des Vaters zu seinem Platz oberhalb der Stadt. Die erste Woche, die zweite und die dritte Woche. Er wollte nicht hinab, und er ging nicht hinab. Am dritten Samstag warf er mittags das Rad auf das Gras im Hof und schrie, er gehe nicht mehr in die Schule in der Stadt, das sei heute das letzte Mal gewesen. Die Mutter machte das Küchenfenster zu und vor Schreck gleich wieder auf. Klett hatte einen weißen Verband um den Kopf. Was passiert sei? Die Mutter beugte sich aus dem Küchenfenster. Der Vater hob das Rad auf und stellte es an seinen Platz im Hausgang. Er sei auf einen Baum gefahren, im Schwesternhaus habe man ihn verbunden. Aber an der Straße in die Stadt stehen keine Bäume, auf die ein Radfahrer, wenn er vom Weg abkommt, stürzen könnte. Ist Klett mit Absicht auf einen Baumstamm, eine Mauer gefahren? Ist er nicht, gerade noch rechtzeitig, wie beim Wettfahren am Brunnen, vom Rad gesprungen?

Der Lehrer war Klett nicht losgeworden, der Pfarrer sagte vor allen in der Mittelklasse den Satz mit dem »Verbrecher«. Gleich in der ersten Stunde am Montagmorgen schrieb der Lehrer neue Zeichen an die Tafel. Klett schrie von hinten: »1472«. Die Zahl stünde unten am Kirchturm. Die lateinischen Ziffern habe er aus einem Kalender gelernt. Dann ging er nach vorn und schrieb ein paar der neuen Zeichen an die Tafel, die bekannten Zahlen schrieb er daneben. Zahlen auf Zahlen. Zuletzt schrieb er eine besonders lange Zahl hin und gab dem Lehrer die Kreide in die Hand. Der konnte keine für die anderen lesbare Zahl daneben schreiben.

»Klett setzen! Alles auf! Kopfrechnen!«

Klett ging zurück an seinen Platz und setzte sich als Erster, ohne eine Aufgabe im Kopfrechnen gelöst zu haben. Er legte seinen verbundenen Kopf auf das Pult und blieb so bis zur Pause. Er müsse schlafen.

Zwei Wochen lang kam Klett mit dem Kopfverband in die Schule, legte sich jeden Morgen wie zum Schlafen auf die Schulbank, ging in der Pause auf den Schulhof und nahm dann wieder seine Schlafposition ein. Nach zwei Wochen war der Verband eines Morgens weg, Narben waren deutlich zu sehen. Klett saß wieder aufrecht in seiner letzten Bank.

Klett war wieder da. Klett gehörte hierher. Wer jetzt in die Oberschule gehe, wolle er wissen, wer? – einumsanderemal schrie er seinen Satz. Am Brunnen auf dem Wagges habe er es schon gesagt. Wer jetzt in die Oberschule gehe, wolle er wissen, wer?

Der junge Klett komme, hatte Helmut von Ludwig am Telefon erfahren, diesmal nicht an Allerheiligen, sondern zwei Tage später am Todestag seines Vaters. Helmut solle um sieben Uhr auf dem Parkplatz am »Adler« sein. Helmut sei ihm noch die Geschichte mit dem Rad schuldig. Helmut hatte, zu seiner eigenen Verwunderung, sofort zugesagt. Selbstverständlich komme er.

Der junge Klett stand neben dem Auto und schnalzte, als Helmut auf den Parkplatz fuhr, eine kaum angerauchte Zigarette mit dem Mittelfinger in die hohen Brennesseln. Er fasste Helmut am linken Oberarm. »Komm, Helmut.« Und lachte leise.

Hier stand das Kreuz, das dem Bankkasten hatte Platz machen müssen, weiter unten das Alte Haus, der Starenkasten, der kleine Platz fürs Schnatzegallen, das »Rössle«, die Eisen- und Kolonialwarenhandlung, die Brücke mit dem an den Rand gerückten Nepomuk Der junge Klett las die Verse, mit hoher Stimme und wie ein Erstklässler leiernd.

Du mutiger heiliger Nepomuk
Bewahr uns vor des Baches Wut
Bitt Gott um Erbarmen
Wenn das Hochwasser will uns umarmen

»Wie geht das, das Erbarmen beim Umarmen?« sagte wie zu sich selber der junge Klett. Er fasste Helmut wieder am Oberarm. »Komm, Helmut, weiter.«

Er sagte, den Kirchbuckel hoch und an den Häusern vorbeigehend, ein paar Namen, einen Unnamen hatte er sich auch gemerkt. Helmut nickte. Der »Löwen«, ein paar Läden geschlossen, die Rollläden mal halb, mal ganz nach unten gelassen, einer hing schräg, die Lamellen aus Plastik verrutscht.

»Langsam, Franz, es pressiert nicht.«

Sie gingen links in die Oberdorfstraße, am Steiglestich vorbei. Vor dem Klett-Haus blieben beide stehen. Der große Rasen vor der Scheuer war frisch gemäht, links davon ein von Buchsbaumhecken eingefasstes Gartengeviert mit spitzen, schon mannshohen Zypressen und zwei hohen, zur Kugel geschnittenen Lorbeerbäumen. Eine neue helle Holztüre mit einer Rhombe aus dickem, gerriffeltem Glas, davor ein schmiedeeisernes Gitter. Vorbei am »Hirsch«. Weiter. Rechts weg in das schmale Sträßchen zum Friedhof. Helmut sah den rosaroten Grabstein der Mutter leuchten. Kletts Grab war weg. Das Holzkreuz mit den zwei Zahlen war weg, die Grabeinfassung war weg. Wieso hatte Ludwig dem jungen Klett das nicht gesagt? Nach 25 Jahren war das Liegerecht der Toten abgelaufen. Helmut stand noch als Kind oft, also an Allerheiligen und bei jeder Beerdigung, vor dem Grabstein des Urgroßvaters und der Urgroßmutter, hatte die goldenen Namen Matthias und Katharina gelesen und die goldenen Zahlen nachgerechnet. Wie alt ist der Urgroßvater Matthias geworden, wie alt die Urgroßmutter Katharina? Wer von den beiden ist zuerst geboren, wer ist zuerst gestorben, wie lange hat die Urgroßmutter nach dem Tod des Urgroßvaters noch gelebt? Helmut hat auf dem Friedhof mehr gerechnet als gebetet. Den heutigen Toten war von der Verwaltung wenig Zeit in der letzten Ruhestätte zugemessen. Das Liegerecht war ihnen entzogen. Der junge Klett zog ein braunes Weihwasserfläschchen aus der Tasche und spritzte drei Spritzer auf die Rasenfläche links vom Grab der Mutter. Helmut nahm sich das Fläschchen und spritzte drei Spritzer auf das Grab der Mutter und drei auf Kletts Grab. »Herr, gib ihnen die ewige Ruhe«, sagte Helmut leise. »Und das ewige Licht leuchte ihnen«, sagte Klett, »Herr, lass sie ruhen in Frieden. Amen.«

Die zwei Männer gingen aus dem Kirchhof hinaus und zurück auf die Oberdorfstraße, rechts hinab zur oberen Brücke, links weiter auf der Straße, die von Ofterdingen kommt und durch den Flecken hindurch in die Stadt führt. Helmut sagte, auf ein Haus auf der rechten Seite deutend, »Wendelin«, der junge Klett lachte leise, dann weiter zum Wagges. Die zwei Männer umrundeten langsam das Betonzentrum der Gemeinde. Hier stand der Brunnen und hier der eiserne lange Brunnentrog, das Wasser kam von Schulzes Bächle.

Im Zuge der subventionierten Dorfverschönerung wurde der kleine Bach, der in den großen floss, in Dolen gefasst, mit Schotter aufgeschüttet, der Mackadam deckte die Verschönerung auf gleicher Höhe mit der Durchgangstraße ab.

Helmut, auf den Boden zeigend und mit der Schuhspitze leicht auf den Mackadam tippend, stieß den jungen Klett sachte in die Rippen. »Hörst du ihn?« »Im Grunde ja«, sagte der junge Klett.

ÜBER DEN AUTOR

Egon Gramer (1936-2014), verbrachte seine Kindheit auf dem Dorf und besuchte anschließend ein jesuitisches Internat. Nach dem Studium der Germanistik, Theologie und Psychologie arbeitete er als Professor am Tübinger Seminar für Didaktik und Lehrerausbildung. Bekannt wurde er für seine Workshops »Lehrer im Gespräch mit Schriftstellern«. Neben wissenschaftlichen Aufsätzen und Schriften u. a. zu Schiller und Mörike gab er Lesebücher für den Deutschunterricht heraus und verfasste Hörspiele.